A INSTRUMENTALIDADE DO SERVIÇO SOCIAL

EDITORA AFILIADA

Dados Internacionais de Catalogação na Publicação (CIP)
(Câmara Brasileira do Livro, SP, Brasil)

Guerra, Yolanda
 A instrumentalidade do serviço social / Yolanda Guerra. -- 10. ed. -- São Paulo : Cortez, 2014.

 ISBN 978-85-249-2203-9

 1. Serviço social - Brasil I. Título.

14-04946 CDD-361.981

Índices para catálogo sistemático:
1. Brasil : Serviço social   361.981

YOLANDA GUERRA

A INSTRUMENTALIDADE DO SERVIÇO SOCIAL

10ª edição
7ª reimpressão

A INSTRUMENTALIDADE DO SERVIÇO SOCIAL
Yolanda Aparecida Demetrio Guerra

Capa: de Sign Arte Visual
Preparação de originais: Solange Martins
Revisão: Maria de Lourdes de Almeida
Composição: Linea Editora Ltda.
Coordenação editorial: Danilo A. Q. Morales

Nenhuma parte desta obra pode ser reproduzida ou duplicada sem autorização expressa da autora e do editor

© 1995 by Autora

Direitos para esta edição
CORTEZ EDITORA
Rua Monte Alegre, 1074 – Perdizes
05014-001 – São Paulo – SP
Tel.: (11) 3864-0111   Fax: (11) 3864-4290
E-mail: cortez@cortezeditora.com.br
www.cortezeditora.com.br

Impresso no Brasil – agosto de 2022

Aos meus pais, pelo que sou.
Ao Kim, pelos desafios que me levaram a ser mais.

Ao Tote, *presente da vida*, por tudo.

Aos assistentes sociais, que "matam um leão por dia" e constroem uma nova instrumentalidade para a profissão.

Sumário

Prefácio à 10ª edição — *Evaldo Vieira* 13

Prefácio à 1ª edição — *José Paulo Netto* 15

Apresentação à 10ª edição — A conquista da maioridade: O debate sobre "A instrumentalidade do Serviço Social" 18 anos depois 21

Apresentação à 2ª edição 43

Apresentação 45

Introdução 53

1. Horizonte sociocultural e ideoteórico do qual dimana a problemática 53
2. O posicionamento do objeto 65

I.
Razão e modernidade

1. Determinações lógicas e ontológicas da categoria "racionalidade" 77
2. Matrizes fundantes das concepções de razão moderna — continuidades e rupturas 80

3. O racionalismo no século XX 91
   3.1 Fundamentos e pressupostos do racionalismo formal-abstrato 94
   3.2 O racionalismo formal-abstrato na contemporaneidade 105
      3.2.1 Concepção paradigmática das teorias sociais que se determinam na modernidade 106
      3.2.2 Contexto de reatualização da polêmica 112
      3.2.3 Bases teóricas nas quais a noção de paradigma se sustenta 118
      3.2.4 Ortodoxia da modernidade e profecias "pós-modernistas" 133

II.
Racionalidade do capitalismo e Serviço Social

1. A racionalidade do capitalismo: estudo dos processos e determinações do trabalho nas sociedades capitalistas à luz dos fundamentos de uma ontologia do ser social 147

2. A perspectiva racionalista formal-abstrata e suas expressões na organização da sociedade burguesa constituída 172

3. A perspectiva racionalista formal-abstrata na constituição das políticas sociais 186

4. A perspectiva racionalista formal-abstrata nas elaborações teórico-práticas do Serviço Social 195

5. Falso como falso e como não falso também contempla um momento de verdadeiro 205

5.1 A racionalização do processo produtivo:
 inserção do assistente social na divisão social
 e técnica do trabalho 209
 5.2 O desenvolvimento das forças produtivas:
 o processo de racionalização dos meios e
 instrumentos de trabalho 218
     5.2.1   O fetiche dos instrumentos e técnicas ou a
              deificação das metodologias de ação 229
     5.2.2   Na prática a teoria é outra 230

6. Causalidade e teleologia: o protagonismo dos sujeitos
 na direção teórica da sua *práxis* 239

Epílogo 249

Rumo ao caminho de volta 249

O processo de (re)totalização 260

Bibliografia 277

Prefácio à 10ª edição

Evaldo A. Vieira

O livro *A instrumentalidade do Serviço Social*, de autoria de Yolanda Guerra, agora em 10ª edição, representa um marco teórico em sua área, particularmente por examinar com segurança a busca da racionalidade profissional, sustentada por teorias e práticas.

Seus leitores, das edições anteriores e das futuras, poderão de forma clara e segura percorrer o que o livro chama de "movimento da razão moderna", por meio da racionalidade formal do capitalismo. Esta racionalidade formal se manifesta nas práticas profissionais durante a intervenção profissional do Serviço Social. São práticas como tantas outras, notadamente nos variados exercícios profissionais, nas quais "a ontologia do ser social pautada no trabalho" permite verificar a ação ampliada da ideologia, da reificação e da alienação em geral.

Para tanto, Yolanda Guerra serve-se do referencial teórico-metodológico construído por Karl Marx e seus intérpretes, dentre os quais se sobressai Georg Lukács, para analisar a profissionalidade do Serviço Social, levando em conta a dimensão instrumental de intervenção profissional. A perspectiva analítica do livro abre-se em dois momentos que se ligam na exposição, indicando as pressuposições dialéticas da interpretação.

Chama a atenção do leitor a descrição organizada e lúcida feita por Yolanda Guerra sobre as pressuposições que são antes de tudo o apoio analítico do estudo pretendido: a explicação da profissionalidade do Serviço Social. Por conseguinte, investiga os dois momentos mencionados, nos quais se destacam a "categoria racionalidade" e os "mecanismos da produção e da reprodução".

No livro, a racionalidade no interior da razão moderna implica o conhecimento das formulações contidas na obra de Immanuel Kant e de Georg Friedrich Hegel. Mais especificamente, o conhecimento das formulações da ética de Kant e da filosofia de Hegel consiste no patamar necessário ao entendimento do racionalismo formal, da racionalidade formal e da racionalidade formal-abstrata da época contemporânea do capitalismo.

A seguir, o livro de Yolanda Guerra incumbe-se de apresentar os elementos principais dos mecanismos de produção e de reprodução da ideologia. Estes mecanismos produtores e reprodutores da ideologia constituem atributo essencial da economia e da dominação capitalista. Em vez da liberdade e da individualidade prometidas, comparece o controle dos corações e das mentes. Como mostra o livro, a produção e a reprodução ideológica capitalista nos homens avançam pelas instituições jurídicas, políticas e econômicas, e avançam ainda pelas práticas profissionais.

Portanto, eis aí o tema fundamental abordado. O livro *A instrumentalidade do Serviço Social*, de Yolanda Guerra, cumpre o imprescindível papel de aclarar aos assistentes sociais as reificações e contradições nas formas de ser e pensar a profissão e suas mediações.

É certo que diversas pesquisas foram e serão publicadas e motivadas pelo precioso manancial proporcionado pela "ontologia do ser social", desenvolvida por Georg Lukács. No entanto, a presente obra dá direção ao seu emprego, de modo mais estrito no campo do Serviço Social. Ela evidencia as dificuldades provocadas pela alienação na prática profissional. Aí está o motivo de fazer-se esta boa leitura.

Junho de 2013

Prefácio à 1ª edição

José Paulo Netto

Desde aproximadamente os anos 1970, veio se acumulando, no marco do que já tive ocasião de analisar e designar como "processo de renovação do Serviço Social", uma bibliografia que, para além de seus aspectos polêmicos e problemáticos, acabou por dotar de *nova face* a profissão no Brasil. Quando especialmente situada no que também chamei de "perspectiva da intenção de ruptura", esta bibliografia configurou uma diferenciada vanguarda teórico-profissional, consagrando toda uma constelação de autores/atores profissionais a que devemos, sem qualquer sombra de dúvidas, a constituição de um *acervo teórico* no campo do Serviço Social (observe-se que escrevo *no* e não *do* Serviço Social).

Tais autores não compõem um grupo homogêneo, nem mesmo o que se poderia rotular de "geração". Mas o fato é que suas distintas contribuições peculiarizam um momento da evolução profissional, que vai dos anos 1970 ao final da década de 1980, e sua menção em conjunto é obrigatória se quisermos retraçar a gênese e a consolidação do referido acervo. Seguramente incorrendo em omissões (com certeza injustas, mas inevitáveis na simples apresentação de um novo texto), eu diria que são diversamente representativos deste momento evolutivo, entre muitos outros, Vicente Faleiros, Marilda Villela Iamamoto, Alba Carvalho e Aldaíza Sposati — sem contar os que, com intervenções menos visíveis, contribuíram para a extensão do *background* necessário à sustentação de tal momento evolutivo (entre outros, Leila Lima, Maria Carmelita Yazbek, Josefa B. Lopes, Nobuco Kameyama).

Esta constelação de autores (e, insisto, a listagem é meramente alusória) nem de longe esgotou as suas capacidades criativas; estão em plena atividade intelectual, e parece-me inquestionável que cabe esperar de todos novos apartes e novos contributos à massa crítica de que hoje dispomos e que a eles devemos substancialmente.

Mas o fenômeno pertinente que gostaria de enfatizar é que, agora, ao lado de seus nomes consagrados, começa a surgir um elenco novo de protagonistas do/no debate profissional. Também aqui, creio que não seria correto falar de uma *nova geração*; talvez fosse mais apropriado referir uma intelectualidade emergente no Serviço Social, ainda de clara extração docente e naturalmente ancorada no aprofundamento da pesquisa no âmbito dos cursos de pós-graduação. Mas intelectualidade *nova* no sentido em que, amparando-se nas (e beneficiando-se das) conquistas e avanços operados pelo grupo de autores consagrados a que aludi, encontra um patamar de desenvolvimento mais favorável e tem maiores chances de objetivar suas inquietações e proposições.

São inúmeras as condições que favorecem o evolver desta nova intelectualidade profissional. Para além do terreno conquistado por aqueles que a precederam, ela conta com as alternativas postas pela consolidada interlocução acadêmica da profissão, com um clima de liberdades democráticas de que, no geral, careceram os seus precursores, com o amadurecimento da organização da categoria profissional e, também no geral, com a positiva problematização experimentada pela "intenção de ruptura" no seu evolver recente.

Entretanto, ela também se defronta com novas dificuldades (dificuldades que não se colocavam anteriormente). Boa parte delas tem sua origem imediata no processo regressivo (de todos os pontos de vista) que tem sua ponta mais visível na *ofensiva conservadora* que, também no plano do pensamento teórico-social, constitui a maré montante da entrada dos anos 1990. Se, entre 1970/1980, o pensamento de esquerda (nomeadamente a inspiração marxista) apresentava-se como instigante e imantador, o que hoje está na ordem do dia é a retórica da *pós-modernidade*. O peso desta constrição sobre a *intelectualidade emergente* (também) do Serviço Social não pode ser minimizado.

O que quero assinalar, com estas rapidíssimas observações, é que esta intelectualidade tanto encontra possibilidades inéditas quanto dificuldades novas. Na verdade, seu *desafio é* outro, se comparado ao que se punha aos seus antecessores — agora, mais que desbravar caminhos e assentar as bases de um desenvolvimento futuro, trata-se de *consolidar criadoramente um polo ideoprofissional, enfrentando, de uma parte, a ofensiva conservadora e, de outra, subsidiando teórica e operativamente o debate e a prática do Serviço Social.*

São fortes os indícios de que esta nova intelectualidade responderá exitosamente às demandas que se lhe colocam. No âmbito acadêmico, e fora dele, podem-se detectar sinais de que estamos no limiar de um patamar inédito de desenvolvimento teórico-profissional — e, novamente aqui, uma listagem certamente implicaria omissões imperdoáveis; mas, mesmo com este risco, atrevo-me a evocar, como exemplos aleatórios, no domínio do debate teórico, os esforços de Ivete Simionatto (SC) e Franci Gomes Cardoso (MA); no rastreamento de elementos históricos incidentes na constituição profissional, as tentativas de Silene M. Freire (RJ) e Rita de Cássia Freire (RJ); na polêmica sobre o "mundo do trabalho", os estudos de Ana Elizabeth Mota (PE); na discussão da ética, os ensaios de Lúcia Barroco (SP) e Mione Apolinário (RJ); e, na tematização da política social, os esforços de Selma Schons (PR) e Elaine R. Behring (RJ).

Tais indícios, porém, ganham uma densidade inquestionável, gerando uma quase certeza, quando examinamos com cuidado o livro que Yolanda Demetrio Guerra nos oferece agora — neste texto de construção cerrada e de sólido embasamento teórico, a força desta *intelectualidade emergente* parece testemunhar que não estamos confrontados com uma promessa, mas diante de uma realidade.

Enfrentando uma temática ladeada praticamente por todos os novos interlocutores do Serviço Social — a questão da sua instrumentalidade —, Yolanda Demetrio Guerra trata-a em seus aspectos mais substantivos: resgata os seus fundamentos teórico-metodológicos, repõe-na sobre os quadros culturais e societários pertinentes e a situa no marco abrangente e inclusivo da problemática da racionalidade dialética. Estou convencido de que neste encaminhamento — um verdadeiro *tour de force* no Serviço Social brasileiro, e realizado por uma intelectual tão jovem (com tudo o que esta determinação contém de potencialidade e limite) — pode residir o mais justo e fecundo equacionamento da questão instrumental. Mesmo que a autora não tenha avançado para soluções imediatamente operativas (como seria fácil e enganosa a formulação de uma pauta de "instrumentos"!), ela colocou a problemática no seu adequado e correto campo. Nesta operação necessária, precondição para o avanço ulterior, reside a originalidade e o mérito do trabalho de Yolanda Demetrio Guerra.

Não se espere manter com este livro uma relação amena e simplória — trata-se da expressão de uma reflexão densa, difícil, saturada. Ele exige um leitor disposto à atenção intensiva, ao cuidado analítico e a um comportamento cada vez mais raro entre professores, estudantes e profissionais pressionados pelas constrições de uma universidade e uma sociedade cada vez mais tomadas pela superficialidade e pelo facilitismo — um comportamento intelectual de *estudos*, um efetivo esforço de *compreensão*. Singularíssimo na bibliografia profissional, este livro reclama uma leitura exaustiva — exaustiva para incorporar (e aprofundar) seus consistentes passos analíticos, exaustiva para detectar (e criticar) suas limitações e eventuais equívocos.

Amostra privilegiada do que se pode legitimamente aguardar da *nova intelectualidade* do Serviço Social no Brasil, o livro de Yolanda Demetrio Guerra é muito mais que representativo da continuidade — posta agora em patamar bem mais alto — com as melhores produções da vertente da "intenção de ruptura". É a prova cabal de que a inspiração ontológico-marxista, racionalista e dialética permanece como um indescartável eixo de criatividade no Serviço Social contemporâneo.

Rio de Janeiro, verão de 1995

Apresentação à 10ª edição

A conquista da maioridade:
O debate sobre "A instrumentalidade do Serviço Social" 18 anos depois

> Voltarei a estes temas quantas vezes o indicar o curso da minha investigação e da minha polêmica [...] Nenhum deles está acabado e não estará enquanto eu viver e pensar e tiver algo a acrescentar ao que escrevi, vivi e pensei [...] novamente repito que não sou um crítico imparcial [...] meus juízos se nutrem de meus ideais, de meus pensamentos, de minhas paixões.
>
> Mariátegui (1928)[1] (trad. minha)

Ao término destes 18 anos, o debate sobre a instrumentalidade do Serviço Social alcança a sua maioridade.

---

1. Mariátegui, Advertencia, in: 7 Ensayos de Interpretación de la Realidad Peruana, 1928. Disponível em: <http://creandopueblo.files.wordpress.com/2011/09/mariateguisieteensayosdeinterpretaciondelarealidadperuana.pdf>. Acesso em: dez. 2013.

Para um leitor indiferente à necessidade impreterível e impostergável desta discussão e da sua potencialidade, este fato soará como uma banalidade. Por certo porque esse leitor não constatou que o tema, quase proscrito da bibliografia crítica do Serviço Social, encontra, neste momento, sua maturidade teórico-acadêmica.

Assim, nada mais adequado do que comemorar o fato com a 10ª edição da obra originalmente publicada em 1995, reconhecendo o debate como inacabado, inconcluso, renovável e sempre aberto às várias possibilidades que a realidade lhe impuser.

Como demonstra a bibliografia atinente ao tema, seu tratamento até então vinha priorizando a discussão de instrumentos, técnicas, metodologias (de diagnóstico, de intervenção) que determinavam etapas do processo de planejamento ou da intervenção propriamente dita, cuja preocupação se restringia a ditar procedimentos sobre o "como fazer".

Assim, o debate da instrumentalidade tenta romper com esta visão formalista de conceber os instrumentos e técnicas como algo que determina a ação profissional, como se os procedimentos, estabelecidos *a priori*, fossem os responsáveis pela direção da intervenção profissional.[2]

Assim, foi necessário buscar os fundamentos teóricos, éticos e políticos nos quais se assentava a intervenção profissional, trazendo-os à luz, na perspectiva de criticar as racionalidades subjacentes a tal concepção. Como bem observa Netto, no belíssimo prefácio à 1ª edição deste livro, o tema da instrumentalidade se constitui em "uma operação necessária precondição para o avanço ulterior", de onde decorrem, a seu juízo, a originalidade e o mérito do livro. E é como "precondição para o avanço" que a discussão da instrumentalidade mostra sua atualidade e seu campo de possibilidades de renovação.

---

2. Equívoco que nominei de "fetiche dos instrumentos e técnicas ou deificação das metodologias de ação", cf. item 5.2.1 do II Capítulo deste livro.

No decurso destes 18 anos, foi necessário retomar determinados temas, característica própria do processo de construção teórica. Pudemos vivenciar, tal como nos escreve Mariátegui (1928), que nenhum tema está nem estará suficientemente discutido, nenhum deles pode ser dado como esgotado, enquanto se tiver necessidade de acrescentar algo a eles. Daí a ânsia de retomá-los, rediscuti-los, aprofundá-los, elaborar novas hipóteses, problematizações, sínteses, visando resultados sempre novos e provisórios. Com este intuito, e mesmo sabendo que a distância entre a síntese e a simplificação é muito tênue, procuro nesta Apresentação trazer ao leitor uma síntese que possa ser, ao mesmo tempo, uma chave de leitura do texto escrito em 1995[3] e um balanço de seus desdobramentos, decorridos 18 anos da sua publicação.[4] Aí, ao mesmo tempo e pelo mesmo movimento, tento demonstrar que, após esse tempo, a discussão continua pertinente e atual.

O argumento desta afirmação reside em dois elementos fáticos. O primeiro, em razão de que o tema, só recentemente abordado pela bibliografia crítica da profissão, ainda possui lacunas a serem preenchidas pelas sistematizações da prática, pela pesquisa rigorosa e pela produção de conhecimento na área. O segundo, porque o tema nem sempre tem sido apropriado no seu significado original.

Inicialmente, é preciso repisar que o tema da instrumentalidade tem sido incorporado no rol dos temas *"mal ditos"* pela e no interior de parte da categoria profissional. Tal consideração se faz sob dois aspectos:

1) O primeiro, em razão do quase total abandono, descaso, rechaço, banimento do tema por parte da academia, o que se reflete na sua ausência nas pesquisas e na literatura crítico-

---

3. Cujas lacunas o tempo tratou de demonstrar.

4. Que se expressa claramente em novas produções e no lugar que o tema passa a ocupar na recentíssima produção da área.

-profissional. Trata-se de um tema pouco estudado, com raros investimentos na formação, na pesquisa e na produção do conhecimento.

2) O segundo aspecto que nos leva a incluir o tema da instrumentalidade no rol dos temas *"mal ditos"* no interior da profissão pode ser considerado a partir de dois subproblemas. O primeiro relaciona-se ao fato de que tem sido um tema tratado com profundo preconceito, discriminação e em torno do qual têm se criado falsas polêmicas. Aqui, o caráter *"mal dito"* tem a ver com sua remissão imediata ao universo do pensamento conservador e com ele ter sido identificado. Para além do equívoco de ser considerado um tema recoberto pelo ranço do conservadorismo, como se sua problematização estivesse confinada ao universo do Serviço Social tradicional, entendido como modelos de diagnóstico e de intervenção, pautas de como fazer, sempre restrito ao referencial das correntes positivistas, temos ainda que o termo instrumentalidade tem sido tratado como o conjunto de meios, instrumentos e técnicas de intervenção profissional e a ele se limitado. Ao ser identificado ao conjunto de instrumentos e técnicas interventivas, o tema da instrumentalidade perde seu potencial de mediação à realização do projeto profissional, razão pela qual considero esta limitação como um reducionismo que empobrece o tratamento dado àquele. Assim, 18 anos depois, os equívocos de limitar o tema ao pensamento conservador e/ou ao conjunto de instrumentos e técnicas de intervenção profissional não foram superados.

Isso posto, e analisando a trajetória do debate, tendo a considerar que o grande avanço no tratamento do tema foi ter sido colocado no universo da problemática do trabalho — mediação necessária ao atendimento de necessidades naturais e sociais. Como parte do modo de ser e de se reproduzir do ser social, o trabalho, mediação entre homem e natureza, tem uma instrumentalidade. A capacidade de o ser social mobilizar os meios para alcançar seus objetivos está diretamente relacionada à outra capacidade que lhe é anterior: a teleologia, ou seja, a capacidade que os homens e as mulheres detêm de projetarem, pelo movimento da sua consciência, a sua intenção, antes mesmo de a realizarem. Esta capacidade fantástica de alterar seus planos, mudar a rota, avaliar seus desdobramentos e consequências, ainda no nível da sua projeção, da sua intenção, é o que nos permite escolher fazer ou não fazer; fazer através destes ou daqueles meios. É a capacidade que nos permite exercer nossa autonomia, nossa liberdade entendida como escolhas dentro das circunstâncias possíveis. Se a teleologia, a projeção da intencionalidade, a clareza dos fins é a primeira capacidade, absolutamente indispensável à realização de qualquer projeto, a segunda capacidade, a de mobilizar os meios necessários, dando-lhes uma instrumentalidade, orientá-los para o alcance dos objetivos visados e estabelecidos pelo movimento da consciência no processo, é tão relevante quanto a primeira, ainda que seja uma capacidade sempre subordinada à primeira. Cabe ao sujeito, postas as suas finalidades, tendo clareza dos fins e de seus desdobramentos e consequências, colocar em movimento os meios e as mediações necessárias à realização dos seus objetivos/fins, e isso é dar-lhes uma instrumentalidade, que será sempre orientada pela consciência do sujeito, por uma determinada racionalidade como modo de ser, de pensar e de agir sobre uma determinada realidade. Assim é que, no processo de trabalho, a passagem do momento da preparação (projeção, intencionalidade) para a ação, propriamente dita, requer instrumentalidade. Só o trabalho atribui instrumentalidade aos meios e instrumentos que o sujeito julga como os mais adequados aos fins propostos, donde a necessidade da ciência dos fins e do conhecimento dos meios. É nesta perspectiva que consideramos o termo *instrumentalidade*: como as propriedades/capacidades das coisas, atribuídas pelos homens no processo de trabalho, convertidas em meios/instrumentos para a satisfação de necessidades e alcance dos seus objetivos/finalidades. Tal capacidade é atribuída pelos homens no processo de produção da sua vida material e espiritual, através do seu pôr teleológico. São os homens que atribuem — pelo pôr teleológico — capacidade para que determinadas coisas se convertam em meios e instrumentos, de modo a dar-lhes uma instrumentalidade. A instrumentalidade é a capacidade de articularmos estratégias e táticas mais adequadas (ou não) aos objetivos que pretendemos alcançar. Se no processo de trabalho o ser social aciona determinados níveis de racionalidade e põe em movimento a sua vontade, adequando-a às finalidades, a instrumentalidade do trabalho depende de uma definição da razão e da vontade do sujeito, depende de um processo de conhecimento (o mais aproximado possível da realidade) e da tomada de decisão (a mais adequada em relação aos meios e fins). Se trabalho é relação homem-natureza, a práxis é o conjunto das formas de objetivação dos homens (incluindo o próprio trabalho). Num e noutro, os sujeitos realizam a sua teleologia. Toda postura teleológica encerra instrumentalidade, o que possibilita ao sujeito manipular e modificar as coisas a fim de atribuir-lhes propriedades verdadeiramente humanas, no intuito de converterem-nas em instrumentos/meios para o alcance de suas finalidades. Converter os objetos naturais em coisas úteis, torná-los instrumentos, depende de decisões teleológicas, o que necessita de um conhecimento correto das propriedades dos objetos.

Também é uma peculiaridade do processo trabalho o fato de que sujeitos históricos desenvolvem capacidades que passam a mediar sua relação com outros. Desenvolvem mediações, tais como a consciência, a linguagem, o intercâmbio, o conhecimento, mediações estas que permitem a sua reprodução como seres sociais, e, portanto, são postas pela práxis. O desenvolvimento do trabalho exige o desenvolvimento das próprias relações sociais, e o processo de reprodução social, como um todo, requer mediações de complexos sociais tais como: a ideologia, a teoria, a filosofia, a política, a arte, o direito, o Estado, a ciência e a técnica. Tais complexos sociais (que Lukács chama de mediações de "segunda ordem", já que as de primeira ordem referem-se ao trabalho) têm como objetivo proporcionar uma dada organização das relações entre os homens e localiza-se no âmbito da reprodução social (Lessa, 1999; Barroco, 1999; Guerra, 2000a).[5]

No âmbito da reprodução social, o que ocorre é que a instrumentalidade, com a qual os homens controlam a natureza e convertem os objetos naturais em meios para o alcance de suas finalidades, é transposta para as relações dos homens entre si. Mas isso só é possível em condições sócio-históricas determinadas. Nestas, os sujeitos sociais tornam-se meios/instrumentos de outros. O exemplo mais desenvolvido de conversão dos sujeitos em meios para a realização de fins de outros é o da compra e venda da força de trabalho como mercadoria, de modo que a instrumentalidade, convertida em instrumentalização das pessoas,[6] passa a ser condição de existência e permanência da própria ordem burguesa, via instituições e organizações sociais criadas com este objetivo. Tais relações são produzidas por determinada racionalidade que se torna hegemônica e sustenta determinado projeto de sociedade.

E por falar em racionalidades, não casualmente iniciamos o primeiro capítulo do livro pela reflexão sobre a razão moderna e pelo seu fundador: Imanuel Kant. Esse filósofo, cuja reflexão está centrada nas Três Críticas (da Razão Pura, da Razão Crítica e do Juízo), realiza a revolução copernicana na filosofia ao colocar no centro a Razão Humana, em contraposição à Razão Divina, ao dogma e à superstição, pelo que haveria de pagar um

---

5. Refiro-me aos artigos publicados no âmbito dos Cadernos do Curso de Capacitação em Serviço Social e Política Social: reprodução social, trabalho e Serviço Social, promovido pelo CFESS/UnB, entre 1999 e 2000.

6. Por instrumentalização das pessoas entendo o processo pelo qual a ordem burguesa, por meio de um conjunto de inversões, transforma os homens de sujeitos em objetos, meios e instrumentos a serviço da valorização do capital.

preço. Assim, sua preocupação com o conhecimento — não relativo ao ser, mas com a capacidade de o sujeito conhecer determinado objeto — o leva a crer que os objetos são carentes de sentido e que este somente pode ser dado pelo sujeito. Este sim, segundo Kant, detém todas as condições de possibilidade de conhecer, segundo seus interesses e finalidades. Assim, o conhecimento é produto de uma única faculdade: a razão. Com Kant inaugura-se uma filosofia transcendental, síntese entre o empirismo inglês e o racionalismo francês, concebendo uma nova filosofia: o criticismo subjetivista. Com o criticismo kantiano, a razão é levada a um tribunal e as faculdades cognitivas são submetidas a uma rigorosa crítica acerca de suas possibilidades, donde a famosa pergunta sobre "O que eu posso conhecer?". Já o subjetivismo kantiano consiste em afirmar a prioridade do sujeito sobre o objeto no processo de conhecimento, fundando a razão subjetivista, cujo conhecimento *a priori* do sujeito, dentro dos limites da experiência, é chamado de transcendental. Com isso, o filósofo do Iluminismo enaltece o protagonismo do sujeito no processo do conhecimento do fenômeno, já que a coisa em si, o *noumenon*, segundo ele, não nos é dada a conhecer. Na sequência do Capítulo I, que traz o debate da razão na história e seus desdobramentos no projeto da modernidade,[7] pincelamos para o leitor alguns traços da monumental obra de Hegel, demarcando suas diferenças com Kant, os avanços promovidos, até a sua identificação da Razão Dialética e a guinada marxiana acerca desta. Com estas referências, pretende-se demonstrar, nos elementos que inauguram a razão moderna e nas diversas modalidades

---

7. O debate inaugurado no livro de 1995 sobre a razão moderna, seus tons e as teorias sociais que dela derivam, é apresentado e aprofundado em vários textos. Cito os mais utilizados pelas assistentes sociais: "Neoconservadorismo Pós-moderno e Serviço Social Brasileiro", 2007, de Josiane Santos, e o artigo de Ivete Simionatto, "As expressões ideoculturais da crise capitalista na atualidade e sua influência no Serviço Social", 2009, publicado no livro *Serviço Social: Direitos sociais e competências profissionais*, CFESS/ABEPSS.

de racionalidade,[8] os projetos societários aos quais elas subjazem. O pensamento burguês, por seu agnosticismo, ou seja, por não reconhecer a existência de uma essência histórico-concreta e situada historicamente, se manifesta em orientações racionalistas formais, irracionalistas, objetivistas, subjetivistas, positivistas, existencialistas e pragmáticas. Tal pensamento inaugura uma racionalidade que se torna hegemônica, a qual reduz a práxis a um conjunto de regras formais, burocráticas e manipulatórias, baseada na objetividade econômico-social que desconsidera solenemente o protagonismo dos sujeitos. Assim, faz-se importante recuperar a dialética *causalidade e teleologia*, fundante da historicidade, e com ela o protagonismo dos sujeitos na constituição dos processos históricos.[9]

É com Marx que localizamos o humanismo, o historicismo concreto e a razão dialética,[10] pilares de um projeto de sociedade construído na práxis, na produção e reprodução da vida material e espiritual de homens e mulheres que escolhem, decidem, interferem na realidade, acionam determinados níveis de reflexão, ou seja, de racionalidades, e são norteados por conhecimentos, convicções e princípios ético-políticos. Na realização de objetivos imediatos, por situações do cotidiano que necessitem de uma solução, a utilização da razão instrumental,[11]

---

8. Caminho necessário para a construção dos argumentos que demonstram a pertinência da nossa hipótese, e, não casualmente, compõe o I Capítulo do livro.

9. Conforme o item 6 do Capítulo II deste livro.

10. Razão dialética é a razão substantiva e emancipatória, tratadas aqui como sinônimo, porque concebemos que a razão mesma é dialética, ou seja, incorpora a contradição, o movimento, a negatividade, a totalidade, as mediações, buscando a lógica de constituição dos fenômenos, sua essência ou substância. A razão dialética refere-se a uma lógica objetiva que os processos sociais portam e às condições que permitem a reconstrução desta lógica, pela via do pensamento.

11. A razão instrumental é uma dimensão da razão dialética (substantiva e emancipatória), e como tal, limitada a operações formal-abstratas e a práticas manipuladoras e instrumentais, fragmentadas, descontextualizadas e segmentadas, por isso ela é funcional à reprodução social da ordem burguesa. Nota-se que a razão

enquanto um nível da razão, é absolutamente necessária. Na perspectiva de direcionar-se ao seu objetivo, dar resolutividade às suas ações, os sujeitos, homens e mulheres, acionam um tipo de racionalidade necessária a tais objetivos (prático-imediatos). Mas essa é uma racionalidade que nos exige pouco; é uma racionalidade que se torna cada vez mais instrumentalizada e empobrecedora. A razão miserável ou a sua destruição[12] foi, desde muito tempo, observada e denunciada por Marx como decorrência da decadência ideológica da burguesia e retomada por outros autores que, embora em momentos diferentes, o fizeram em total sintonia.[13] Com a razão instrumental nos é

---

instrumental está sendo compreendida como um nível (inferior) da razão dialética, esta, humanista, histórica e dialética. A razão instrumental, como condição necessária, mas insuficiente, à reprodução da espécie humana, é responsável pela capacidade de os homens responderem às necessidades, pela dimensão do fazer, pela manipulação. Por ser uma razão subordinada e funcional, tem que estar subsumida à razão substantiva (ou dialética), na qual impera a consciência dos fins e dos conteúdos ético-políticos dos mesmos. Ocorre que num determinado estágio de desenvolvimento das forças produtivas e das relações sociais, opera-se uma inversão na qual a razão instrumental se amplia, de modo que adota a aparência de ter se tornado a única razão vigente e possível sob o capitalismo. A razão instrumental rompe seus vínculos com a razão dialética, disso resultando a ampliação e intensificação tanto de uma racionalidade que se atém aos resultados prático-imediatos — independentes dos seus fundamentos e princípios ético-políticos — quanto de uma relação social na qual os homens tornam-se meios dos próprios homens e, como tal, submetidos à manipulação e ao controle.

12. Sendo a razão o mote de toda a reflexão destes autores, seu empobrecimento ou sua destruição decorrem da condição de decadência da burguesia. A primeira, fundada numa racionalidade formal-abstrata; a segunda, fundada no irracionalismo. Ambas as tendências complementares se juntam a um só corpo como o Deus Janus, da mitologia greco-romana, representação utilizada por Coutinho no livro *O estruturalismo e a miséria da razão*. A ponte entre eles, como nos mostra o autor, é dada pelo agnosticismo.

13. Refiro-me a Lukács, no seu célebre *O Assalto à Razão* (tradução do livro *A destruição da razão*, de 1953), e Coutinho, *O Estruturalismo e a Miséria da Razão* (clássico que, publicado em 1972, foi reeditado no ano passado pela sua explícita relevância e atualidade). Creio ser importante notar que, ao que parece, foi através do debate da instrumentalidade que a discussão sobre a configuração do projeto da

facultado responder de maneira pontual, imediata, focalizada e, em algumas situações, deslocando as contradições postas nas situações nas quais atuamos para outras esferas da vida e do cotidiano. Mas esta racionalidade se reduz aos critérios de eficácia, eficiência e utilidade, tanto das coisas quanto das pessoas. É aí que reside a problemática: quando os homens e mulheres utilizam outros seres sociais como meios para o alcance de suas finalidades ou quando utilizam sua racionalidade para fins de manipulação de outros homens e mulheres. Além disso, o que é central na discussão é que a *racionalidade instrumental não nos permite avançar na construção do novo, do não instituído*, do vir a ser. Ela se coloca na lógica da reprodução da sociedade, do seu *status quo*.

No âmbito do Serviço Social, os influxos de uma racionalidade empobrecedora se somam aos do irracionalismo, e fazem com que muitas vezes nossas respostas não se diferenciem daquelas expressas por leigos, realizadas de improviso, baseadas em circunstâncias aleatórias e na repetição, o que vem reforçar o equívoco de que "na prática a teoria é outra";[14] de que "qualquer um pode fazer o que faz o assistente social". Esta racionalidade sustenta a recorrente, equivocada e medíocre identificação entre Serviço Social e prática de ajuda, que se produz tanto como parte da autorrepresentação dos assistentes sociais quanto da representação social da profissão.[15] Nesta identificação, subjaz a indistinção entre profissão e vocação, como se a condição de

---

modernidade e suas pilastras (humanismo concreto, historicismo e razão dialética) é apresentada aos assistentes sociais.

14. Remeto o leitor ao item 5.2.2 do Capítulo II do livro. Esta discussão, problematizada em 1995, foi recuperada por Guerra e Forti, na Coletânea Serviço Social — Temas, Textos e Contextos, da Lumen Juris Editora, em 2010, e aprofundada por Claudia Monica Santos na obra *Na prática a teoria é outra?*, 2010, da mesma editora.

15. Tema trabalhado por Fatima Ortiz, na sua tese doutoral, publicada com o título *O Serviço Social no Brasil: os fundamentos de sua imagem social e da autoimagem de seus agentes*, da Editora Epapers, 2010.

ser assistente social dependesse de qualidades natas (dos genes ou do DNA), tendência que ignora e/ou nega a necessidade de uma rigorosa formação profissional, já que, ao contrário, considera que a profissão se realiza através de um conjunto de práticas e modelos previamente determinados.

Tenho argumentado que a racionalidade hegemônica na profissão tem sido a razão instrumental[16] e isso ocorre por dois fatores: o primeiro, tendo em vista sua inserção na divisão social e técnica do trabalho como profissão interventiva que deve dar respostas que alterem as heterogêneas, diversificadas e até inusitadas situações que chegam ao profissional; segundo, em razão da peculiaridade posta nas demandas para a profissão: são demandas que exigem solução, ainda que em nível imediato, emergencial, paliativo, pontual, focalizado nas situações que se convertem em objetos da profissão e exigem uma resolutividade.

Assim, ir além da imediaticidade da prática profissional[17] e da racionalidade instrumental não é nada fácil. Não se faz isso apenas pelo desejo ou pela boa vontade. Há que se ter um enorme investimento em outra forma de ler e interpretar a realidade: superar a consciência mística e mistificada, ir além da consciência comum, ir além da aparência que recobre os fatos da realidade social. É preciso transcender, incorporando a consciência formal-abstrata[18] da realidade e alçar a Razão que, como o nível

---

16. Recente artigo publicado por José Fernando S. Silva, "Serviço Social: razão ontológica ou instrumental?", na revista *Katálysis*, n. 16, v. 1, 2013, corrobora esta afirmação.

17. Tema desdobrado e aprofundado por Marilene Coelho, em sua tese de doutorado defendida no Programa de Pós-Graduação em Serviço Social da UFRJ em 2008 e publicada pela Lumen Juris Editora, em 2013, com o título *Imediaticidade na prática profissional do assistente social*.

18. Tema que atravessa toda a reflexão contida no livro *A Instrumentalidade do Serviço Social*. Por racionalidade formal-abstrata estamos considerando uma modalidade, nível ou grau de abrangência da razão. Essa forma de pensar e agir, conveniente ao modo de produção/reprodução capitalista, encontra na Sociologia os instrumentos, procedimentos e modelos de interpretação e intervenção na realidade social, já

mais alto alcançado por uma determinada reflexão, é ponto de chegada de um longo, demorado, difícil esforço e movimento da consciência que não se conforma com o dado (e por isso o critica, superando-o), com o instituído, com o aparente. Esta, por si só, é histórica e dialética: acompanha o movimento da própria realidade, identifica suas contradições, apanha, atua e modifica as mediações que tecem a realidade, num recorrente processo de totalização, na perspectiva de incorporar alguns elementos antigos, transforma-os, reconfigura-os, supera-os. Não é demais lembrar que a razão instrumental nos faz ter uma determinada apreensão do nosso cotidiano. Nosso campo de percepção do cotidiano, pela via da razão instrumental, é o da mera repetição, da rotina, limitado ao âmbito das experiências imediatas, da empiria, do factual, dos imediatismos, do caos, do acaso, do fortuito. Assim, quando a ela recorremos, a sensação é a de que *fazemos tudo o que podemos*. Em decorrência de captarmos o cotidiano desta maneira, não nos perguntamos qual é o limite do possível, até onde o sujeito pode "esticar" este limite que, aparentemente, se fecha em si mesmo. Assim, no cotidiano vemos limites, mas não possibilidades. Ora, é o próprio cotidiano, como espaço onde se manifestam as contradições, como espaço onde operam sínteses de múltiplas determinações, que nos permite análises mais concretas e complexas sobre o exercício profissional. Enquanto lamentamos as limitações não temos a percepção das possibilidades. É por isso que a percepção do mundo e do cotidiano através da razão instrumental não é *suficiente para acionarmos, mobilizarmos as forças de resistência,*

---

que esta disciplina se consolida sobre uma base natural, e, por isso, pode atribuir aos fatos, fenômenos e processos sociais, total objetividade e autonomia. Ao isolar os problemas da vida social pela naturalização e autonomização — já que os fatos sociais são coisas, exteriores, superiores e anteriores — este tipo de racionalidade neutraliza qualquer possibilidade de os indivíduos organizarem-se e, sobretudo, modificarem a realidade. O leitor encontrará os fundamentos teórico-metodológicos, culturais e políticos sobre a racionalidade formal-abstrata no interior desta obra que trata o tema de maneira inédita no Serviço Social.

para elaborarmos as estratégias de enfrentamento a este cotidiano, para potencializarmos as forças progressistas capazes de alterar as situações, pois nenhuma ação está desconectada de um determinado nível do pensamento, desde o mais elementar até o mais elaborado, que é o conhecimento científico.

Não obstante, após 18 anos, repito, o tema da instrumentalidade ainda é identificado com o debate sobre instrumentos e técnicas, é tratado como a instrumentalização da profissão. Muitos, tanto na academia quanto no meio profissional, se prestam a entendê-la nesta perspectiva: como uma pauta de procedimentos relacionados ao "como fazer", um receituário, modelos e regras a serem aplicados na realidade. Ora, nada mais estranho ao universo filosófico e teórico-metodológico no qual situamos a questão da instrumentalidade do que falar em apriorismos, pois, se é no trabalho que a instrumentalidade se desenvolve, ela tem, necessariamente, que acompanhar o movimento da realidade, de se construir nele, e de responder a ele, de modo que ela é, em essência, histórica e dialética, donde a necessidade de uma racionalidade que acompanhe e dê sustentação a este movimento. Nessa concepção, os instrumentos são elementos postos na relação entre o assistente social e os usuários, na perspectiva de efetivar respostas planejadas e projetadas pelo profissional.[19] Assim, os instrumentos se revestem de uma intencionalidade profissional. Serão acionados, mobilizados, utilizados, criados em consonância com as finalidades da intervenção profissional, contribuindo para a passagem da teoria à prática, do ideal ao real. São eles os veículos que permitem materializar os objetivos profissionais através de ações concretas.

---

19. Tema tratado por Rosa Prédes, na tese de doutorado defendida com o título "Desvendando o significado do instrumental técnico-operativo na prática profissional do Serviço Social", no âmbito do Programa de Pós-Graduação em Serviço Social da UFRJ, em 1999, e mais recentemente por Charles. T. Sousa, no artigo "A prática do Assistente Social: conhecimento, instrumentalidade e intervenção profissional", na *Revista Emancipação*, v. 8, n. 1. Ponta Grossa/PR: UEPG, 2008.

Com base nesta compreensão acerca do significado do instrumental técnico-operativo no exercício profissional, buscou-se uma abordagem ontológica que considere desde a inserção da profissão na divisão social e técnica do trabalho, sua peculiaridade operatória, sua inserção na esfera da prestação de serviços sociais,[20] sua demanda por respostas concretas que modifiquem o contexto do usuário destes serviços, ainda que paliativas, pontuais, focalizadas; a característica de que junto com sua força de trabalho o assistente social vende um conjunto de modos de operar, até trazer à tona seu papel como formulador e executor de políticas sociais, daí a necessidade de apreender o modelo, as determinações e configurações históricas das políticas sociais, posto que elas constituem o espaço sócio-ocupacional dos assistentes sociais. Aqui cabe uma reflexão, ainda que breve, de que o assistente social irá trabalhar na implementação de políticas sociais, contribuindo para a produção e para a reprodução material e ideológica da força de trabalho. As políticas sociais constituem-se em estratégias de enfrentamento das crises do capital e servem ao Estado para garantir sua legitimidade perante as duas classes fundamentais: trabalhadores e capitalistas. Enquanto estratégias do Estado para promover o consenso e manter a força de trabalho ocupada e excedente apta a se inserir no mercado de trabalho, as políticas sociais escondem a contradição de que são resultado de luta e conquista dos trabalhadores. Foi com base nesta configuração da profissão que foi possível apreender a instrumentalidade do Serviço Social como sua condição sócio-histórica, condição de possibilidade de sua existência que atende necessidades das duas classes fundamentais que se confrontam no mundo burguês, mas não o *faz de maneira harmônica nem equilibrada*, posto que reforçar interesses de um ou outro lado depende

---

20. Cf. item 5.1 do Capítulo II: A racionalização do processo produtivo: inserção do assistente social na divisão social e técnica do trabalho.

das condições dadas pela correlação de forças estabelecidas no momento. Com isso, afirmamos, inicialmente, a instrumentalidade do Serviço Social em dois níveis:

Primeiro, no que diz respeito à sua funcionalidade ao projeto reformista da burguesia (reformar conservando), o que é feito pela mediação das políticas sociais,[21] sendo o Serviço Social uma estratégia de controle, de gestão das contradições que se tecem na relação entre capitalistas e trabalhadores, gerenciando os níveis de pobreza, os quais não podem ir além do admitido/suportável. O modelo e a condição da política social, do ponto de vista estrutural e conjuntural, vão repercutir no exercício profissional atribuindo-lhes contornos, configurações, limites e possibilidades, donde emanam as condições de confrontar ou não o tipo de resposta reformista-integradora que lhe é demandada.

Segundo, no que diz respeito às demandas e seu atendimento. Refiro-me à sua peculiaridade operatória, ao caráter instrumental-operativo das respostas profissionais (ou nível de competência requerido) frente às demandas das classes, de onde advém a legitimidade da profissão. Assim, é o ato de dar respostas que legitima a profissão, mas seu conteúdo é o que diferencia um assistente social de outro.

Posta a discussão nestes termos, ao recorrermos à razão crítico-dialética nos foi dado perceber que haveríamos de buscar a instrumentalidade da profissão, tanto no que diz respeito a sua peculiaridade como estratégia de contenção de conflitos, de administração e gestão da miséria e dos conflitos, quanto na sua peculiaridade em termos da sua natureza interventiva, que tem que operar modificações nas problemáticas que lhe são apresentadas como demandas, de modo que se caracteriza por um tipo determinado de resposta: operativo-instrumental. É parte

---

21. Tema que foi desenvolvido por Carlos Montaño no seu livro sobre o Terceiro Setor, cap. II, item 5, no que se refere à instrumentalização e funcionalidade do chamado terceiro setor.

da instrumentalidade o ato de responder às diversas e heterogêneas demandas que nos chegam (e aqui há que se discernir as demandas do sujeito para o qual a nossa intervenção se direciona das demandas da instituição, a demanda do profissional; mas também há que se diferenciar a demanda espontânea, inicial, imediata, real, emergente), de onde se faz necessário buscar seus fundamentos sócio-históricos e políticos, seu modo de ser e discerni-los do seu modo de aparecer, das suas expressões, evidenciar seus contornos, determinações e particularidades, para daí captar como esta demanda é respondida e com que tipo de respostas, bem como qual a racionalidade que o assistente social está acionando para responder a ela. Faz importante notar que o atendimento das demandas exige um determinado tipo de ação que produza um resultado, tendo em vista sua natureza interventiva, bem como que se trata de demandas e necessidades sociais diferentes, de naturezas também diferentes (individuais e coletivas), as quais atendem a projetos diferentes e divergentes. Por isso não se trata de pensar apenas em responder às demandas da instituição. É preciso identificar qual é a racionalidade da mesma e qual a racionalidade que adotamos no processo de responder, que teorias são acionadas, que valores estão presentes nas escolhas que fazemos durante o ato de responder.

Pela instrumentalidade da profissão se expressam tais racionalidades que se materializam nas diversas formas de intervenção ideopolítica e socioprofissional do assistente social. Na medida em que desvelamos o limite dessa racionalidade formal-abstrata, ela se torna racional para nós e desaparece nossa dependência e subordinação em relação a ela. É a razão ontológica, crítica e dialética que deve iluminar as decisões e escolhas possíveis no momento. Foi a análise crítico-dialética que permitiu captar a instrumentalidade nas suas possibilidades, no seu vir a ser, ou seja, *como mediação, conduto por onde passam as teorias, os valores, princípios que determinam a escolha dos instrumentos, das técnicas, das estratégias e das táticas*, contendo a possibilidade de trazer à luz tais componentes do projeto profissional. Assim, falar de instrumentalidade é falar de relação entre meios e fins, a qual nada concede à suposta neutralidade profissional. Tal escolha nem é aleatória nem é somente subjetiva, mas uma escolha de um sujeito historicamente situado que analisa a realidade a partir das condições causais nas quais ele se encontra. E decide, escolhe, se posiciona e se compromete. Como afirma Chaui, fins éticos exigem meios éticos (1994, p. 339).[22] Assim, as diversas instrumentalidades estão orientadas por diversos projetos de profissão.

Falar de instrumentalidade como a capacidade de mobilizar (criar, recriar) os meios para alcançar objetivos é falar em projeto profissional. Para tanto, a busca das respostas sobre *"o que, por que, para que, quando, onde, com que meios e como fazer"* são fundamentais. Se o *"como fazer"* e o *"com que meios"* referem-se às habilidades e competências[23] que teremos que desenvolver durante nosso processo de formação contínua, estando estas diretamente relacionadas ao modo de ser do assistente social tanto individual quanto coletivo, a resposta ao *"por que"* depende de uma leitura da realidade social que se apoia numa determinada teoria social e visão de homem e mundo; já a resposta ao *"para que"* está subsumida aos valores e compromissos

---

22. Chaui, M. *Convite à filosofia*. São Paulo: Ática, 1994.

23. A percepção sobre as dimensões da profissão e as competências a elas vinculadas: técnico-operativa, teórico-metodológica, ético-política, investigativa e formativa, derivada do debate da instrumentalidade, foi desenvolvida posteriormente e pode ser encontrada em Guerra: "Ensino da prática profissional no serviço social: subsídios para uma reflexão", *Temporalis* (Brasília), Brasília/DF, v. 2, 2000b; "As dimensões da prática profissional e a possibilidade de reconstrução crítica das demandas contemporâneas", *Revista Libertas*, v. 2, n. 2, 2002/2003; "A dimensão investigativa no exercício profissional", in: *Serviço Social: Direitos sociais e competências profissionais*, CFESS/ABEPSS, 2009; "A dimensão técnico-operativa do exercício profissional", in: *A dimensão técnico-operativa no Serviço Social: desafios contemporâneos*. Juiz de Fora: Editora UFJF, 2012.

profissionais. O *"quando"* e *"onde"* estão relacionados com a dimensão do espaço e do tempo e têm a ver com a concepção de história social do sujeito, exigindo-lhe sistemática e permanente análise da conjuntura.

Assim, a instrumentalidade contribui para a realização do projeto ético-político crítico quanto mais enriquecida ela for. Mas ela não se relaciona apenas com os projetos progressistas. Na ordem burguesa tem-se a hegemonia de uma instrumentalidade empobrecida limitada aos desígnios do ordenamento social burguês.

O que vem a ser uma instrumentalidade enriquecida, qualificada, de novo tipo? Ela pode ser reduzida ao domínio dos instrumentos e técnicas?

A esta altura, o leitor já pode responder em bom tom: certamente que não, embora sem o domínio dos instrumentos e técnicas não realizamos o proposto por nenhum projeto profissional, seja de ruptura, seja de continuidade com o conservadorismo. No entanto, não podemos tomar o que é acessório, secundário, pelo que é essencial. Uma instrumentalidade enriquecida significa ter clareza do projeto, de onde se quer chegar, ter uma racionalidade que nos permita lançar luzes, sempre renovadas, sobre os objetivos e que os clarifique, nos permitindo explicitar o horizonte a ser alcançado e a direção a ser adotada. Em segundo lugar, significa o domínio de uma teoria que nos permita construir os caminhos e as estratégias, táticas, instrumentos e técnicas.[24] Em que circunstâncias conseguimos enriquecer nossa instrumentalidade?[25]

---

24. A necessidade de uma instrumentalidade pautada na visão histórica e na crítica radical foi apontada por Ana Elizabete Mota no original artigo "Serviço Social brasileiro: profissão e área do conhecimento". Revista *Katálysis* (impresso), v. 1, p. 17-27, 2013.

25. Agradeço à Francisca Pini pela sugestão de incluir este debate nesta nova apresentação.

— Quando vamos além das estratégias individuais e buscamos responder às demandas coletivas, ou seja, coletivizamos as demandas;

— Quando lutamos contra a individualização dos problemas, enfrentamos os processos que levam à culpabilização e responsabilização dos usuários das políticas sociais por aquilo que a ordem burguesa considera "seu problema";

— Quando lutamos contra a precarização e intensificação do nosso trabalho e de outros, pela efetivação das 30 horas, sem prejuízo do salário;

— Quando exigimos espaço para estudo e discussão no local de trabalho e tempo para a nossa qualificação, com vistas à melhoria da qualidade dos serviços prestados;

— Quando questionamos e lutamos contra o aligeiramento da nossa formação graduada e pós-graduada; contra a mercantilização da educação, contra a privatização do público, especialmente das políticas sociais.

Nossa instrumentalidade é rica quando estimulamos a participação do usuário nas instituições, quando veiculamos as informações que são de importância para eles.

Nossa instrumentalidade é rica quando ousamos criar novos instrumentos emancipatórios em detrimento dos que subordinam, manipulam e exercem controle sobre os usuários e/ou suas famílias; quando negociamos com a instituição em prol dos interesses dos usuários, quando questionamos e buscamos superar ou ampliar os critérios de elegibilidade.

Nossa instrumentalidade é mediação quando superamos a aparência da demanda imediata e atuamos para além das demandas emergenciais, quando adotamos uma atitude investigativa no cotidiano, quando o refletimos criticamente e o superamos momentaneamente; quando buscamos nos aliar aos usuários e outros profissionais que compartilhem conosco um projeto de sociedade de novo tipo, profissionais com quem temos sintonia, na perspectiva de tensionar a instituição.

Nossa instrumentalidade é rica quando nos articulamos com os movimentos sociais e sindicais para arregimentar forças, quando estamos orientados pelo nosso projeto profissional afirmando os princípios do Código de Ética, observando as atribuições e competências da Lei de regulamentação, honrando um determinado perfil profissional, explicitado nas diretrizes da formação profissional.

Pela instrumentalidade passam os valores e é através dela que os realizamos. Uma instrumentalidade rica só pode ser orientada pela racionalidade crítico-dialética e pelos valores civilizatórios e sociocêntricos.

É claro que uma instrumentalidade, para ser rica, necessita encontrar as condições objetivas para tal, tanto quanto necessita de um sujeito preparado, atento, com sólida formação intelectual, claras convicções políticas, sem esquecer que a dimensão político-profissional se faz com certezas, com princípios claros e firmes, com compromissos conscientemente assumidos e honrados. Digo condições objetivas, mas não penso que elas se realizam sem a clara intervenção organizada dos sujeitos históricos, da ação coletiva, do que depende seu preparo teórico e político.

Por fim, o leitor há de notar que não há alteração substantiva nesta edição revisada e ampliada[26] e os argumentos para isso permeiam e conformam esta apresentação. Mas há algo novo nesta edição que faz dela um momento de coroamento de um ciclo pessoal, profissional e acadêmico. Refiro-me ao novo prefácio elaborado pelo prof. dr. Evaldo Amaro Vieira, responsável

---

26. Além da apresentação, faço notar a revisão e ampliação que realizei nas referências bibliográficas.

por boa parte e pela parte boa da minha formação intelectual, na PUC de São Paulo, entre os anos de 1993 e 1998, e a nova quarta capa, elaborada pelo amigo e parceiro, prof. dr. Carlos Montaño, com quem venho tendo uma profícua interlocução desde a mesma época e a quem agradeço a leitura atenta que originou algumas mudanças na segunda edição revisada do livro, em 1999.

Mais uma vez, convido os leitores a trilharem comigo os caminhos do debate da instrumentalidade, 18 anos depois; antes, porém, é necessário o esforço de deixar de lado os preconceitos em torno do tema, aceitando a sua relevância e considerando a sua imperiosa necessidade. Só assim a instrumentalidade vai deixar de figurar entre os inúmeros temas *"mal ditos"* pela e na profissão e poderá ocupar o lugar de destaque que lhe cabe na formação e no exercício de uma profissão que, à diferença das ciências sociais,[27] tem na dimensão técnico-operativa a sua razão de ser.[28]

Rio de Janeiro, dezembro de 2013

Yolanda Guerra

---

27. Andam dizendo por aí que estamos a fazer a sociologia (a moda agora é a antropologia) do Serviço Social.

28. Não é demais reconhecer que o debate da instrumentalidade fez sair do obscurantismo os temas relativos ao exercício profissional: instrumentos, técnicas, estratégias, táticas, relação teoria/prática, dimensões da profissão, imediaticidade, dentre outros, no Brasil e em alguns países da América Latina, a exemplo da obra *Aportes tático-operativos a los procesos de intervención del trabajo social*, organizada por Oliva e Mallardi (Universidad Nacional del centro de la provincia de Buenos Aires/Tandil), 2011. Sem dúvida, no Brasil, sua maturidade teórico-acadêmica é comprovada pela variedade de estudos e pesquisas que vem fomentando e que pode ser conhecida, especialmente, pelos anais dos eventos da categoria. Sua maioridade é coroada com a obra *A dimensão técnico-operativa no Serviço Social*, coletânea publicada pela editora da UFJF, a qual, juntamente com Claudia Monica dos Santos e Sheila Backx, tive a oportunidade de organizar.

Apresentação à 2ª edição

A produção teórica, enquanto uma forma de objetivação do ser social, é sempre um produto coletivo, o qual, através de aproximações e revisões, vai ganhando contornos e configurações diferenciadas e conteúdos mais densos daquela originalmente produzida. Ela é também um instrumento de intervenção política.

Por esses traços particulares, as reflexões contidas neste livro tornaram mais frequentes nossas possibilidades de participação no debate do Serviço Social, de onde a oportunidade de incorporação de algumas críticas e sugestões dirigidas à temática. Mas isto é resultado do fato de que a discussão sobre *a instrumentalidade do Serviço Social*, inicialmente inserida nas universidades, por intermédio de seminários e cursos de pós-graduação, tem se constituído numa preocupação dos sujeitos profissionais que se inserem no espaço do qual ela emerge: *da prática institucional*.

Neste âmbito, o que hoje se configura é que tem havido a preocupação não apenas com o instrumental técnico ou a mera requisição por instrumentos legais, políticos, teóricos, analíticos, investigativos, avaliatórios e sistematizadores da prática profissional do assistente social, necessários, porém insuficientes. Os profissionais têm reconhecido a necessidade de compreender uma determinada racionalidade, para a qual a ruptura entre meios e fins, instrumentos e resultados, valores e finalidades, é condição para a manutenção da reificação e da exploração típicas da sociedade burguesa. O debate suscitado por um tipo de racionalidade que se torna hegemônica no capitalismo, que privilegia ações instrumentais e subjaz às intervenções profissionais pragmáticas, repetitivas, modelares, tecnicistas, burocráticas, enfim, instrumentais ao capitalismo e indispensáveis à manutenção do projeto burguês, colocou-nos a necessidade tanto de clarificar esta categoria quanto de aprofundar o conhecimento dela em direção à sua lógica de constituição.

Nesta segunda edição, ainda que reconhecendo tal necessidade, mantivemos o essencial das formulações anteriores, realizando algumas alterações no texto original apenas no que se refere às categorias analíticas "racionalismo formal, racionalidade formal e racionalidade formal-abstrata", visando ora dar uma unidade aos termos, ora fornecer algum esclarecimento de cunho categorial.

Em textos mais recentes temos enfrentado o desafio de adensar a discussão sobre a *racionalidade hegemônica do capitalismo*.[1] Para o leitor interessado na temática, as determinações da racionalidade formal-abstrata encontram-se mais desenvolvidas no artigo "A ontologia do ser social: bases para a formação profissional", publicado na revista *Serviço Social & Sociedade* [Cortez, n. 54, 1997].

Rio de Janeiro, abril de 1999
Yolanda Guerra

---

1. A exemplo da minha tese de doutoramento, "A racionalidade hegemônica do capitalismo no Brasil contemporâneo: uma análise de suas principais determinações", defendida em setembro de 1998, na PUC-SP [original inédito].

Apresentação

A atividade social e o espírito social não existem apenas na forma de uma atividade diretamente comunitária e de um espírito imediatamente comunal. [...] mesmo quando eu sozinho desenvolvo uma atividade científica [...] sou social porque é enquanto homem que realizo tal atividade. Não é só o material da minha atividade [...] que me foi dado como produto social. A minha própria existência é atividade social (Marx, 1975, p. 195).

O ensaio crítico de reflexão sobre a instrumentalidade do Serviço Social que se apresenta ao público[1] não se constitui apenas em termos teórico-filosóficos. Antes, essas reflexões são constituintes dos processos históricos da realidade social e têm como matéria-prima a profissionalidade do Serviço Social,

---

1. Este texto se constitui na dissertação de mestrado intitulada "Descobrir o cerne racional dentro do invólucro místico — Condições e possibilidades da instrumentalidade do Serviço Social", que apresentei ao Programa de Estudos Pós-Graduados em Serviço Social da PUC-SP em julho de 1994. No seu conteúdo, o texto não sofreu alterações significativas. Na sua estrutura, optei por seguir a sugestão do professor José Paulo Netto (membro da banca examinadora) de acoplar o conteúdo que originalmente compunha o terceiro capítulo ("Rumo ao caminho de volta") ao "Epílogo". Aproveito esta nota para registrar o meu reconhecimento pelas contribuições que a professora Marilda Villela Iamamoto, na oportunidade, me concedeu.

profissionalidade esta cotidianamente construída, conduzida e reconstruída no movimento entre conservadorismo e renovação, que mobiliza a intervenção dos assistentes sociais.

Compreender a posição que a dimensão instrumental da intervenção profissional ocupa na prática do assistente social exigiu a adoção de referências teórico-metodológicas, procedimentos analíticos, categorias intelectivas que extrapolam o âmbito do Serviço Social, bem como das racionalidades subjacentes às formas de ser e pensar a profissão.

Neste sentido, a perspectiva de análise que orientou a abordagem da temática encontra seus fundamentos em uma ontologia do ser social pautada no trabalho, já que o *trabalho*, enquanto objetivação fundante do ser social, *contém em si determinações materiais e ideais*, as quais *incorporam não apenas o fazer, mas o porquê, o para que e o quando fazer*, ou seja, a intencionalidade das ações humanas.

Ao adotar a categoria *práxis* na análise da instrumentalidade do Serviço Social, vê-se que ela se coloca como campo privilegiado no qual as articulações, os nexos, as contradições entre instrumentalidade e racionalidade, teorias e práticas se movimentam. Mais ainda, a *práxis* tem na atividade seu traço vital: a instrumentalidade coloca-se à *práxis* como conduto de passagem, ao mesmo tempo que a *práxis* produz, porta e expressa uma determinada racionalidade, já que o pensamento encontra-se substantiva e organicamente vocacionado para a ação.

Por isso mesmo, a direção deste estudo pôs de manifesto a compreensão de que, *não obstante as requisições profissionais por "novos" instrumentos operativos, a profissão carece de uma racionalidade, como fundamento e expressão das teorias e práticas que seja capaz de iluminar as finalidades, a partir das quais o aparato técnico-operativo é mobilizado*.

Mas esta apreensão não se derivou do acaso. Ela é fruto de um processo de intervenção profissional, que culminou com a possibilidade objetiva de realizar uma análise científica na qual a intervenção profissional se colocasse no cerne das minhas preocupações, e do recurso heurístico adotado: o referencial teórico-metodológico marxiano e as interpretações lukacsianas.

A análise da relação entre a instrumentalidade do Serviço Social e as racionalidades a ela subjacentes, ambas construídas no campo de forças no qual a profissão se movimenta — tomadas como determinações diferenciadas de um mesmo processo —, conduziu a apreensão das singularidades do Serviço Social no marco das expressões universais da sociedade capitalista consolidada.

Concordando com Lukács que a singularidade "é rica de determinações quando ela é o anel conclusivo de uma cadeia de conhecimentos que leva, das leis descobertas da universalidade concreta à singularidade como fim do processo do pensamento" (Lukács, 1968, p. 98), o caminho perseguido buscou apanhar na tessitura, no movimento, na historicidade da razão moderna, suas expressões e transfigurações na racionalidade formal da ordem capitalista e, nas raias desta ordem, suas formas de manifestação nas práticas profissionais, sobretudo na intervenção profissional do assistente social. Ao me defrontar com questões, impasses e polêmicas que transcendem o universo da profissão, a abordagem teórico-filosófica das contribuições daqueles que forjaram as principais categorias da razão moderna colocou-se como imperativo.

Por isso mesmo, o primeiro capítulo, "Razão e modernidade", compõe-se da sistematização da categoria racionalidade à luz das matrizes fundantes da razão moderna, quais sejam, o sistema ético-filosófico kantiano e a filosofia especulativa de Hegel; incorpora referências à estrutura inclusiva da razão dialética e ao seu contraponto expresso no racionalismo formal-abstrato, reflexões estas que me colocaram diante da pretensão do racionalismo burguês moderno de ser a única e última forma de explicação e organização da sociedade.

Ao negar a tradição ontológica da filosofia clássica, ao equalizar a compreensão entre natureza e sociedade, ao se limitar ao conhecimento da aparência imediata, o racionalismo formal acaba por transladar procedimentos do método lógico-experimental para a análise da sociedade, o que lhe permite estabelecer tanto modelos de explicação quanto programáticas de intervenção sobre a realidade social, para a qual oferece um conjunto de procedimentos manipulatórios e instrumentais. Tais modelos de explicação, ao coincidirem com as evidências imediatamente colocadas pela positividade dos fatos no capitalismo, passam a se constituir no conteúdo das requisições dos sujeitos que se propõem a compreender a sociedade.

Pensar a legitimidade ou não da utilização de paradigmas no conhecimento e modos de intervir na realidade social exigiu-me recuperar os supostos que sustentam a análise ontológica do ser social e as implicações teóricas e políticas daí decorrentes, bem como questionar a pretensão paradigmática das teorias da tradição sociológica em se constituir no modelo de representação, no plano ideal, do ser social burguês.

Fazer a crítica da racionalidade formal remeteu-me à discussão sobre o princípio da causalidade e suas derivações: as relações necessárias que se estabelecem, a objetividade dos processos sociais, a positividade que reveste os fatos e fenômenos no capitalismo. Mais ainda, as contradições que se articulam e gestam seus contrapontos, as articulações que convertem um fenômeno em outro e os transformam, as possibilidades de superação.

Se humanismo, historicismo e razão dialética, enquanto elementos constitutivos da razão moderna, fundam e expressam uma racionalidade que incorpora causalidade e teleologia, esses mesmos traços tornam-se objeto de questionamento. A barbárie instaurada na sociedade capitalista madura permite que se coloque em dúvida as possibilidades da razão objetiva em refigurar a realidade. A suposta falência das teorias macroestruturais põe em risco tanto a racionalidade contida no sistema capitalista quanto aquela configurada no socialismo real. Na sequência, sanciona-se a adoção de teorias sociais que valorizam o microscópico, o fragmento, que transformam a realidade em um simulacro. Embora reconhecendo a ponderabilidade que as correntes irracionalistas vêm adquirindo na contemporaneidade, tendo a considerar que a relação entre racionalismo formal e irracionalismo transcende largamente a clássica polarização que põe a fratura ontológica entre racionalidade formal e irracionalidade.

O segundo capítulo, "Racionalidade do capitalismo e Serviço Social", centra-se nos mecanismos de produção e reprodução ideológica do capitalismo, dentre eles a racionalidade manifesta nos modos de existência e consciência dos homens, suas expressões nas instituições sociais, jurídico-políticas e econômicas e nas práticas profissionais, privilegiando as racionalidades que se gestam e se refletem nas teorias e práticas dos assistentes sociais brasileiros na década de 1980.

A recuperação da teoria do valor-trabalho de Marx, cujos supostos remetem a uma ontologia do ser social que se constitui como ser prático-crítico que projeta, opera, realiza e transforma a natureza e a si mesmo, permitiu-me demonstrar a tendência da ordem capitalista em metamorfosear o processo de trabalho num conjunto de ações repetitivas, padronizadas, fragmentadas, na qual os produtos do trabalho social coletivo perdem a chancela do seu produtor.

Os processos de alienação que pauperizam as objetivações pelas quais o ser social burguês se explicita enquanto tal, tornando-as autônomas perante o sujeito, conduziram-me a analisar o caráter fetichista de um determinado *modo de ser e de pensar cristalizado na forma*, que não apenas subsume as possibilidades emancipadoras do trabalho, como, ainda, naturaliza, eterniza e adere-se as relações sociais do capitalismo.

Da relação dialética entre continuidades e rupturas, das inflexões que mobilizam a "lógica" racionalista do pensamento burguês moderno, irradiaram-se as possibilidades de compreensão das particularidades históricas do Serviço Social — entendidas como campo de mediações, com dimensões e níveis de complexidade diferenciados, que se articulam na totalidade da vida social —, o que me levou a analisar tanto as dimensões materiais constitutivas e constituintes da profissão quanto as expressões teóricas e ideológicas predominantes no Serviço Social.

Nesta linha de reflexão, a análise da instrumentalidade do Serviço Social, tomada tanto do ponto de vista das particularidades históricas da ordem burguesa quanto informada por concepções teóricas e visões de mundo diversas, evidenciou-me a necessidade de ponderar sobre as racionalidades subjacentes às formas de ser e pensar o Serviço Social, racionalidades estas entendidas como expressão das formas de pensamento e ação, histórica e culturalmente compartilhadas pelos assistentes sociais.

Aqui, a direção adotada foi a de captar os mecanismos de reificação e as contradições que se instalam nas formas de ser e pensar a profissão.

Os sistemas de mediações com os quais me defrontei nas análises exigiram que eu compreendesse o Serviço Social no interior da divisão social e técnica do trabalho, percebesse a ponderação que o desenvolvimento das forças produtivas exerce sobre a funcionalidade da profissão e recuperasse as políticas sociais, não apenas enquanto espaço de inserção do assistente social, mas, sobretudo, enquanto determinação, ordenamento, prescrição das formas de intervenção profissional.

As reflexões sobre as condições materiais de inserção da profissão na ordem capitalista constituída permitiu-me compreender que a *instrumentalidade do Serviço Social*, pela qual a profissão consolida a sua natureza e articula as dimensões instrumental, técnica, política, pedagógica e intelectual da intervenção profissional, *é capaz de possibilitar tanto que as teorias macroestruturais sejam remetidas à análise dos fenômenos, processos e práticas sociais quanto que esta compreensão se objetive em ações competentes técnica e politicamente*. Mais ainda, que as racionalidades que fundam e expressam as ações dos sujeitos constituem-se em eixo articulador e conduto de passagem das teorias às práticas. Quando a análise remete a instrumentalidade do Serviço Social para o interior das relações sociais da sociedade capitalista, a dimensão política da profissão se explicita e a racionalidade positivista que reveste a instrumentalidade da profissão "se desmancha no ar".

Neste âmbito, as sínteses aqui apresentadas constituem-se em um esforço, até então isolado, de contribuição teórica no intuito de ampliar a compreensão crítica do movimento vivenciado pela profissão, do qual sou sujeito ativo, e das tendências que se põem no Serviço Social na atualidade.

A perspectiva de descortinar, desvelar, ultrapassar os limites do racionalismo formal, expor seus fetiches e quiçá somar-se às forças propulsoras do processo de ruptura com o conservadorismo que alimenta a sociedade burguesa expressa-se nas sínteses alcançadas neste estudo.

Assim expostas suas pretensões, fico desonerada das frequentes e tradicionais requisições de grande parte da categoria profissional por respostas predeterminadas, por modelos de intervenção, por novos instrumentos e técnicas de atuação. Ao contrário, o núcleo essencial dessas reflexões localiza-se na perspectiva de demonstrar que a tendência na busca de modelos formais de atuação é insólita ao universo teórico-metodológico marxiano.

Embora correndo o risco de ver equalizados rigor teórico com hermetismo, optei por manter o estilo literário, as citações e as referências constantes do original. Entendo que o que confere a este estudo a possibilidade de intervenção consciente e objetiva no debate da profissão, de ultrapassar os limites do racionalismo formal, encontra-se vinculado ao reconhecimento tanto do caráter parcial, polêmico e limitado dos seus resultados quanto das suas possibilidades de crítica, revisão e incorporação de novas categorias reflexivas.

Finalmente, o meu reconhecimento àqueles que vêm participando do meu processo de amadurecimento intelectual: *aos amigos e companheiros* de mestrado e de vida, por compreender que a liberdade implica estabelecer um espaço para as diferenças; ao meu dileto e sempre professor *Zé Paulo*, por não dimensionar a importância decisiva que exerceu no meu processo de maturação pessoal e intelectual; à *Maria Lúcia Martinelli*, orientadora e amiga que muito tem me ensinado com sua prática "desejante"; a *José Xavier Cortez*, exemplo do caráter e do carisma do cidadão nordestino, pelo estímulo para a publicação deste trabalho.

Introdução

1. Horizonte sociocultural e ideoteórico do qual dimana a problemática

> A aproximação dialética no conhecimento da singularidade não pode ocorrer separadamente das suas múltiplas relações com a particularidade e com a universalidade. Estas já estão, em si, contidas no dado imediatamente sensível de cada singular, e a realidade e a essência deste só pode ser exatamente compreendida quando estas mediações (as relativas particularidades e universalidades) ocultas na imediaticidade são postas à luz (Lukács, 1968a, p. 106).

As discussões que tomam por objeto o *como fazer* da profissão revestem-se sempre de atualidade causando, à primeira vista, a impressão de que há algo de "novo" sendo vislumbrado no horizonte do Serviço Social. O impacto que a retomada da questão inúmeras vezes causa nos profissionais, a nosso ver, tem sido sustentado por dois tipos de situações.

Um passeio pela bibliografia que trata do Serviço Social evidencia ausências e insuficiências na *abordagem sistemática* das questões que permeiam a intervenção profissional do assistente social. Em que pesem as diversas comunicações e publicações que observam (e até denunciam) as lacunas que envolvem a intervenção profissional, o tratamento dessa questão ainda encontra-se muito aquém das necessidades que se projetam neste âmbito. Esse abandono *no que tange à literatura*, que vem a ser um dos elementos definidores dessa questão como "nova", não tem correspondência direta com a prática profissional, já que para dar materialidade às suas ações o assistente social utiliza-se de um arsenal de conhecimentos, informações, técnicas, habilidades — nem sempre perceptível aos sujeitos — que vão se modernizando no processo. Assim, os "modos de aparecer" do Serviço Social, manifestados no "fazer" dos profissionais, são redefinidos ao longo do processo histórico da profissão, processo este complexo e contraditório, gestado no confronto das classes sociais que a intervenção profissional polariza. É isto que, no nosso entendimento, atribui a dimensão do "novo" à intervenção profissional: o processo de renovação vivenciado pelo Serviço Social, a partir da década de 1960, caracterizado pela presença de novas forças no seu interior como determinação particular de um processo mais amplo, que se constitui na intersecção de forças sociopolíticas, econômicas e culturais "de novo tipo" que figuram no cenário nacional, coloca à intervenção dos assistentes sociais *demandas e requisições* sobre as quais nosso conhecimento teórico não alcançou suficientemente seu núcleo racional. Esse processo — cujo marco, no Brasil, é conhecido como movimento de reconceituação —, em razão de se constituir no momento em que as contradições dos processos sócio-históricos iluminam os antagonismos presentes na categoria, trazendo à tona as divergências teórico-ideológicas imantadas no seu interior, convoca os profissionais a refletirem sobre os fundamentos teóricos, princípios e postulados do Serviço Social. Mas, mais do que isso, o que se coloca de maneira decisiva a partir deste momento histórico é que, como decorrência do debate que se instala na categoria, novas perspectivas se apresentam à compreensão do significado sócio-histórico da profissão, da questão social, escopo da intervenção do assistente social, dos modos de realizar a prática profissional, enfim, dos sujeitos envolvidos no processo de intervenção profissional, resultante da inserção de um novo interlocutor do Serviço Social: *as particularidades sociopolíticas e econômicas do desenvolvimento capitalista brasileiro.*

Decorridos quase trinta anos do momento de deflagração desse *movimento*, marcado por avanços e retrocessos, continuidades e rupturas, as críticas lhe são recorrentes.[1] De uma parte, considera-se que a reconceituação negou o passado histórico da profissão, no momento em que subestimou a necessidade de reflexão sobre a intervenção em relação à teoria. O que aqui se coloca é que, sendo o Serviço Social uma profissão eminentemente interventiva, acabou por desenvolver formas de realizar a prática pelas quais se tornou conhecida e reconhecida socialmente. Essas ações referenciavam-se teoricamente a construções que, ao serem tomadas de ciências sociais particulares (Psicologia, Direito, Administração, Sociologia), eram transformadas em técnicas e aplicadas às situações imediatas. Assim, temos para o Serviço Social a *"teoria de resultados"*, cujo valor residia em fornecer respostas à intervenção profissional. Com a aproximação dos profissionais às teorias macroscópicas, especialmente de tradição marxista, as preocupações transcenderam o universo da prática profissional e firmaram-se sobre a estrutura, a conjuntura e os contextos nos quais a intervenção se realizava. Esta *alteração no eixo de análise sobre a prática profissional* foi, e continua sendo, acusada de provocar, para alguns, uma lacuna, para outros, a dicotomia, ou, ainda, uma defasagem entre as elaborações teórico-metodológicas e a intervenção profissional. De outra parte, a crítica recai no afastamento das práticas institucionais, operado pelos profissionais no momento em que, movidos "por uma visão mágica da transformação social" (Iamamoto, 1991, p. 63), um segmento significativo da categoria

---

1. O que, a nosso ver, sinaliza, de um lado, o reconhecimento da profissão sobre a importância do movimento de reconceituação, e, de outro, o seu amadurecimento quanto a compreender o Serviço Social em permanente processo de (re)construção.

profissional invade os movimentos populares em busca de alternativas ao conservadorismo das práticas tradicionais, como decorrência da aproximação entre profissionais e uma determinada vertente da tradição marxista vulgar.[2] O que aqui se manifesta nitidamente é o equívoco na identificação entre prática profissional e militantismo político-partidário.

Na intersecção dessas e de outras críticas ao movimento de reconceituação gestam-se algumas posturas, dentre as quais duas são consideradas emblemáticas. A primeira, caracterizada por um saudosismo inconteste, que vê nos modelos de ação gestados no passado a garantia de homogeneidade nas ações profissionais e com ela as possibilidades do entendimento sobre "o que é e o que faz o Serviço Social", derivando-se daí o reconhecimento social da profissão. Esta recorrência que alguns profissionais fazem ao passado é a manifestação mais evidente da permanência do conservadorismo na profissão. A segunda nega qualquer contribuição que possa advir do nosso passado profissional, por entendê-lo "ideologicamente comprometido com o ponto de vista das classes dominantes".

Entendemos que ambos os posicionamentos são radicais, dogmáticos e maniqueístas. Não resta dúvida de que a profissão carece de um acerto de contas com o seu passado, não no sentido de promover a ruptura com todas as concepções anteriores, tampouco para acatar ingenuamente suas recomendações, mas para dimensionar adequadamente suas contribuições. Quanto às perspectivas futuras, cabe ao presente apenas iluminá-las (o que não é pouco), apontar as tendências do seu desenvolvimento, já que cada período histórico possui suas próprias leis.[3]

---

2. Esta aproximação problemática entre assistentes sociais e as vertentes althusseriana e maoísta, ou por meio de fontes secundárias, é objeto de discussão de vários autores. Entre eles: Iamamoto e Carvalho, 1986; Netto, 1991a e 1989b; Quiroga, 1991.

3. E como afirmava Hegel, a coruja de Minerva levanta voo ao entardecer (cf. Hegel, in Lukács, 1989, p. 73) ou Marx, "o conhecimento é sempre *post-testum*" (Marx, 1985a, p. 73).

Porém, as "angústias" presentes no meio profissional têm se nutrido de outros fundamentos para explicar o caráter "inusitado" que permeia o processo de intervenção profissional. Há quase um consenso estabelecido na categoria de que a "evolução"[4] da profissão pós-reconceituação fecundou em um *único sentido*: o do aprofundamento teórico-metodológico em detrimento da prática profissional, o que sugere haver uma dicotomia entre teoria e prática, originada pelos "acertos teóricos"(?) em detrimento das reflexões sobre a prática profissional e, o que é ainda mais grave, pressupõe que a retomada da questão deva assumir a direção inversa: da prática à teoria.

Essa "mitificação do como fazer profissional", que desde a década de 1970 tem se constituído num dos dilemas intelectuais da profissão, tem como base de sustentação uma concepção de Serviço Social como disciplina de aplicação de conhecimentos ou tecnologia social, de forte cariz racionalista. É esta ideologia racionalista que na década de 1930, sob o patrocínio do Estado, passa a conduzir grande parte das práticas profissionais.[5] A este componente combina-se uma maneira peculiar de conceber teoria e prática e, sobretudo, de atribuir determinado estatuto às construções teóricas para o Serviço Social.

No que tange ao reconhecimento da teoria para o Serviço Social há, basicamente, três tendências no interior da profissão, que se manifestam de maneira híbrida. Para os profissionais que têm a prática como o fundamento de determinação das suas

---

4. Aqui, a utilização da palavra evolução vincula-se e representa uma determinada corrente do pensamento contemporâneo — o pensamento conservador — que sustenta grande parte da bibliografia profissional, em contraposição à concepção que pensa a prática profissional como construção, processo em movimento. A esse respeito: Netto, 1991a; Iamamoto e Carvalho, 1986 e 1992 e Martinelli, 1989.

5. Antonacci, em rigoroso estudo sobre o Instituto de Organização Racional do Trabalho (Idort) e a sociedade paulista, observa que: "o Idort contribuiu para a formação de uma tecnologia industrial, composta por engenheiros, administradores, contadores, médicos, higienistas, sociólogos, psicólogos, educadores, assistentes sociais etc.", mas sobretudo que "atuou na constituição de uma tecnologia nacional" (1993, p. 268).

ações, as teorias não passam de construções abstratas, já que se situam secundariamente diante da prática, cabendo a esta, em última instância, fornecer indicativos sobre os instrumentos operativos capazes de possibilitar uma ação efetiva nas situações concretas. Aqui, a repetibilidade da prática autoriza a formulação de procedimentos, válidos para situações análogas, que são transformados em modelos de intervenção. Para aqueles que consideram que as construções teóricas são determinantes da prática, a opção do profissional por uma teoria passa a se constituir na sua "camisa de força", uma vez que esta aparece como a expressão mais formalizada e completa da realidade, dela exigindo respostas e instrumentos capazes de colocar a "teoria em ação". O valor da teoria, neste caso, consiste em construir um quadro explicativo do objeto que contemple um conjunto de técnicas e instrumentos de valor operacional. No primeiro caso, o reconhecimento das possibilidades das teorias se dá, apenas, em nível do discurso profissional, pois o processo mesmo de construção teórica a nega; no segundo, suas possibilidades localizam-se nas respostas produzidas pelo confronto entre os modelos teóricos e a realidade. Aqui, se a prática não corresponde aos modelos de ação profissional, há que ser modificada. A terceira tendência a que os profissionais encontram-se referidos reconhece as teorias como processos de reconstrução da realidade, vinculadas a projetos determinados de sociedade, a visões de homem e mundo, ante os quais o profissional assume uma posição, e a determinados métodos de conhecimento e análise da sociedade. Embora dimensione-as coerentemente, também reclama a ausência de indicativos teórico-práticos que possibilitem romper com o ranço conservador que acompanha a trajetória da profissão.

O que há de comum entre essas tendências é que, nos três casos citados, a discussão versa sobre as possibilidades e limites das *teorias* em fornecer subsídios às práticas profissionais, em permitir a passagem das construções teóricas à intervenção, já que lhe é atribuída a *função* de mediação, o que, em última instância, sugere que as elaborações teóricas para o Serviço Social possuem valor instrumental ou, ainda, que o ponto para o qual convergem as preocupações que permeiam a intervenção profissional localiza-se nos meios ou instrumentos capazes de proporcionar a operacionalização das ações, entre eles, as teorias.[6]

Não se pretende negar que há um descompasso entre as análises e reflexões macroscópicas e aquelas referentes à intervenção profissional em si. Porém, entendemos que esta mudança de eixo nas discussões colocava-se, de um lado, como uma necessidade para a profissão e, de outro, que não cabe a ela a responsabilidade última dessa defasagem. Tampouco, como já argumentamos, essa lacuna é provocada pelas insuficientes alusões ao instrumental técnico.

No momento atual, a exigência de criação de "novos" instrumentos de ação profissional, como de "recriação" dos tradicionalmente utilizados pelo assistente social, tem se manifestado tanto nos eventos representativos da categoria,[7] como no interior da academia.[8] Com base nessas preocupações há, a partir de meados da década de 1980, uma retomada das discussões acerca

---

6. Com isso não pretendemos objetar as possibilidades de se construir um saber sobre a nossa intervenção profissional ou de avançarmos no conhecimento sobre a realidade social, porém entendemos que o conhecimento não advém das práticas profissionais, mas da reflexão sobre elas.

7. Conforme estudo recentemente realizado por Sandra R. de A. P. Campagnolli e registrado na dissertação de mestrado sob o título "Desvendando uma relação complexa: o serviço social e seu instrumental técnico", apresentado à PUC-SP em 29/7/1993.

8. *Vide* resultados da pesquisa coordenada pela Associação Brasileira de Ensino de Serviço Social, expostos no *Caderno Abess* n. 3. Dentre os diversos resultados que constatam as indefinições sobre o instrumental técnico de que o assistente social dispõe para sua intervenção, consideramos emblemática a seguinte colocação: "No ensino da metodologia tradicional havia uma preocupação em se ter um domínio das técnicas de abordagem ligadas aos processos de Caso, Grupo e Comunidade. Entretanto, o ensino desse instrumental era desvinculado de uma proposta que lhe desse uma direção. No novo currículo, o ensino da metodologia parece não aprofundar o significado do Serviço Social de Caso, Grupo e Comunidade, deixando de

do instrumental técnico-operativo.[9] Ainda que manifestada, muitas vezes, de maneira fluida e apartada dos vieses metodologistas que perpassam a profissão, a requisição por instrumentos e técnicas vem persistindo no meio profissional.

Não se trata de reeditar novas fórmulas para atendimento individual, grupal ou comunitário; tampouco de reforçar o equívoco de que há instrumentos diferentes para cada um dos "processos" tradicionais do Serviço Social, substituídos, neste momento, pelas denominações de funcionalismo, fenomenologia e materialismo histórico. Trata-se — e isto se constitui em consenso resultante do amadurecimento teórico da categoria profissional — de atribuir uma nova qualidade à intervenção; de recuperar o crédito historicamente depositado na profissão, tanto pelos usuários dos seus serviços quanto pelo segmento da classe que a contrata; de reconhecer a natureza das demandas, os modos de vida dos usuários, suas estratégias de sobrevivência, enfim, de deter uma competência técnica e intelectual e manter o compromisso político com a classe trabalhadora.

O que essas discussões sugerem, como já sinalizamos, é que se a perspectiva de "intenção de ruptura",[10] enquanto uma tendência que exerce ponderação sobre a categoria profissional, coloca-se como um avanço no sentido de romper com os paradigmas teórico-metodológicos da tradição positivista, o mesmo não ocorre com relação à intervenção. Esta continua tendo, por um lado, a marca do pragmatismo e, por outro, do reformismo conservador (cf. Netto, 1991a, p. 159). Utilizando as palavras de Netto, há "um flagrante hiato entre a intenção de romper com o passado conservador do Serviço Social e os indicativos práticos profissionais para consumá-la" (1991a, p. 161).

---

lado o estudo de todo o instrumental pertinente aos respectivos processos" (*Cadernos Abess*, p. 87, 1989).

9. A pesquisa referida na nota 7 demonstra esta assertiva.

10. Tendência significativa na profissão, em que pese sua heterogeneidade dada pela presença de diversas vertentes do marxismo no seu interior (cf. Netto, 1991a).

Esses dados permitem-nos considerar que a referencialidade do assistente social ao instrumental técnico enquanto inibidor ou potencializador da intervenção, embora reconhecida pela grande maioria dos profissionais, é equivocada.

Nossa argumentação obedece a duas ordens de razões que se relacionam entre si. A primeira refere-se às condições objetivas nas quais a intervenção profissional se realiza; a segunda é relativa à proposta teórico-metodológica marxiana, que se coloca como o substrato da perspectiva de "intenção de ruptura". No primeiro nível temos que a operacionalização de qualquer proposta passa pela existência de condições objetivas, determinadas pelas relações de causalidade entre os processos que, dinâmica e contraditoriamente, movimentam os fenômenos postos na realidade. Não fosse por outras razões, o movimento que dimana a institucionalização da profissão, a forma pela qual sua inserção na divisão social e técnica do trabalho se realiza, a fluidez posta nas definições sobre sua natureza e atribuições operacionais já se colocariam como problemáticas suficientes para engendrarem constrangimentos à intervenção profissional e, consequentemente, constituírem-se em campo de investigação. Porém, há mais: sabe-se que as condições nas quais a intervenção profissional se processa são as mais adversas possíveis: falta de recursos de toda ordem para atendimento das demandas; exigência pelo desempenho de funções que muito se afastam do que o assistente social, ou qualquer outro profissional, se propõe a realizar; baixos salários; alto nível de burocratização das organizações; fluidez e descontinuidade da política econômica; e ainda que o tratamento atribuído à questão social é fragmentado, casuístico, paliativo. Desse modo, as condições objetivas colocadas à intervenção profissional não dependem *apenas* da postura teleológica individual dos seus agentes e de seus instrumentos de intervenção.[11] A própria lógica que move a ordem burguesa, pelas fragmentações e abstrações que produz

---

11. Será que podemos, agora, deixar uma parte das nossas "angústias" de lado?

e a sustentam, constrange qualquer prática que intencione romper com o conservadorismo que a nutre. Porém, as atividades dos indivíduos são teleológicas[12] e por isso o "fator subjetivo, resultante da reação humana a tais tendências de movimento, conserva-se sempre, em muitos campos, como um fator por vezes *modificador* e, por vezes, até mesmo decisivo" (Lukács, 1978, p. 11) e neste sentido compete-nos atuar em direção do estabelecimento das condições materiais necessárias a uma intervenção profissional que supere a prática burocratizada, imediatista, reformista. Neste âmbito, a necessidade de reconhecer as estratégias e táticas políticas de ação secundariza a preocupação com o instrumental técnico.[13]

O segundo ponto que sustenta nossa argumentação coloca em questão a proposta teórico-metodológica marxiana. Sabemos que Marx preocupa-se com a lógica que movimenta um objeto determinado: a ordem burguesa. A teoria marxiana consiste em (re)produzir, ao nível do pensamento, o movimento real do objeto, mas jamais a realidade, uma vez que esta é muito mais rica e plena de determinações (uma totalidade inacabada, um vir-a-ser) que as possibilidades da razão em apanhá-la. Mas a razão, já em Hegel, é astuciosa e segue a prática a todo momento, guia-a, analisa suas transformações, formula conceitos de acordo com elas, enfim "se converte em força da História" (Gorender, in Marx e Engels, 1989, p. xxxiii), o que pressupõe uma embricação necessária entre teoria, prática e método,[14] uma vez que este "objetiva reproduzir conceitualmente o real na totalidade inacabada dos seus elementos e processos" (Idem, p. xxxii).

---

12. O caráter teleológico do trabalho humano reside no fato de que o homem projeta-se finalidades a partir de *possibilidades* e não apenas das carências (necessidades que conduzem a uma ação).

13. Compartilhamos com Lukács de que, para se efetivar a posição teleológica desejada, há que se ter certo conhecimento sobre as finalidades e seus meios de realização (cf. Lukács, 1978, p. 9-10).

14. Há que ressaltar que a unidade entre teoria, história e método não se confunde com identidade.

A história, entendida como acumulação de forças produtivas, fornece o material para a análise da razão. As categorias extraídas da história são remetidas a ela; a razão se historiciza e a história se racionaliza. Portanto, a teoria não se confunde com um método; ela *ilumina* as estruturas dos processos sociais, as determinações contraditórias dos processos que constituem os fenômenos, dissolve a objetividade dos fatos pela sua negação, mas não oferece, nem se propõe a isto, os meios ou instrumentos profissionais de ação imediata sobre os fenômenos. Do mesmo modo, a concepção de *método* enquanto *direção analítica*[15] difere em muito daquela que toma o método como um conjunto de procedimentos ou como meio de aplicação imediata do conhecimento. Entre o conhecimento e ação há *mediações* de diferentes naturezas, sobretudo, *determinações objetivas da realidade* e *subjetivas dos sujeitos* que, embora desveladas pelo método, não são por ele solucionadas. Exigir das formulações marxianas respostas a um nível de intervenção na realidade, referente a um ramo de especialização da divisão social e técnica do trabalho, é transformá-las numa técnica social ou, no limite, enquadrá-las na lógica formal.

Com essas observações não pretendemos adiar ou afastar, mais uma vez, as discussões acerca do instrumental técnico, sequer negar a importância da discussão e equacionamento desta questão para a profissão.[16] O que pretendemos demonstrar é que grande parte dos problemas apontados pelos profissionais como provocados pela ausência de sistematização do instrumental técnico não se localiza nele.

---

15. Sobre o caminho percorrido pelo método, Lukács assim se coloca: "Tentar pesquisar as relações nas suas formas fenomênicas iniciais e ver em que condições estas formas fenomênicas podem tornar-se cada vez mais complexas e mediatizadas" (in Kofler et al., 1969, p. 13).

16. Evitando incorrer no mesmo equívoco do qual o Serviço Social é culpabilizado: "de ter jogado a criança junto com a água que a banhava".

Há algo que precede a discussão de instrumentos e técnicas para a ação profissional, que no nosso entendimento refere-se à sua *instrumentalidade*, ou melhor, à dimensão que o componente instrumental ocupa na constituição da profissão. Para além das definições operacionais (o que faz, como faz), necessitamos compreender "para que" (para quem, onde e quando fazer) e analisar quais as consequências que no nível "mediato" as nossas ações profissionais produzem.

Ainda neste nível — do mediato — entendemos que as requisições dos profissionais vislumbram *uma modalidade de razão* que permita atuar com as dificuldades, limitações e constrangimentos colocados pelas situações objetivas sob as quais a intervenção profissional se realiza; que possibilite operar com os dados coletados na intervenção profissional, transformá-los em conhecimento sobre a população atendida e revertê-los em conteúdo dos projetos sem que, contudo, o profissional tenha que capitular diante do pensamento conservador e reformista. É atuar sobre as limitações, com uma *modalidade de razão que mantenha seu foco voltado às finalidades* e não apenas para as dificuldades; e ainda, que ao se defrontar com elas possa estabelecer um plano de ação capaz de se constituir no meio para o alcance da finalidade.[17] Assim, o método converte-se em *projeto* e a razão em *potência*, a mobilizar as condições objetivas da realidade.[18]

Esta é a perspectiva que pode reavaliar o passado da profissão e ao mesmo tempo operar a ruptura com o seu cariz conservador, modernizante ou tradicional. Deste modo, todo o

---

17. Como diz Martinelli, citando Thiago de Mello, "quem sabe o que está buscando e onde quer chegar, encontra os caminhos certos e o leito de caminhar" (Mello, in Martinelli, 1994, p. 61).

18. Nisto consiste em Hegel a astúcia da razão. Ela mobiliza os meios de trabalho, no sentido de fazê-los agir sobre as condições dadas. Porém, entendemos que a razão não se coloca como fim em si mesma, tal como em Hegel. É na *práxis*, enquanto atividade prático-crítica, que os homens realizam as suas finalidades, mediados por procedimentos da razão.

avanço que se possa observar ou alcançar na profissão, no que concerne à sua compreensão teórica, ainda é insuficiente em face da complexidade das determinações e a dinâmica das contradições constituintes, constitutivas e constituídas dos fenômenos sociais com os quais o assistente social se confronta.

Ainda nesta linha de argumentação, cai por terra qualquer entendimento de que o avanço no conhecimento sobre o Serviço Social é responsável pela dicotomia entre teoria e prática. Se esta fragmentação existe ou persiste na profissão, isto se atribui mais a equívocos na forma de conceber a teoria, a uma aproximação ainda defeituosa entre Serviço Social e teoria marxiana, do que a insuficiências desta proposta teórico-metodológica.

Estas colocações não são arbitrárias. São fruto de um processo de maturação intelectual e profissional, da recorrência a fontes bibliográficas originais, de contatos com publicações externas ao Serviço Social e, sobretudo, da minha busca em compreender, o mais fielmente possível, a gênese, o desenvolvimento, as articulações, as conversões, enfim, o movimento de constituição da *instrumentalidade do Serviço Social*.

2. O posicionamento do objeto

A reflexão que busca extrair dos processos sociais suas determinações concretas, seu caráter ontológico, considera que os processos sociais possuem uma racionalidade objetiva; um núcleo fundante por meio do qual torna-se possível à *razão* apreender tanto sua legalidade tendencial[19] quanto suas possibilidades internas. Assim, há uma causalidade posta na

---

19. Em Lukács, o entendimento sobre o caráter tendencial das leis refere-se à forma necessária pela qual estas afirmam-se na totalidade do ser social, como determinações do movimento contraditório entre complexos reais, mediados por

realidade que obedece ao movimento do universo material, regido pelo princípio da substancialidade,[20] ou seja, pela relação de continuidade e ruptura entre matéria e movimento, produzindo e reproduzindo a história.

Entendida desse ponto de vista, a historicidade dos processos sociais é construída no movimento do ser, pela produção de condições necessárias que garantem uma regularidade relativa aos fenômenos e práticas sociais. A unidade dialética entre lei e fato é o que dá inteligibilidade à realidade. Dito de outra forma: os processos sociais possuem um núcleo inteligível que se manifesta de forma dinâmica, dado ao movimento interno que os constitui. Deste modo, são compreensíveis à razão que os apreende e os reconstrói. É a regularidade dos fenômenos, processos e práticas sociais e sua historicidade que os tornam compreensíveis, permitindo à razão apreendê-los nas suas manifestações dinâmicas.

Enquanto prática profissional historicamente produzida pela divisão social e técnica do trabalho, de um lado, e pela intervenção profissional de seus agentes, de outro,[21] o Serviço

---

outros (cf. Lukács, 1979, p. 99). Este conjunto de tendências expressa os *modos* da dinâmica dos processos sociais.

20. A relação de substancialidade, constituída, constitutiva e constituinte da relação entre matéria e movimento (em Aristóteles, ato e potência), significa *aquilo que permanece na mudança*. Esta necessária continuidade ou permanência de aspectos singulares dos fenômenos na constituição da universalidade, obedece ao princípio da contradição, que o persistente [essência ou substância] é entendido como aquilo que continua a manter, a se explicar, a se renovar nos complexos reais da realidade, na medida em que a continuidade como forma interna do movimento do complexo transforma a persistência estática e abstrata em uma persistência concreta no interior do devir" (Lukács, 1979a, p. 78).

21. Há que se dimensionar adequadamente a relação entre as condições causais, posta pela legalidade e historicidade dos fenômenos, e a posição teleológica dos agentes que realizam uma prática consciente, neste caso, os assistentes sociais. Em Lukács temos que: "O processo global da sociedade é um processo causal, que possui sua própria normatividade, mas não é jamais objetivamente dirigido para a realização de finalidades" (1978, p. 10). Neste sentido, o resultado pode aparecer

Social possui diversas racionalidades. Este núcleo inteligível,[22] construído na fricção entre as condições objetivas sobre as quais a ação do assistente social incide e a posição teleológica de seus agentes, materializa-se em ações profissionais.

Há, pois, uma razão de ser no Serviço Social,[23] estreitamente vinculada tanto às condições que gestaram sua institucionalização como àquelas por meio das quais a profissão é reconhecida e requisitada. Mas há uma razão de conhecer o Serviço Social, entendida como uma postura sistemática e coerente de compreensão racional da profissão. Ambas, razão de ser e razão de conhecer, constituem-se polos de uma mesma configuração.[24] Assim compreendida, a razão de conhecer o Serviço Social ultrapassa os limites históricos dados, tanto pela sua forma de aparecer quanto pela funcionalidade que lhe é atribuída na divisão social e técnica do trabalho.

Como afirmamos anteriormente, o Serviço Social não porta um único padrão de racionalidade.[25] Antes, as racionalidades

---

como algo diverso da intenção dos sujeitos, dado que: "Todo evento social decorre de posições individuais; mas, em si, é de *caráter puramente causal*" (Idem, ibidem).

22. Recusa-se, de partida, qualquer alusão quanto à impossibilidade de se compreender o Serviço Social, afirmação esta difundida tanto por um número significativo de profissionais quanto por acadêmicos dos cursos de Serviço Social. No nosso entendimento, esta indefinição localiza-se na natureza das demandas geradas no confronto das classes sociais antagônicas que passa a se constituir nas requisições institucionais que historicamente convocam a profissão, atribuindo-lhe um caráter difuso que passa como incognoscível.

23. Iamamoto, ao analisar o processo de institucionalização da profissão, assim coloca: "Sua razão de ser é dada pela contribuição que possa oferecer, à medida que se encontram vinculadas a estruturas de poder, a criação de condições político-ideológicas favoráveis à manutenção das relações sociais, configurando-as como harmônicas, naturais, destituídas das tensões que lhe são inerentes" (Iamamoto e Carvalho, 1986, p. 87).

24. Esta forma de compreender o Serviço Social encontra suporte em uma modalidade "inclusiva" de razão.

25. A ausência deste entendimento conduz ao equívoco de se atribuir exclusividade do "paradigma" da racionalidade formal na configuração da ordem

que convivem histórica e contraditoriamente no interior da profissão e que se constituem num conjunto de tendências observáveis, expressam, de um lado, as relações entre sujeitos estabelecidas na ação profissional e, de outro, os fundamentos ético-políticos e teóricos sobre os quais essas relações se apoiam, que, por sua vez, demandam diferentes formas de atuação. Constituídas de forma histórica e transitória, essas racionalidades mantêm, em quaisquer circunstâncias, um núcleo inteligível que articula as dimensões constitutivas da profissão.

A análise, ainda que preliminar, da instituição Serviço Social aponta para a centralidade do seu caráter interventivo, uma vez que dele depende a existência, materialidade e funcionalidade da profissão. Como categoria de análise; a intervenção é capaz de indicar as possibilidades da profissão, tanto no plano ontológico como no lógico. No plano ontológico, a análise da intervenção profissional permite-nos apanhar os aspectos constitutivos do modo de ser e de se desenvolver da profissão, as contradições que engendram e diversificam as ações profissionais e as possibilidades de os agentes atribuírem "novo" conteúdo às suas ações. A análise da intervenção profissional no plano lógico nos possibilita apreender os diferentes graus e níveis da razão acionados nesse processo e, por isso, é capaz de indicar os *padrões de racionalidade* que a sustentam.

Nossa argumentação vai no sentido de demonstrar que *a complexidade e diversidade alcançadas pela intervenção profissional, no sentido de atender às demandas e requisições originadas das classes sociais, colocam a dimensão instrumental como a dimensão mais desenvolvida da profissão e, portanto, capaz de indicar as condições e possibilidades da mesma.* Tais demandas e requisições exigem do profissional a criação e recriação, tanto de categorias intelectivas que possam tornar compreensíveis as problemáticas que lhe são

---

burguesa e no interior das formulações teórico-metodológicas que inspiram o Serviço Social.

postas como de intervenção nos sistemas de mediações que possibilitem a passagem das teorias às práticas.

A ausência ou insuficiência dessas condições vem se refletindo em crises de diversas naturezas no interior da profissão, ao mesmo tempo em que sinalizam as possibilidades objetivas de sua superação.[26]

Se a intervenção encontra-se num plano objetivamente central para o conhecimento e reconhecimento dos modos de realização da prática profissional, há que se considerar que essas ações não se objetivam sem os seus agentes. Estes, por sua vez, possuem não apenas uma forma de ver o mundo, como uma dada formação acadêmica, intelectual, cívica e pessoal, mediações de caráter idiossincrático, que adquirem ponderabilidade nas ações e formas de compreensão dos profissionais sobre as relações sociais que confrontam.

Há racionalidades subjacentes às formas de intervenção profissional que, embora obscurecidas pela singularidade das ações individuais e pela legalidade posta no movimento histórico da realidade, produzem regularidades. Estas regularidades, produzidas na/pela intervenção profissional do conjunto da categoria dos assistentes sociais, tendem a revelar o caráter intencional das suas ações que passam a ser compreendidas não mais como dotadas de subjetividade individual, mas como *particularidades* que vinculam as ações dos diversos sujeitos profissionais. São as particularidades que determinam e vinculam as práticas dos assistentes sociais, que podem torná--las inteligíveis à razão, uma vez que são determinadas por

---

26. Em Hegel, e posteriormente em Marx, temos que as possibilidades de superação de um fenômeno são dadas pela negatividade que lhe é imanente. Esta constitui-se num princípio ontológico da realidade, uma vez que os fenômenos são, ao mesmo tempo, possibilidades e restrição de possibilidades. Períodos de crise, na teoria marxiana, apontam as condições objetivas nas quais a dissolução e o restabelecimento de possibilidades poderão desenvolver-se. Ver, a esse respeito, Marcuse, 1988, e Lukács, 1968b.

relações sociais e acontecimentos racionais, ou seja, são capazes de ser apreendidas pela razão. Dito de outro modo, os agentes profissionais, ao mesmo tempo em que produzem uma racionalidade objetiva mediante sua intervenção nas expressões da questão social, permeadas de racionalidade, incorporam-na, não como simples reflexo da realidade, mas mediados por procedimentos racionais que envolvem diferentes níveis de apreensão do real. Estes diferentes momentos da consciência dos sujeitos, que envolvem procedimentos do *intelecto* ou da *razão*, os conduzem a atribuir significados às atividades individuais ou coletivas que realizam.

Na medida em que os agentes profissionais recolhem as mediações postas nas objetividades sociais que produzem no plano interventivo, recriando, ao nível do pensamento, a dinâmica dos fenômenos e processos sobre os quais intervêm, estão inteligindo sobre suas ações. Quando este procedimento reflexivo se traduz em mediações para a intervenção, estão materializando uma racionalidade ou forma de conceber a realidade.

Neste sentido, as racionalidades do Serviço Social podem ser tomadas como um *conduto de passagem e eixo articulador entre teorias e práticas*.

Se há *várias racionalidades* no Serviço Social com níveis e graus de abrangência distintos, que adquirem maior ou menor ponderação em determinados momentos da trajetória histórica da profissão, por que esta intervenção, de modo geral, vem se traduzindo por ações terminais, de um fazer pragmático, repetitivo e imediatista que, no limite, sustenta a racionalidade da ordem burguesa?

A direção heurística que se persegue é a que evidencia, dentre outras determinações, a *predominância do "paradigma" da racionalidade formal*[27] no Serviço Social. Este "paradigma" tanto

---

27. Por "paradigma" da racionalidade formal-abstrata estamos entendendo os modelos explicativos da sociedade, presentes na tradição positivista que abstraem

requisita quanto baliza as ações instrumentais desencadeadas pelos profissionais na manipulação de variáveis, como resposta às demandas das classes sociais com as quais se confrontam.

Interessa-nos compreender, a partir de uma perspectiva inclusiva de conceber a razão na modernidade, as determinações fundamentais da racionalidade do capitalismo, a dinâmica que engendra a institucionalização da profissão, as mediações e demandas postas à intervenção profissional pelo desenvolvimento das forças produtivas, a articulação entre as formas de existência e consciência dos homens na ordem burguesa consolidada e as racionalidades que mobilizam o Serviço Social. A questão de fundo é compreender *se e em que medida o paradigma da racionalidade formal-abstrata é predominante na profissão no período compreendido como de "renovação profissional"*.[28]

---

dos fatos seu caráter ontológico, imputando na realidade uma lógica que lhe é externa. Ao tomar os processos sociais como "coisas", exteriores, superiores e anteriores aos indivíduos, nega-lhes qualquer possibilidade teleológica, ou, como nos indica Lukács, a racionalidade que não extrapola as conexões causais do tipo "se — então" (in Kofler et al., 1969, p. 44-5). A explicitação deste paradigma encontra-se desenvolvida no item 3.1 do Capítulo 1.

28. Na bibliografia do Serviço Social o período de renovação é entendido como o momento em que forças externas à profissão alteram o sistema de mediações postos à intervenção profissional do assistente social. Tais forças colocam-se como uma das determinações da inserção sócio-ocupacional do assistente social nas organizações de prestação de serviços e repercutem tanto na representação dos profissionais sobre sua ação quanto na de seus pares. Estas representações plasmam-se em ações profissionais, por meio das quais a prática profissional é institucionalizada, reconhecida, requisitada. Consideramos que a alocação socioinstitucional dos assistentes sociais corno prestadores de serviços, executores de atividades finalísticas, ao descaracterizar a profissão como um *trabalho* e expulsá-la da intermediação direta da relação capital-trabalho, obscurece a natureza política da profissão e limita sua intervenção a ações instrumentais, incidindo sobre as representações que os profissionais têm das suas ações e da profissão. Deste ponto de vista a década de 1980 coloca-se como a mais significativa, dado que contempla alterações nas relações de trabalho, nas forças produtivas, nas instituições jurídico-políticas e sociais brasileiras, e como decorrência, na maneira de atuar e de inteligir a profissão. Este período coloca-se, ainda, como representativo das determinações engendradas pelo processo de renovação desencadeado pelo Serviço Social pós-década de 1960. Ver, a esse respeito, Iamamoto, 1991 e 1992; Netto, 1989a e 1991a.

Enfrentar este debate implica partir de algumas premissas que nos permitam uma primeira aproximação ao tema:

— O Serviço Social desenvolve ações instrumentais como exigências da sua forma de inserção na divisão social e técnica do trabalho e alocação nos espaços socioinstitucionais da ordem capitalista dos monopólios. Estas ações são, ao mesmo tempo, amparadas por uma modalidade de razão e requisitadas por ela. Dado ao caráter hierarquicamente primário que ocupa na constituição da profissão, a instrumentalidade denota a "razão de ser" do Serviço Social, produzida e reproduzida pelo racionalismo formal-abstrato das formas de existência e consciência dos homens nas sociedades burguesas maduras. Este caráter instrumental, se, por um lado, constitui a funcionalidade para a qual a sociedade convoca o profissional, a sua razão de ser, por outro é o que lhe possibilita a passagem das teorias às práticas.

— A função de mediação, que a instrumentalidade do Serviço Social encerra, deve ser adequadamente dimensionada, sob pena de esconder e subsumir a dimensão ético-política da profissão, uma vez que essas mediações, necessárias à objetivação da intervenção profissional, não se reduzem ao acervo técnico-instrumental, tampouco aos conhecimentos técnicos e habilidades específicas dos sujeitos, mas incorporam padrões de racionalidade subjacentes às teorias e métodos pelos quais os agentes apreendem os fenômenos postos na realidade. E a partir dessas (re)construções mentais que os profissionais plasmam suas ações nos processos e relações com os quais se defrontam na intervenção profissional.

— A instrumentalidade do Serviço Social coloca-se não apenas como a dimensão constituinte e constitutiva da profissão mais desenvolvida, referenciada pela prática social e histórica dos sujeitos que a realizam, mas, sobretudo, como campo de mediação no qual os padrões de racionalidade e as ações instrumentais se processam. Se isto é verdade, há que se discernir entre instrumentalidade, enquanto conduto de passagem das racionalidades; ações instrumentais, enquanto atividades finalísticas; e o grau de abrangência das modalidades da razão que iluminam as ações profissionais.

— A análise, ainda que preliminar, da constituição sincrética do Serviço Social, do caráter histórico das formas de racionalidade que o informam, das suas relações de continuidades e rupturas demonstram, no período estudado, a *predominância do paradigma da racionalidade formal a direcionar a intervenção profissional*. Enquanto uma das determinações deste movimento de continuidades e rupturas, temos as demandas postas e repostas pelas classes que se confrontam na ordem burguesa, demandas estas que se traduzem em requisições colocadas ao profissional. Tais requisições engendram modelos de prática que, no limite, estão fundamentados numa modalidade de razão, da qual decorre uma forma particular de relação entre sujeitos envolvidos e atribui uma determinada configuração à intervenção profissional. Entendemos que, embora necessário, este nível de racionalidade encontra-se limitado à apreensão da objetividade dos fenômenos, mas não alcança a sua processualidade.

— Se o "fazer" do assistente social é dado pela sua instrumentalidade, pela manipulação de variáveis empíricas, esta dimensão da profissão, sendo a mais desenvolvida, é capaz de designar os processos que se manifestam no âmbito da profissão, entre eles, as racionalidades que a sustentam.

Por estas razões, entendemos que a instrumentalidade do Serviço Social é um campo saturado de mediações que não foram suficientemente discutidas na e pela categoria profissional.

A ausência ou insuficiência da tematização desta dimensão da profissão produz, por um lado, o discurso que a nega; por outro, intervenções que se reduzem a ações finalísticas, repetitivas, modelares.

Nesta linha de argumentação temos, de uma parte, a "mitificação" das formas de realizar a intervenção (o "como fazer") procedente de um pensamento formalizador que, no limite, considera que do domínio adequado de instrumentos e técnicas podem derivar ações competentes técnica e politicamente e, de outra, o "discurso" que recusa instrumentos e técnicas, por considerá-los vinculados ao paradigma da lógica formal.

Se essa forma de interpretar a questão é correta, este estudo propõe-se a atribuir ao caráter instrumental da intervenção profissional o lugar que lhe é devido. De outro modo, restringir a natureza interventiva da profissão somente a essa perspectiva limita o conjunto das racionalidades que revestem a profissão ao paradigma da racionalidade formal.

O que se pretende demonstrar é que *a instrumentalidade, enquanto condição necessária à reprodução mesma da espécie humana*, não é exclusiva ao "paradigma" da razão formalizadora. Antes, incorpora outras modalidades de razão como o *momento necessário da relação entre o homem e a natureza* "como respostas aos carecimentos" (Lukács, 1978, p. 5). Porém, a racionalidade não se reduz à concepção instrumentalista da razão, ou seja, a adequação de meios às necessidades imediatas, cujos resultados independam dos *fundamentos* que os determinam. Neste sentido, há que se considerar tanto os supostos que estão a balizar as ações dos profissionais, os projetos e perspectivas de classe nos quais se apoiam e, ainda, se e em que medida a modalidade de razão que sustenta as ações profissionais permite não apenas ultrapassar as ações instrumentais, como, ainda, a apreensão das *condições e possibilidades que a situação contém, sua negatividade*.

Com base nessas premissas, importa-nos verificar a *influência do paradigma da racionalidade formal no Serviço Social e sua repercussão na intervenção profissional dos assistentes sociais*, no período de renovação da profissão. Pretendemos ainda compreender: *Qual o alcance deste "paradigma", as modalidades de ação que a ele vinculam-se e a perspectiva que possa vir a alterar substantivamente o caráter eminentemente instrumental da ação profissional*. A consecução desses objetivos, além de colocar-se direta e organicamente vinculada aos nossos interesses e perspectivas profissionais, tende a contribuir de maneira substancial para a compreensão da questão neste momento da profissão.

I
Razão e modernidade

Ao percorrermos a trajetória da razão na história, vemos que a ela agrega-se a discussão da liberdade ou do processo de liberação dos homens, resultante do seu domínio sobre a natureza e de suas conquistas ulteriores nos âmbitos da ciência e da técnica. Do mesmo modo, vemos a história incorporada ao conteúdo da razão como resultado do fazer dos homens que, em busca de respostas ao seu tempo, constroem a história e se constroem no processo histórico.

Pela via da razão foi possível ao homem liberar-se das concepções religiosas fundamentadas na razão divina, encetando uma nova maneira de conceber o mundo. Esta mesma razão indica ao homem seu horizonte e limites e porta a capacidade de explicitar os processos que constituem e são constitutivos e constituinte da estrutura social, iluminando suas condições e possibilidades de autonomia. E certo que estamos tratando de uma determinada concepção de razão que, situada como oposição à ignorância do homem sobre sua história, funda um "novo" período na história da humanidade: a era moderna.

Construída na intersecção de diversas tradições culturais, esta razão tem sido objeto de diferentes abordagens no interior da Filosofia ocidental e conquista diversos atributos. De "pura" a "instrumental", a história da razão moderna encontra sua unidade na perspectiva antropocêntrica que a funda.

Parametrada na concepção de homem enquanto ser social autocriador — portador de racionalidade e teleologia, que sob condições concretas constrói sua história, esta, condutora de racionalidade objetiva, e, por isso, passível de ser (re)conhecida pelos sujeitos —, a razão moderna edifica-se.

Estas três pilastras — humanismo, historicismo e razão dialética (cf. Coutinho, 1972) —, ao mesmo tempo que balizam uma determinada concepção de razão — a razão moderna —, garantem-lhe uma estrutura inclusiva. Agora, à razão é tributada a possibilidade de fornecer o arsenal necessário ao conhecimento da realidade objetiva, já que ela concebe que os processos sociais podem ser racionalmente (re)conhecidos pelos sujeitos, os quais encontram nas categorias constitutivas da dialética o substrato que lhes possibilita transcender da aparência fenomênica à lógica que movimenta os fenômenos. Sob este duplo aspecto, a razão dialética pode ser compreendida tanto como uma perspectiva quanto como o conteúdo do ser: se a realidade social constitui-se por meio do movimento do ser no sentido da sua autorreprodução, que engendra a reprodução da espécie humana, estes "modos de ser", pelos quais o ser social se compõe, indicam os caminhos que a razão deve trilhar para galgar o conhecimento.

Construído a partir dessa orientação, este estudo convoca-nos a uma aproximação preliminar da categoria racionalidade, buscando apreender tanto as suas determinações universais quanto as particularidades que adquire enquanto um modo de ser e pensar específico de uma determinada ordem societária, entendendo que a sistematização lógica de categorias ontológicas constitui-se num momento do método histórico-sistemático.

1. Determinações lógicas e ontológicas da categoria "racionalidade"

Como uma das categorias intelectivas priorizadas neste estudo, temos a racionalidade — do latim *rationalitatis* — significando a qualidade do que é racional. No sentido filosófico racional é "aquilo que pertence à razão ou é derivado dela" (Japiassu e Marcondes, 1991, p. 208). De outra parte, pode ser designado como "aquilo que está de acordo com a razão" (Idem, ibidem), e aqui a referência à realidade torna-se secundária. Racionalidade é, ainda, a "característica daquilo que *é* racional", e considerando que racional é "o que se deduz da razão", encontramo-nos diante de uma tautologia.

Deste modo, entendemos que a busca pela significação da palavra "racionalidade" acaba por limitá-la à sua definição lógico-formal e consensual, não nos permitindo saltar das abstrações mais simples e gerais que, de outro modo, a apreensão das suas determinações ontológicas nos possibilita.

Captar as determinações lógicas e ontológicas da categoria "racionalidade" implica não apenas estabelecer o confronto entre os conteúdos e significados que adquire na história,[1] como sua vinculação ideológica, uma vez que não há palavras vazias de conteúdo, tampouco isentas de um significado ideológico e, sobretudo,

> não há ideologia inocente [...] porque a razão mesma não é nem pode ser algo que brota acima do desenvolvimento social, algo neutro ou imparcial, senão que reflete sempre o caráter racional (ou irracional) concreto de uma situação social, de uma tendência do desenvolvimento, dando-lhe claridade conceitual e, portanto, impulsionando-a e entorpecendo-a (Lukács, 1968b, p. 5).

---

1. Entendemos que a "racionalidade" não se coloca apenas no horizonte teórico dos homens, mas gesta-se e recria-se na história real.

Adotando uma determinada maneira de conceber a razão, vemos que ela é por si só determinante, não da realidade, mas de uma forma de apreensão e compreensão do real.[2] E a via que (re)estabelece a unidade entre o sujeito que conhece e o objeto a ser conhecido. Esta concepção supõe uma unidade entre sujeito/objeto, que não se confunde com identidade, uma vez que a realidade é sempre mais rica de determinações que a capacidade do sujeito de apanhá-las. Mas este, dadas as possibilidades da razão, é capaz de (re)figurar, pela via do pensamento, a processualidade da realidade.

A razão é o que dá inteligibilidade aos fatos e estes constituem-se nos seus fundamentos, ao mesmo tempo em que os fatos são constituídos, constitutivos e constituintes de relações racionais que obedecem aos princípios de causalidade e contradição.

O procedimento da *razão* é o "vir-a-ser". Ela é uma condição ou momento do pensamento que busca apreender a realidade como movimento e por isso tem que caminhar de abstrações mais simples, dadas pelo *intelecto*, no sentido de determiná-las por meio das mediações que vinculam os fatos a determinados processos, saturados de determinações. Atinge seu ápice ao encontrar o substrato material, que é a realidade.[3]

O conhecimento pela via da razão opõe-se ao conhecimento imediato; pressupõe a síntese de elementos contraditórios, numa relação de continuidades e rupturas, mas que mantêm um núcleo imanente, sua essência ou substância.

A razão porta em seu interior não apenas as possibilidades de apreender as condições objetivamente dadas, como de estabelecer relações, (re)conhecer, (re)construir.

---

2. Dado que as categorias lógicas não se desconectam da realidade.

3. No nosso entendimento, a racionalidade substantiva é a manifestação da razão dialética que acaba sendo deformada e reduzida a operações da lógica formal (cf. Coutinho, 1972, p. 15).

A razão, entendida de forma "inclusiva", incorpora tanto os elementos do senso comum, necessários às ações cotidianas, como aqueles fornecidos pelos procedimentos que o intelecto realiza, superando-o. Ela apanha as conexões causais da realidade na própria *práxis* que, ao engendrar novas conexões na realidade, permite a (re)figuração da realidade pelo pensamento. É na ação que a razão encontra sua orientação e o seu caminho (cf. Lukács, 1989, p. 35).

A "racionalidade", enquanto uma propriedade da razão, vincula-se às formas de concebê-la; por isso, tem na razão o seu fundamento de determinação, que é expressão da própria realidade. A racionalidade dada pela razão dialética é a síntese de procedimentos ativos e intelectivos e torna-se um adjetivo da razão que desaliena, desmistifica, nega o dado na sua aparência e é capaz de engendrar ações que ultrapassem a dimensão manipulatória e instrumental.

Enquanto categoria intelectiva, a "racionalidade" contempla um nível de generalidade tal que nos possibilita captar a *unidade objetiva* dos processos sociais, remetê-los aos marcos do sistema capitalista, apanhar tanto as determinações que se mantêm quanto aquelas que se transformam, as conversões, condições e possibilidades contidas nos processos sociais. Mais ainda, por ser uma categoria ontológica, *a racionalidade incorpora o nosso objeto de estudo* — a instrumentalidade da intervenção profissional do assistente social —, é construída no seu movimento, medeia-o, articula-se a ele, expressa sua lógica de constituição.

As concepções referentes à razão, e com ela seus atributos, vêm recebendo distintos tratamentos no decorrer da trajetória histórica da humanidade, pelas diferentes correntes do pensamento filosófico. A essas concepções vinculam-se diferentes modos de inteligir a relação sujeito/objeto no processo do conhecimento, bem como diversas formas de conceber história e liberdade. Assim, vemos que a Filosofia não se aliena dos problemas concernentes ao progresso, ao desenvolvimento das forças produtivas, ao desenvolvimento social e à luta de classes (cf. Lukács, 1968, p. 3).

Urge, pois, situar no contexto sociopolítico e cultural, em que surgem as duas pilastras que sustentam o pensamento filosófico da modernidade: o *sistema ético-filosófico kantiano* e a *filosofia especulativa de Hegel*. Nossa escolha se fundamenta em duas ordens de razões. A primeira, por tomá-las como representativas das polêmicas sobre as condições de possibilidades da razão antropocêntrica que se estabelece entre racionalistas e empiristas e dos enfoques epistemológicos e ontológicos atribuídos à temática. A segunda, por representarem a oposição mais significativa no combate ao pensamento formalizador das vertentes positivistas.

2. Matrizes fundantes das concepções de razão moderna — continuidades e rupturas

As primeiras tentativas de dar à razão um estatuto que amplia os dogmatismos e reducionismos, tanto das concepções racionalistas quanto das empiristas, encontram-se formuladas no sistema filosófico kantiano.

Kant desloca o eixo central da discussão da Filosofia, enquanto ciência que estuda o ser, para a Epistemologia, por concebê-la como a ciência que contém os princípios do conhecimento.

Até aqui, os sistemas filosóficos postulavam uma racionalidade dada pela "ciência" apoiada no princípio da contradição.[4]

---

4. Cabe-nos lembrar que o projeto racionalista postulava a existência de uma ciência unitária, cujo paradigma era dado pela física newtoniana e matemática euclideana. Posteriormente, a tentativa de estabelecer uma ciência unificada é

Kant considera a existência de leis necessárias e universais que tornam possíveis a Física e a Matemática. O que assegura as possibilidades de ambas refletirem a verdade dos fatos é o método que utilizam.[5] Porém, pergunta-se sobre as possibilidades de a Metafísica adquirir o mesmo grau de certeza que aquelas ciências, uma vez que toma por objeto os fenômenos suprassensíveis, que não são dados na experiência. É no conceito de experiência[6] que se localiza a diferença entre Kant e os seus antecessores,[7] diferença esta que se constitui no mote da sua *Crítica*

---

retomada pelos neoempiristas, sobretudo pelo empirismo lógico, que buscam na filosofia as possibilidades de fundar uma linguagem logicamente perfeita (cf. Abbagnano, *História da filosofia*, 1970, v. XIV, p. 7-11).

5. Há que se recuperar a polêmica metodológica, instaurada na filosofia alemã do final do século XVII entre racionalistas e empiristas, acerca da validez do método matemático quando aplicado aos ramos da Metafísica (Deus, alma e mundo). Para os racionalistas, o método axiomático, que parte de verdades universais e necessárias, ao permitir que pelo procedimento de síntese derivem-se teoremas, isenta-se de comprovação empírica. Os empiristas, por sua vez, duvidam das possibilidades do método sintético e defendem que na experiência reside o critério de verdade dos fatos. Propõem, ao contrário, a decomposição das experiências em ideias, as mais elementares possíveis, que ao serem dispostas de modo lógico tornam-se compreensíveis. Duvidam, ainda, das possibilidades da Metafísica enquanto ciência, considerando-a como sinônimo de "razão pura", já que apenas na experiência localiza-se o fundamento e a justificação do conhecimento científico (Notas de Aula. Curso "Introdução à Filosofia Crítica". Prof. Mário Gonzales Porta. Programa de Estudos Pós-Graduados em Filosofia, PUC-SP, 1993).

6. Por experiência, Kant compreende a relação entre conceitos puros do entendimento e a intuição sensível, dada pelo espaço e tempo. Nisto se constitui a "novidade" em Kant: todo conhecimento *a priori* (*puro*) tem caráter intuitivo e sensível. O conhecimento inicia-se pela experiência, que se encontra mediada por uma atividade prévia da subjetividade humana. Cabe a ela, em última instância, organizar a ciência (cf. Oliveira, 1989, p. 17).

7. A crítica que Kant dirige aos filósofos dogmáticos, especialmente a Wolff, é objeto do seu Prefácio à segunda edição de *Crítica da razão pura*. Kant define o dogmatismo como: "A pretensão de progredir apenas com um conhecimento puro a partir de conceitos (o filosófico) segundo princípios há tempo utilizados pela razão, sem se indagar, contudo, de que modo e com que direito chegou a eles" (1987, p. 21). Na ausência de questionamento localiza-se, para Kant, o reducionismo das posturas filosóficas dogmáticas.

da razão pura. Nesta, a razão *é* entendida como "capacidade de, partindo de certos princípios *a priori*, isto *é*, estabelecidos independentemente da experiência, estabelecer determinadas relações constantes entre coisas, permitindo assim chegar à verdade, ou demonstrar, justificar uma hipótese ou afirmação qualquer. A razão articula conceitos e proposições para deles extrair conclusões de acordo com princípios lógicos" (Japiassu e Marcondes, 1991, p. 209).

Kant está preocupado em explicar um tipo de conhecimento que advém não de juízos puros, mas aqueles resultantes da experiência e, deste modo, alcançados pela via do entendimento. Ocupa-se, pois, em encontrar os fundamentos das possibilidades da experiência.[8]

Em Kant, o conhecimento[9] depende da *sensibilidade*, por meio da qual os objetos nos são apresentados nas suas características, pela multiplicidade e desordenação do *entendimento*, que realiza a síntese da multiplicidade dos dados sensíveis, dando-lhes uma unidade por meio de categorias.[10]

O nível da intuição pura *é*, para Kant, condição primeira do conhecimento *a priori*, que se realiza pela via do intelecto. A relação entre as categorias do entendimento e a intuição sensível,

---

8. Há que se ressaltar que, em Kant, o *conhecimento* advém sempre da experiência, porém há verdades cuja validade independe da *experiência*, ou seja, são dadas *a priori*.

9. Lembramos que conhecer, para nosso autor, significa ligar os conteúdos da representação, sintetizar a multiplicidade do entendimento à unidade do conceito. Esta síntese não vai além da experiência e só pode ser realizada pelo sujeito cognoscente. Kant não admite "jamais ousarmos elevar-nos com a razão especulativa acima dos limites da experiência. Não há nada que possa ser ciência fora dos limites da experiência" (1987, p. 16).

10. Por categorias do entendimento, Kant compreende os mecanismos pelos quais o entendimento atua no sentido de estabelecer relações às mais diversas representações da intuição, que por sua vez são conceitos puros, gerais e transcendentes (cf. Kant, 1987, p. 69).

dada pelo espaço e tempo,[11] torna possível um tipo de conhecimento que Kant denomina experiência.

Funda, deste modo, uma nova estrutura[12] do conhecimento envolvendo natureza e experiência. Agora:

> A razão tem que ir à natureza tendo numa das mãos os princípios unicamente segundo os quais fenômenos concordantes entre si podem valer como leis, e na outra o experimento que ela imaginou segundo aqueles princípios, na verdade para ser instruída pela natureza; não porém na qualidade de um aluno que se deixa ditar tudo o que o professor quer, mas na de um juiz nomeado que obriga as testemunhas a responder às perguntas que lhes propõe (Kant, 1987, p. 13).

Mas, há uma distinção entre fazer uso teórico da razão e utilizar-se da razão prática,[13] o que remete à existência de um sujeito empírico e um sujeito transcendental ou, ainda, à cisão entre conhecer e pensar. No primeiro caso, a razão teórica encontra-se limitada às formas *a priori* da sensibilidade, à intuição do espaço e tempo, daí a impossibilidade de se conhecer "a coisa em si" ou da apreensão do *noumenon*. No segundo, a razão prática, enquanto a capacidade de unificar a multiplicidade das categorias do entendimento sob a forma de princípios, não se encontra subsumida aos determinismos do processo do conhecimento e, porque não está comprometida com ele, não precisa de outra coisa que não seja de si mesma.

---

11. Espaço e tempo são, para Kant, formas do sentido externo e interno, intuição *a priori* e condição do conhecimento.

12. Com base nesta "nova" concepção de conhecimento, Lukács considera que Kant transita do pensamento metafísico ao dialético e deste ao empirismo (cuja influência é legada de Hume) (cf. Lukács, 1968a, p. 8-9).

13. Para Lukács, Kant aceita as contradições entre razão teórica e prática, reino da necessidade e reino dos fins, o que o leva a criar, sem saber, o método dialético (Idem, ibidem).

Com base nesses supostos, Kant distingue entendimento e razão. O entendimento, uma atitude espontânea da mente, realiza as sínteses da matéria fornecida pela "intuição do espaço e do tempo". A razão teórica organiza essas representações do múltiplo e dá-lhes uma forma, esta fornecida pelas categorias *a priori* do entendimento. Ao operar a síntese das diversas representações dos objetos da vontade individual, dando-lhes uma unidade que encaminha à vontade racional, a razão prática põe-se em ação. Esta se constitui na liberação da "autoalienação" da razão, que se encontrava submetida à razão teórica (cf. Oliveira, 1989, p. 20).[14]

A razão determina a vontade e por isso é moral. Disto decorre que o *homem não pode ser visto como meio*, mas fim de seu próprio aperfeiçoamento. Por outro lado, buscar as normas do agir humano na experiência é submeter um homem ao outro (cf. Oliveira, 1989, p. 20). Deste modo, o ideal iluminista, a *Aufklärung*, comparece em Kant como o processo de emancipação humana, ou seja, o movimento que a razão desencadeia ao buscar a sua liberação da tutela de outrem. Razão é, assim, a "saída do homem da menoridade da qual ele próprio é culpado" (Kant, 1974, p. 100).[15] A racionalidade consiste na conquista do progresso pelo homem, rumo a sua maioridade. É no dever que se manifesta a racionalidade do homem, no seu limite.

A razão pura prescreve ao sujeito empírico as normas do dever, ao mesmo tempo em que lhe sinaliza as possibilidades da liberdade que se realiza quando o sujeito transcendental põe

---

14. "Tive que elevar o saber para obter lugar para a fé, e o dogmatismo da Metafísica, isto é, o preconceito de progredir nela sem crítica da razão pura, é a verdadeira fonte de toda a sempre muito dogmática incredulidade antagonizando a moralidade" (Kant, 1987, p. 19)

15. "A menoridade *é* a incapacidade de fazer uso de seu entendimento, sem a direção de outro indivíduo. O homem *é* o próprio culpado dessa menoridade se a causa dela não se encontra na falta de entendimento, mas na falta de decisão e coragem de servir-se de si mesmo sem a direção de outrem. *Sapere aude!* Tem coragem de fazer uso de seu próprio entendimento, tal *é* o lema do esclarecimento [*Aufklärung*]" (Kant, 1974, p. 100).

em prática a sua vontade racional. Da razão teórica emanam as leis que, se obedecidas pelo sujeito, possibilitam sua emancipação. Tais leis são dadas pelas representações que os indivíduos apreendem das leis naturais e que, por constituírem-se na síntese entre os princípios morais do agir humano — pautados na vontade individual — e as regras gerais, válidas universalmente, plasmam-se em ações socialmente reconhecidas.[16]

O que se coloca de maneira reiterativa nas formulações kantianas é o *atributo prático-moral da razão*; prático, no sentido de que a razão tem que se plasmar em atos e, moral, porque estas ações devem ser amparadas por critérios volitivos. Os homens possuem uma natureza moral e, portanto, racional. A razão em Kant é moral e a moral é racional. Diz Kant:

> duas coisas enchem o ânimo de crescente admiração e respeito, veneração sempre renovada... por mim o céu estrelado e em mim a lei moral (Kant, s/d., p. 250).

E, assim, a humanidade cumpre o seu destino: o estabelecimento de uma ordem internacional, racional e livre (cf. Oliveira, 1989, p. 27).

Noutra direção caminham as formulações hegelianas, cuja preocupação reside em restabelecer a cisão que o sistema kantiano opera, entre ser e pensamento, razão e realidade, razão pura e razão prática.

Na polêmica que estabelece com o sistema kantiano, Hegel parte da distinção entre razão de ser e razão de pensar, ou entre *subjetividade* e *objetividade* do conhecimento. Reconhece que os avanços de Kant localizam-se em dois pontos: a superação do dogmatismo da Metafísica wolffiana, que reconhecia ciência como sinônimo de conhecimento puro, dado *a priori*, e de ter

---

16. O que concorre para que a atitude do sujeito empírico se converta à mera contemplação da realidade (cf. Lukács, 1989, p. 151).

estabelecido a síntese entre subjetividade e objetividade no processo de conhecimento. Porém, a síntese kantiana acaba reduzindo o saber à mera opinião.[17] E a partir deste ponto que Hegel constrói a sua filosofia especulativa.

Hegel estabelece a distinção entre níveis do conhecimento concebendo-os como conhecimento proveniente da "opinião" e do pensamento especulativo, este entendido como o conhecimento que envolve uma forma superior de razão, qual seja, a razão dialética. Assim, no conhecimento especulativo, a razão utiliza um método que lhe permite tanto apanhar as contradições quanto realizar a síntese entre o que Kant considera "antinomia".

Hegel preocupa-se com aquilo que torna a existência dos fatos, fenômenos e relações possíveis e com as possibilidades de tornarem-se novos fatos, fenômenos ou relações, ou seja, com o *vir-a-ser*. Ocupa-se com as leis que possibilitam as coisas serem o que são e tornarem-se algo diferente de si mesmo, conservando a sua essência. Entretanto, os fatos por si só não dizem nada; há que submetê-los a um método, capaz de apreender a realidade da forma mais fiel possível (cf. Marcuse, 1988, p. 208).

A razão funciona no sentido de apreender a unidade dos opostos, num movimento que parte da tese, incorpora a antítese e realiza a síntese. E assim, para Hegel, esse processo culmina no momento em que a razão organiza o todo de maneira que "cada parte só existe em relação ao todo e cada entidade individual só tem sentido e significação em sua relação à totalidade" (Hegel, in Marcuse, 1988, p. 57).[18]

---

17. Lembramos que, em Kant, o ser é inacessível ao conhecimento do sujeito. Este, embora ocupe um papel decisivo na produção do conhecimento, regulando o objeto e definindo as condições de conhecer, somente alcança as representações do objeto e jamais a sua essência. Conforme observa Lukács, para Kant, "mesmo o conhecimento acabado do conjunto dos fenômenos nunca poderia ultrapassar o limite estrutural deste conhecimento..." (1989, p. 150).

18. "[...] cada um deles [momentos] é uma figura individual completa, e assim cada momento só é considerado absolutamente enquanto sua determinidade for

Com esse entendimento, parece-nos, Hegel recupera não apenas o protagonismo da realidade no processo do conhecimento, como atribui à razão, entendida na sua vinculação com os fatos reais, uma função totalizadora, relevante no estabelecimento da "continuidade na mudança".[19] Mais ainda, Hegel vê na *razão* um mecanismo que nega o dado da realidade ou, num outro sentido, nega *o que é* para trazer *o que pode ser*. A inteligibilidade é o "vir-a-ser" e este é a racionalidade (cf. Hegel, 1992, p. 52).[20] Porém, conforme observa Lukács, a realidade para Hegel permanece "maculada com as nódoas da determinação" (1989, p. 33) limitando os homens à apreensão da estrutura do objeto, pela via da razão, sem que, contudo, possam modificá-lo.

A razão se realiza no "absoluto", na medida em que, pela sua astúcia, possibilita a transcendência dos desejos e paixões individuais aos interesses universais.[21] Deste modo, as limitações dos desejos e paixões individuais não se constituem em limitação da liberdade, ao contrário, é a via que fornece as condições de emancipação dos indivíduos, da sua liberação. Aqui, *é* o Estado que, além de fundar a sociedade civil, deve garantir a universalidade, por intermédio de duas instituições: a Burocracia

---

vista como todo ou concreto, ou o todo [*for visto*] na peculiaridade desta determinação" (Hegel, 1992, p. 36). [N. T.]

19. Melhor ainda, que observe o princípio aristotélico da transcendência do ente ao ser. A atividade da razão é restaurar a unidade dos complexos contraditórios por meio da síntese.

20. Para Oliveira, Hegel realiza uma revolução "historiocêntrica" na medida em que coloca a história como centro do pensamento da filosofia, e esta "permite a revelação da racionalidade da história" (Oliveira, 1989, p. 10).

21. "As ações dos homens derivam de suas necessidades, de suas paixões, de seus interesses, de seu caráter e de seus talentos, de modo que, nesse espetáculo de atividades, não são senão tais necessidades, paixões, interesses, que aparecem como instâncias e intervêm como o fator principal [...] Mas, na história universal, resulta das ações dos homens em geral uma coisa diversa daquela que eles projetam e atingem, daquilo que eles sabem e querem imediatamente" (Hegel, in Coutinho, 1972, p. 14).

(classe média) e a Câmara Alta (proprietários fundiários do morgadio) por meio das quais o "Espírito Absoluto" se realiza.

Hegel considera a razão como a base da existência humana e meta final absoluta.[22] Supõe uma relação intrínseca entre sujeito/objeto[23] no processo do conhecimento. O sujeito é o movimento da sua autodeterminação. Conhecer o sujeito é apanhar as suas determinações.[24] Porém, dado ao logicismo do sistema hegeliano, a crítica filosófica acaba por encerrar-se em si mesma: "O conceito é o em si do objeto ou o seu conteúdo. O conceito incorpora o objeto, é imanente a ele" (Hegel, 1992, p. 61). É no automovimento do conceito que Hegel situa a razão de existir da ciência. Deste modo, não é o resultado que importa — "este some e desvanece" —, mas o *processo*, uma vez que é ele que *aponta o caminho e o meio do conhecimento* (cf. Hegel, 1992, p. 44). Aqui, o sujeito (pensamento) é ao mesmo tempo produtor e produto do processo dialético (cf. Lukács, 1989, p. 161) e a história culmina com a realização do Espírito Absoluto.

---

22. "A razão é tão ardilosa como poderosa. O ardil consiste na atividade mediadora, na qual, ao fazer os objetos atuarem uns sobre os outros e se desgastarem mutuamente, segundo sua própria natureza, sem se inserir diretamente nesse processo, todavia, realiza apenas seu próprio fim" (Hegel, in Marx, 1985a, p. 150).

23. Cabe notar que, em Hegel, o sujeito é sempre a ideia, o pensamento, e o predicado é a realidade. Esta mistificação foi objeto da polêmica que Marx estabelece com o sistema hegeliano. A este respeito, Marx afirma: "O que há de importante consiste no fato de Hegel transformar sempre a ideia em sujeito e fazer do sujeito real propriamente dito, por exemplo, a vocação política, o predicado. Mas o que desenvolve é sempre o predicado" (Marx, s/d., p. 16). Para Marx, Hegel reduz os fatos reais a processos lógicos.

24. Decorrendo deste suposto o seu sistema de "determinações reflexivas". Estas, por sua vez, "aparecem" como determinações do pensamento e não da realidade (Notas de Aulas. Curso "O Método em Marx". Prof. José Paulo Netto. PUC-SP, 1992). Para Lukács, o "salto" dado pelo marxismo está em conceber as determinações reflexivas como forma necessária de ser e de pensar específicas da sociedade burguesa e, por isso, reificadas (cf. Lukács, 1989, p. 197).

Há, em Hegel, uma nítida oposição entre sistema e método,[25] porém, o que para este estudo coloca-se como relevante é a superioridade que Hegel atribui aos procedimentos da razão.

Hegel reconhece que na vida cotidiana imperam as "determinações sensíveis da consciência vulgar" (1992, p. 48), isentas de reflexão e crítica. Os fatos são tomados tais como aparecem. Há uma união imediata entre sujeito/objeto, que aparece idêntico ao sujeito; o conhecimento coloca-se como o conteúdo e resultado desta união. No momento seguinte há uma cisão entre sujeito e objeto e a consciência reflete a dimensão da diferença, por separar-se do seu conteúdo. A dúvida supera os limites do "saber imediato" e a relação entre sujeito/objeto passa a ser mediada pela experiência. A consciência aliena-se de si mesmo.[26] A experiência, por sua vez, constitui-se no conteúdo do conhecimento. Este nível do conhecimento é reiterativo no sentido de que permite ao homem intervir sobre determinada ordem de fenômenos da vida cotidiana, responder às suas necessidades imediatas, já que, pelas operações do intelecto, a consciência organiza os dados (decompondo e analisando-os) e formula juízos fundados na experiência. Porém, na busca do saber absoluto, o conhecimento supõe que, fixadas suas determinações, seja necessário compreender quais as razões do *modo de ser* de um objeto determinado, como o fenômeno se movimenta na realidade, como as suas determinações se opõem e se convertem em outras determinações. Aqui, o espírito supera e preserva os momentos anteriores, e o saber absoluto pode apreender as *possibilidades de reversão das determinações do processo*, porque as explica.[27]

---

25. Enquanto o sistema hegeliano tem uma perspectiva restauradora da ordem, seu método revoluciona as maneiras de a Filosofia conceber as contradições da realidade no processo do conhecimento.

26. Para Lukács, Hegel requisita uma determinação recíproca entre consciência e ser onde este reconhecesse "a sua própria essência na necessidade", derivando daí que a necessidade passa a ser externa ao sujeito (cf. Lukács, 1989, p. 175).

27. A superioridade que Hegel atribui aos procedimentos da razão comparece nesta assertiva: "O entendimento determina e mantém firmes as determinações.

Os procedimentos da razão, como potencializadores da capacidade de a consciência alcançar os fundamentos últimos para arrancar daí as *condições de possibilidades* dos fatos, fenômenos e práticas é, em Hegel, a manifestação da razão dialética. Somente ela possibilita a síntese entre necessidade e acaso e converte-se em possibilidades concretas de transformação. Porém, aquela identidade imediata entre sujeito e predicado impede o sujeito hegeliano (o pensamento) de ultrapassar a mera constatação da história.[28]

Nesta perspectiva, a razão dialética coloca-se como o mais alto nível das possibilidades do conhecimento, ou melhor, como a síntese de diversos níveis do conhecimento.

Contudo, conforme observa Lukács, a Filosofia clássica que rompe com o pensamento metafísico e com os dogmatismos das épocas precedentes acaba limitando-se à "aceitação dogmática do modo de conhecimento racional e formalista como única forma possível [...] de captar a realidade por oposição ao dado estranho que, para 'nós', são os factos" (1989, p. 138). Porque aceita a identidade entre pensamento e realidade, "enforma" a realidade pelo pensamento que, agora, encontra-se limitado a estabelecer as relações causais "naturais" entre os fenômenos. Porque (re)põe a autonomia da causalidade dos fatos frente às possibilidades da ação dos homens, "elimina o aspecto ontológico da *práxis* humana" (Lukács, in Kofler et al., 1969, p. 151) e converte-se em um paradigma que passa a ser sancionado pela ordem social que se gesta no final do século XVIII e persiste até nossos dias. Ao contrário: "O *pensamento* só pode superar

---

A razão é negativa e dialética, porque resolve no nada as determinações do intelecto; é positiva porque cria o universal e nele compreende o particular" (Hegel, in Netto, 1989a, p. 197, nota 143).

28. Vemos que a identidade entre sujeito e objeto que Hegel estabelece leva-o a considerar que o pensamento move-se em um mundo que ele mesmo criou. Deste modo, acaba por compreender a história como momento de objetivação do Espírito Absoluto (cf. Lukács, 1989, p. 175).

dialeticamente a sua própria rigidez e tomar o caráter de um devir se surgir como *forma* da realidade, como momento do processo de conjunto" (Lukács, 1989, p. 226; grifos meus).

Não obstante as limitações epistemologistas e metodologistas contidas nas maneiras clássicas de conceber a razão ou o grau de racionalismo[29] das formulações analisadas, a objetividade que preconizam afasta-se a largos passos, e até opõe-se, àquela contida na perspectiva racionalista direcionada à organização dos sistemas sociais. Como nos diz Lukács: "A questão é diferente quando o racionalismo reivindica representar o método universal para o conhecimento do conjunto do ser [...]. É o caso do racionalismo burguês moderno" (1989, p. 130).

3. O racionalismo no século XX

A reflexão filosófica que se coloca desde a virada do século XVIII põe à luz a polêmica acerca dos fundamentos teóricos e metodológicos capazes de desvelar os processos sociais que configuram a nova ordem socioeconômica, política e cultural em gestação.

A preocupação com as causas primeiras, com o *noumenon* ou essência das coisas, dada a influência do pensamento filosófico kantiano, é subsumida por inquietações a respeito dos diferentes modos de conhecer e atuar sobre a realidade. A reação contra a tradição ontológica da Filosofia clássica se traduz na retomada da questão acerca das condições de possibilidades do conhecimento e no resgate da experiência, o que impõe, de um

---

29. Racionalismo aqui entendido como "um sistema formal que, na sua conexão, se orientava no sentido dos fenômenos, mas naquilo que estes têm de apreensível, produtível e, portanto, dominável, previsível e calculável pelo entendimento" (Lukács, 1989, p. 129).

lado, a recuperação do método lógico-experimental na análise e tratamento dos fenômenos e processos sociais, e, de outro, a distinção entre Ciências Naturais e Ciências do Espírito (ou Sociais). O afastamento da reflexão ontológica,[30] cuja perspectiva está em encontrar um novo padrão de cientificidade que permita operar sobre os fenômenos sociais que aí se colocam, encaminha o debate a duas direções diferentes, porém não antagônicas, dado ao cariz conservador que as nutre. De um lado, o historicismo alemão, que tem em Dilthey, Rickert e Windelband seus precursores e na Sociologia compreensiva de Max Weber seu apogeu. De outro, o Positivismo lógico francês, inaugurado com Comte e modernizado por Durkheim.

Em que pesem as diferenças peculiares a cada contexto sócio-histórico, ambas as vertentes gestam-se na e da intersecção entre o pensamento kantiano, restaurador da ética e da moral, e a "desordem" gerada pela industrialização. No primeiro caso, o da Alemanha, a polêmica intelectual girava em torno da existência de juízos de valor a influenciar a pesquisa científica e da inadequação do método vigente nas ciências naturais aplicado à compreensão da sociedade. O Positivismo francês, cuja influência do Empirismo inglês se faz nítida, preocupa-se em estabelecer uma ciência única — a *Sociologia* — capaz de dar conta das explicações de qualquer que seja a ordem dos fenômenos analisados. O que há de comum entre elas é que o padrão de cientificidade que ambas defendem rejeita, em princípio a Metafísica, tal como em Kant, e pressupõe a laicização da ciência. O conhecimento não extrapola o âmbito dos fenômenos que, por sua vez, se submetem a relações constantes (leis). A ciência como a única forma de conhecimento aceite é concebida como

---

30. Cabe a anotação de que, em que pesem as reflexões que se colocam entre os séculos XIX e XX referirem-se diretamente as dimensões do *ser* social, contendo aspectos ontológicos, o tratamento dos dados ou as respostas adotadas circunscrevem-se no âmbito da Epistemologia.

atividade racional, objetiva, sistemática, que tem no método experimental o seu instrumento heurístico. Esta perspectiva racionalista e agnóstica[31] na forma de conceber a sociedade, que se constitui no ponto de convergência entre Historicismo alemão e Positivismo francês, ao traduzir-se em programática de intervenção nas sociedades capitalistas[32] imprime-lhes a marca do pensamento conservador laico. Contudo, atribui-se ao Positivismo francês, sobretudo às elaborações de Émile Durkheim, a gênese e desenvolvimento de um "paradigma", que tem na razão formalizadora o seu fundamento de determinação.

A tentativa de analisar os supostos teóricos e ideológicos do "paradigma" da racionalidade formal-abstrata exigiu-nos a realização de um recorte espaço-temporal na história, recorte este que não se realizou de maneira arbitrária. Valemo-nos do período que demarca o nascimento da Sociologia como ciência autônoma, que no século XIX se constitui no interior do pensamento conservador e torna-se a mais alta expressão deste estilo de pensamento, na medida em que institucionaliza a utilização dos procedimentos do método lógico-experimental na investigação científica e empírica sobre as sociedades.

Este estudo inicia-se com Émile Durkheim, figura expoente neste processo, no cenário marcado pela passagem lenta e gradual do capitalismo concorrencial ao dos monopólios, na França[33] do final do século XIX.

---

31. Lembramos que o agnosticismo constitui-se na tendência filosófica que duvida de todo conhecimento que ultrapasse a experiência sensível, daí seu total desinteresse pelas causas últimas dos fenômenos.

32. É certo que o paradigma da racionalidade formal não é o único modelo de racionalidade presente nas sociedades capitalistas, tampouco lhe é exclusivo: o regime instaurado no campo do chamado "socialismo real" confirma o caráter eclético e adaptativo deste modelo.

33. Vieira atenta-nos para o fato de que a Grande Depressão, iniciada em 1873, não atinge de maneira homogênea as sociedades capitalistas, sendo a França um dos países menos afeto a ela (1992, p. 81-2).

Contudo, desvendar os pressupostos do racionalismo formal-abstrato, no nosso entendimento, não é suficiente para demonstrar, efetivamente, as investidas históricas realizadas tanto pelas correntes positivistas e seus matizes quanto pelas vertentes irracionalistas, no sentido de infirmarem o caráter ontológico da realidade, e, consequentemente, transformarem a razão moderna, objetiva e dialética, num produto das consciências individuais, ou, no limite, em "camisa de força" dos sujeitos.

Por isso mesmo, parece-nos ser imprescindível analisarmos as implicações contidas na aceitação de paradigmas no interior das ciências sociais, os argumentos que sustentam a noção paradigmática das teorias, o universo ideoteórico e cultural em que esta polêmica se reatualiza e os vetores que a mobilizam.

3.1 Fundamentos e pressupostos do racionalismo formal-abstrato

Ao pensamento de Émile Durkheim (1858-1917), uma das figuras mais expressivas do Positivismo, pode ser tributada a institucionalização do paradigma da racionalidade formal-abstrata na análise das estruturas sociais, na medida em que suas concepções teóricas e metodológicas encerram a pretensão, não apenas de estabelecer uma explicação totalizadora da sociedade, mas, sobretudo, de *orientar uma programática de ação sobre a sociedade*.

No Prefácio da primeira edição de *As regras do método sociológico*, na qual autodenomina-se *racionalista*, Durkheim propõe "estender o racionalismo científico à análise da conduta humana" (1983, p. 74), uma vez que, dada a sua vinculação à Ciência Positiva de Auguste Comte, entende que os fenômenos humanos podem ser analisados com a mesma lente pela qual se observam os fenômenos naturais.[34]

Do legado de Comte advém, ainda, a consideração de que a Sociologia, enquanto ciência autônoma e hierarquicamente superior, tem como objeto o estudo dos *fatos sociais*. Estes são vistos como "coisa". Por "coisa", Durkheim entende "todo objeto de conhecimento que não é naturalmente compenetrável pela inteligência" (1983, p. 76) havendo, pois, que recorrer à observação e experimentação por meio de duplo movimento: de abstração do real, no intuito de elaborar conceitos e teorias; de construção, buscando os procedimentos adequados para atingir os fins propostos. *Fato social*, na concepção durkheimiana, é tido como "toda a maneira de fazer, fixada ou não, suscetível de exercer sobre o indivíduo uma coação exterior" (Durkheim, 1983, p. 92-3), ou seja, o que tem ressonância social, independente dos indivíduos enquanto tal, mas que exerça sobre eles determinado grau de influência. Deste modo, para Durkheim, os fatos sociais são *exteriores, anteriores e superiores aos indivíduos* e por isso só adquirem significado na confluência das individualidades, o que ocorre nos grupos sociais, via instituições.[35] Com estas colocações, Durkheim põe de manifesto sua concepção de Sociologia como "a ciência das instituições, da sua gênese e do seu funcionamento" (1983, p. 82), único método científico capaz de apanhar as regularidades geradas nos grupos e que se repetem nos indivíduos.

Esta forma de conceber a Sociologia, de forte conteúdo ideológico, colide com as possibilidades, tanto de as ciências especializadas firmarem-se, especialmente a Psicologia, como

---

34. Ainda que os compreenda como sendo de naturezas diferentes (cf. Durkheim, 1983, p. 130).

35. Em Durkheim temos que o grau de influência exercido pelas instituições sobre os indivíduos deve ser matizado, tendo em vista que, de um lado, os indivíduos não a aceitam sem imporem resistência; de outro, esta influência tende a ser legitimada pelos indivíduos.

as de sobrevivência da História e da Filosofia: não há espaço para se pensar as individualidades, não há interferência teleológica dos sujeitos, não há história. Para Durkheim, as possibilidades desta última são dadas apenas no âmbito dos acontecimentos individuais e por isso não se constituem em "fato social".[36] A Sociologia distingue-se das demais ciências[37] em dois níveis: o primeiro, quanto ao seu grau de abrangência, pois que se preocupa com a sociedade como um todo que só pode existir como síntese objetiva e exterior às consciências individuais; o segundo quanto a natureza do seu objeto: os fatos sociais podem ser percebidos por estarem submetidos a relações constantes e necessárias de causa e efeito, a funções determinadas, a leis invariáveis, que constrangem os indivíduos, mas não lhe são de todo determinantes.[38] Assim, os fatos sociais, enquanto crenças, tendências ou práticas coletivas, circunscrevem-se no conjunto das condições históricas, econômicas e individuais, mas sem serem redutíveis a elas, reproduzem-se pelo "poder de coação externa que exerce ou é suscetível de exercer sobre os indivíduos" (Durkheim, 1983, p. 90-1).

Deste modo, o caminho metodológico não pode partir de ideias, valores ou "prenoções", senão das formas objetivas *dadas* pelas estruturas políticas da sociedade, que por serem anteriores aos indivíduos, estabelecem formas de convivência entre os

---

36. Lembramos que, em Durkheim, o fato social possui a objetividade capaz de se colocar de maneira independente e anterior aos indivíduos, exercendo sobre eles um poder que os constrange. Deste modo, a demarcação entre fato social e fato individual é evidente e remete à polêmica que Durkheim estabelece com a "psicologia metafísica", que domina a França no final do século XIX (cf. Silva, 1988, p. 117).

37. A ciência, para Durkheim, "atribui aos fatos um valor e interesse idênticos; observa-os, explica-os, mas não os valora" (1983, p. 110).

38. A polêmica que Durkheim aqui estabelece tem como alvo tanto as correntes subjetivistas, de substrato kantiano, que concebem a História como produto da vontade de sujeitos individuais, quanto o materialismo vulgar que, dada a uma leitura empobrecida das obras de Karl Marx, autonomiza os aspectos materiais dos demais fatores que movimentam a História.

homens. Dito de outro modo: as instituições sociais (Estado, família, direito) produzem e reproduzem, por meio da repetição, formas de ser coletivas, que adquirem um significado simbólico para os indivíduos, exercendo-lhes ascendência. As *sínteses* aí produzidas possuem existência real, porque se derivam de leis constantes; a sua razão de ser é determinada por caracteres que lhe são imanentes e não segundo o ponto de vista do observador. Este caminho, seguindo regras básicas para a construção do objeto, apoia-se na premissa de que a realidade fenomenal dos fatos sociais exprime as características que os constituem, daí a necessária vinculação entre conteúdo e forma. O suposto é de que se deve tomar como ponto de partida os fatos sociais tais como são, pois o critério objetivo dos fatos sociais encontra-se neles próprios.[39] Há, portanto, que se observar a regra de:

> tomar sempre para objeto de investigação um grupo de fenômenos previamente definidos por certas características exteriores que lhes sejam comuns, e incluir na mesma investigação todos os que correspondam a esta definição (Durkheim, 1983, p. 104).

A análise durkheimiana tem em vista que a sociedade é um organismo;[40] um todo articulado por partes que se vinculam funcionalmente, embora cada órgão coloque-se de forma independente das funções que desempenham. Isto porque, para Durkheim, não há relação direta entre a causa de um fenômeno e a função que desempenha no interior da sociedade.[41] Quanto

---

39. E neste sentido há que se manter para com os fatos uma determinada atitude mental (cf. Durkheim, 1983, p. 76).

40. A referencialidade que Durkheim faz à sociedade como um organismo não passa necessariamente pela concepção de organismo biológico. Este entendimento toma corpo, posteriormente, nas formulações de Radcliffe-Brown e Malinowski (cf. Silva, 1988, p. 142).

41. "[...] quando nos lançamos na explicação de um fenômeno social, temos de investigar separadamente a causa eficiente que o produz e a função que ele desempenha" (Durkheim, 1983, p. 135). Mais tarde este autor observa que a função de um

à vinculação entre causa e efeito, esta sim, possui reciprocidade e, por isso, Durkheim recomenda que, na utilização do método comparativo, deve-se observar que "a um mesmo efeito corresponde sempre uma mesma causa" (1983, p. 152) e ainda que "uma relação de causalidade só poderá ser estabelecida entre dois fatos determinados" (1983, p. 146). Assim, o conhecimento científico dos fatos sociais implica, por meio dos efeitos, buscar as causas que os engendram, pois que as propriedades imanentes às coisas são passíveis de observação e atestam a sua própria existência (cf. Durkheim, 1983, p. 35). Porém, há ainda um outro método, que deve ser combinado à análise causal. Trata-se do método das variações concomitantes e consiste em estabelecer uma *relação hipotética* entre as variáveis que contribuem para a ocorrência de dois fatos, capazes de variar juntamente com a variação dos fatos e *confrontá-la empiricamente*, buscando verificar como esses fatos relacionam-se entre si. Pelos procedimentos de *classificação, observação, descrição, explicação*, tendo como escopo o passado, os resultados da investigação são generalizados aos casos similares e transformados em leis (cf. Durkheim, 1983, p. 34, 115-7).

Esta perspectiva de análise, que mescla elementos funcionais, sistêmicos e comparativos, engendra consequências inequívocas. A primeira delas, a racionalidade dos fatos sociais, resultante da apreensão das suas propriedades imanentes, está na regularidade que possam produzir na explicação do maior número de casos possíveis e autoriza o estabelecimento de normas.[42] É assim que, em Durkheim, as induções amplificantes se transformam em generalizações, que por sua vez se constituem

---

fenômeno dá suporte para sua manutenção. Neste caso, a análise deve dar conta de *explicar* como determinado fenômeno, no desempenho de sua função, colabora no equilíbrio da sociedade.

42. "Para que a Sociologia seja uma ciência das coisas, é necessário que a generalidade dos fenômenos seja considerada como o critério probante de normalidade" (Durkheim, 1983, p. 123).

na via para as formulações de leis. A segunda: os fatores que engendram o desenvolvimento econômico das forças produtivas em nada interferem nas formas político-jurídicas, sociais ou culturais. Neste sentido, além da cisão entre fato social, econômico, cultural etc., neutraliza-se o caráter histórico e econômico dos fenômenos sociais. A teoria aparece como determinação e explicação das conexões funcionais estabelecidas entre fenômenos da mesma natureza, pelos procedimentos de indução e dedução rigorosos,[43] os quais garantem uma *explicação*,[44] para Durkheim legítima, porque lógica, mas que não reproduz a lógica do movimento de constituição do fenômeno.

Tais explicações e considerações são, a nosso ver, paradigmáticas. Não há como considerá-las na sua correspondência lógica com a realidade, mas *sociológica* dado que a referência de Durkheim está na anterioridade, superioridade e exterioridade dos fatos sociais frente aos indivíduos. As implicações dessa forma de conceber a realidade refletem na sua programática de intervenção na sociedade.

Nosso autor é fértil em expor os limites sob os quais a ação dos homens circunscrevem-se diante do poder que *as coisas* exercem, dadas as potencialidades que tem em si mesmas,[45]

---

43. Diz Durkheim: "Primeiramente, tentar-se-á deduzir a forma como um dos dois termos pôde produzir o outro; esforçar-nos-emos em seguida por verificar o resultado desta dedução com a ajuda de experiências, isto é, de novas comparações. Se a dedução é possível e se a verificação tem êxito, poder-se-á considerar a prova como feita. É *lógico* pensar, portanto, que estes dois fenômenos sejam consequência de um mesmo estado" (1983, p. 153).

44. Aqui, explicar significa: "Mostrar a existência de ligações constantes entre certos fatos e deduzir que os fenômenos estudados daí derivam" (Granger, 1962, p. 84).

45. "Não pretendemos afirmar que as tendências, as necessidades ou os desejos dos homens *nunca* intervêm de uma maneira ativa na evolução social. Pelo contrário, não há dúvida de que lhes *é* possível, conforme a maneira como agem sobre as condições de que depende um fato, apressar ou moderar o desenvolvimento deste. Porém [...] a sua intervenção só pode realizar-se através do *aproveitamento das causas eficientes*" (Durkheim, 1983, p. 134).

dada a sua ocorrência no tempo,[46] dada a forma como comparecem diante dos indivíduos.[47] O progresso, as mudanças e/ou transformações sociais resultam de causas naturais, ou seja, das propriedades que se fundamentam na *natureza* da sociedade ou, como Durkheim deseja, do meio social, este, "fator determinante da evolução coletiva" (Durkheim, 1983, p. 145). Por isso, em Durkheim: "Para que tais modificações ocorram é necessário que existam causas ativas que as impliquem fisicamente" (1983, p. 134).

Ao naturalizar o processo histórico, Durkheim transforma a socialidade dos homens em produto de uma evolução natural, resultado da total adaptação dos indivíduos às instituições que, sendo-lhes anteriores, encontram-se legitimadas a exercer o grau de coação necessário à manutenção da ordem. Aqui, a disciplina permite fundar a vida em "comunidade" (cf. Durkheim, 1983, p. 149), porque a moral, princípio e fundamento da *solidariedade* entre os homens, habita a natureza humana. Determinar os vínculos de solidariedade entre os homens nas diversas esferas da vida, se constitui no objetivo de Durkheim.[48] Para ele, nas sociedades pouco diferenciadas, ou seja, com baixa diferenciação entre os componentes dos grupos, o agregado se constitui em uma massa e os vínculos que estabilizam as relações entre os homens nascem das semelhanças.[49] Estes vínculos são dados

---

46. "[...] não podemos pôr em causa um passado que não foi escolhido e que, no entanto, determina o presente" (Durkheim, 1983, p. 140).

47. "[...] a autoridade diante da qual o indivíduo se submete quando age, sente ou pensa socialmente, o domina até esse ponto, é porque ela é um produto de forças que o ultrapassam e que, por consequência, não conseguiria explicar" (Durkheim, 1983, p. 138).

48. Neste sentido, sua obra *Da divisão do trabalho social e outros* é emblemática: busca verificar em que medida a solidariedade produzida pela divisão do trabalho é condição necessária (ou mera contingência) da integração social (cf. Durkheim, 1983, p. 31).

49. "[...] existe uma solidariedade social que provém do fato de que um certo número de estados de consciência é comum a todos os membros de uma mesma sociedade" (Durkheim, 1983, p. 57).

pela consciência coletiva que, ao desempenhar uma força *moral* sobre os indivíduos, subsume desejos, ideias e crenças individuais: "Quando os motivos coletivos entram em jogo, as vontades movem-se *espontaneamente*" (Durkheim, 1983, p. 55). Este tipo de solidariedade, cujo suporte localiza-se nas representações dos indivíduos e vincula-os à sociedade, Durkheim denomina "solidariedade mecânica".[50] Entretanto, nas sociedades onde a divisão especializada do trabalho é acentuada, o peso das representações coletivas perde ponderação em face da liberdade de os indivíduos expressarem-se em funções especiais. Aqui, a sociedade é vista como um sistema integrado de funções que emergem das próprias necessidades dos sistemas. Tais funções, ao mesmo tempo diferenciadas e interdependentes, são asseguradas pela solidariedade orgânica. Da crescente diferenciação e integração dos elementos ao sistema emerge o progresso. Neste sentido, cabe à Sociologia estudar a forma pela qual se constitui e se sustenta esta solidariedade de "novo tipo", que se configura na moldura das sociedades modernas.[51]

A solução proposta por Durkheim é formação de corporações profissionais, cuja influência moral haveria de "conter os egoísmos individuais, de manter no coração dos trabalhadores um sentimento mais vivo de sua solidariedade comum" (Durkheim, 1983, p. 8). Tal proposta surge da recorrência que Durkheim faz ao papel das corporações na Idade Média; seu mote é reestabelecer a ponderação exercida pela *moral* na vida dos indivíduos, agora não mais ancorada na religião, mas

---

50. Note-se que, mais uma vez, os valores e comportamentos individuais encontram-se subordinados às instituições ou, como quer Durkheim, à consciência coletiva.

51. Há que se considerar que Durkheim é filho do seu tempo. Suas elaborações têm como cenário uma sociedade ameaçada pela aceleração do desenvolvimento capitalista. Na medida em que a alteração no modo de produção amplia a divisão do trabalho, surge a necessidade de mudanças nas consciências. O não ajustamento entre as consciências e o novo modo de vida social provoca, segundo Durkheim, a anomia.

cientificamente fundada e amplamente regulamentada, posto que cabe às instituições, como expressão das relações sociais, a normatização dessas relações. Aqui, a *solidariedade*, eixo de articulação da programática de intervenção proposta por Durkheim, que tem seu substrato nas formas de vida *pré-capitalistas*, é transformada em mecanismo de controle ideológico das sociedades capitalistas.

A recorrência a conceitos de diferentes matizes permite a Durkheim combinar o racionalismo das formações capitalistas com valores e princípios morais que antecedem a esta ordem social (cf. Martins, 1986, p. 56-8); apontar o capitalismo como um fato social, decorrência natural do progresso; propor formas de coação e disciplina sociais, cujo substrato localiza-se na moral.

Sob essas bases é possível atribuir à Sociologia o estatuto de Ciência Social Aplicada, necessária tanto à superação do estado de anomia da sociedade quanto à justificação e legitimação da ordem capitalista.

Os fundamentos sobre os quais Durkheim assenta seu edifício teórico-metodológico têm se constituído em fonte de inspiração das mais diversas,[52] tanto no que se refere às pesquisas científicas quanto às formas de intervenção na sociedade.

No primeiro caso, a ciência tida como a elaboração mais elevada do conhecimento deve se preocupar com o *que é* ou *o que foi*, não podendo se pronunciar sobre o que deve ser. Apoia-se em regras formais, dadas *a priori*, que possibilitem a apreensão da forma de manifestação do fenômeno, entendida como a sua

---

52. Rebatendo em formulações que vão desde o funcionalismo de Parsons até o behaviorismo de Skiner. Exerce ainda influência nas diversas vertentes do estruturalismo, no neopositivismo lógico (Filosofia Analítica) e nas modernas teorias sistêmicas sobre as organizações. Contudo, o que se coloca como fio condutor desta diversidade é o caráter conservador moralizante e reformista de que essas correntes se alimentam.

verdade imanente. Os resultados, obtidos da observação externa e da indução amplificada, permitem tornar verdadeiros todos os casos da mesma espécie, apresentados na forma de lei. O ponto de partida do processo do conhecimento identifica-se com o ponto de chegada.

O que a esta forma de investigação vincula-se e remete ao segundo ponto de nossas observações é uma maneira muito particular de conceber a realidade social: desistoricizada e deseconomizada,[53] dado que as conexões produzidas pela realidade não podem ser apreendidas por regras formais do conhecimento. Ao conceber a ciência de forma objetiva, apartada de qualquer reflexão filosófica, Durkheim funda um paradigma de racionalidade que se ajusta perfeitamente à sociedade capitalista, dado que representa no plano ideal, o ser social burguês. O mesmo ocorre com a programática de intervenção social de Durkheim.

A proposta de reforma moral durkheimiana, de criação de vínculos que garantam uma solidariedade que seja princípio diretor da ação dos homens, tem sido, ao longo da história, objetivo precípuo das instituições, práticas sociais e profissionais sob o capitalismo. O entendimento das questões políticas (sobretudo a luta de classes) como um problema de coesão social, de vinculação dos indivíduos a valores e normas coletivas, metamorfoseia os aspectos políticos em éticos, cuja responsabilidade passa a ser atribuída à sociedade civil. A esses traços acresce-se a necessidade de uma *ação social* de conteúdo pedagógico, mediante procedimentos técnicos racionais, e teremos

---

53. "[...] o escrupuloso desengajamento dos fenômenos sociais de sua base econômica, o enquadramento dos problemas econômicos em outra ciência, totalmente a pane da Sociologia. Com isto, já por si só, se persegue e se consegue uma finalidade apologética. *A deseconomização da sociologia implica, ao mesmo tempo, a sua desistorização*: deste modo, podem os critérios determinantes da sociedade capitalista [...] apresentarem-se como categorias eternas de toda sociedade em geral" (Lukács, 1968b, p. 25). [N. T.]

a fórmula durkheimiana que tem sido utilizada na despolitização da chamada questão social,[54] na reprodução ideológica da sociedade pela via da moral, esta, instrumento privilegiado para assegurar a coesão social.

Entendemos que as formulações teórico-metodológicas de Durkheim são um vetor que se conecta diretamente à ordem social capitalista, que a explica e a legitima. Sua influência se fará sentir enquanto esta ordem permanecer, já que o *pensamento analítico formal fornece*, ao mesmo tempo, uma determinada maneira de interpretação e validação da ordem burguesa e *um conjunto de procedimentos instrumentais e manipulatórios* para atuar sobre ela.

Se o método das ciências da natureza ajusta-se perfeitamente à estrutura da sociedade capitalista, cabe-nos compreender "como a estrutura capitalista vai ao encontro do método das ciências da natureza" (Lukács, 1989, p. 21). A naturalização da sociedade só pode funcionar balizada pelas abstrações produzidas no processo de organização do trabalho na ordem burguesa, já que a produção é o dado ontologicamente primário desta sociedade. Não obstante, em Durkheim, a produção da sociedade permanece, ainda, pensada na sua vinculação com a reprodução ideológica.

O pensamento sociológico posterior rompe com esta relação, fragmenta-a em duas esferas autônomas e independentes entre si. Assim procedendo, ao desconsiderar o movimento ontológico do ser social no sentido de produzir totalizações, pode aceitar a vigência de *modelos heurísticos* na compreensão desta modalidade específica de ser.

---

54. Por mais paradoxal que seja, a recuperação de comportamentos ético-morais e dos vínculos de solidariedade é o clamor dos discursos ideológicos da modernidade (ou da "pós-modernidade", como querem alguns). Note-se o "tom" assumido pela campanha contra a fome no Brasil, a qual vivenciamos no momento.

3.2 O racionalismo formal-abstrato na contemporaneidade

A partir de meados do século XX, o pensamento racionalista formal que, sobretudo no âmbito da academia, é tributário das formulações de Durkheim, aparece reposto nas teorias sociais particulares sob a forma de paradigmas de explicação e ordenação da realidade social.

Considerando o nível de complexidade dessa problemática — o prestígio que as teorias que negam as possibilidades da razão moderna tem adquirido na atualidade, a diversidade de direções que a mobilizam, a vinculação entre determinada forma de conceber teoria e as (falsas) representações que engendra —, a análise das decorrências da aceitação de paradigmas na interpretação da sociedade e da sua utilização nas pesquisas sociais contemporâneas impõe-se como imperativo. Se, do ponto de vista do racionalismo, os fenômenos sociais possuem um nível de objetividade que se determina aos sujeitos, e estes, no intuito de influenciá-los, utilizam-se dos mesmos procedimentos com os quais controlam os fenômenos naturais, a razão que fundamenta esta relação entre sujeito e objeto não alcança as determinações que denotam a ruptura entre ser social e ser natural.

Nesta linha de reflexão, entendemos que a particularidade que articula a relação de continuidade e, ao mesmo tempo, as possibilidades de reversão desta relação sujeito/objeto ou, mais explicitamente, o que sustenta a permanência da racionalidade formal-abstrata na ordem burguesa, é a sua persistência em negar a constituição ontológica da totalidade que é o real.

Contudo, o próprio movimento ontológico da realidade gesta a tendência que, numa análise superficial, parece ser seu contraponto: à força de vontade dos sujeitos individuais, a despeito das determinações históricas, são atribuídas capacidades e responsabilidades quanto a um "fazer histórico" singular, este, referenciado na significação simbólica que os acontecimentos adquirem na consciência dos sujeitos.

A unidade entre essas tendências é evidente: para os indivíduos, a aparência é de que a realidade não determina o conhecimento, de que as sínteses realizadas na realidade não passam de processos integradores dos indivíduos nas estruturas ou de representações imaginárias dos sujeitos.

Essas reflexões introdutórias conduzem-nos à análise dos supostos e consequências da utilização de modelos no conhecimento do ser social.

3.2.1 Concepção paradigmática das teorias sociais que se determinam na modernidade

Tratar da legitimidade da vigência de "paradigmas" no interior das Ciências Sociais supõe analisarmos não apenas as implicações terminológicas da utilização do conceito quando referido às Ciências Sociais como os supostos epistemológicos, metodológicos e ideológicos que sustentam a noção de paradigma, as premissas e argumentos favoráveis e contrários à sua utilização nas ciências que tratam da sociedade e, sobretudo, as condições sócio-históricas nas quais a referência aos paradigmas se desenvolve, posto que entendemos haver uma imbricação necessária entre concepção de ciência e desenvolvimento das forças produtivas.

A noção de paradigma encontra-se vinculada ao debate teórico-filosófico que se instituiu entre os anos 1950 e 1960 no interior da Física.

No seu processo de constituição, a polêmica ganha concretude no âmbito da Epistemologia das ciências da natureza, tendo como alvo as pretensões de normatização e prescrição das correntes vinculadas ao Empirismo Lógico (Neopositivismo e Fisicalismo), redundando na configuração da chamada "Nova Filosofia da Ciência" (cf. Epstein, 1990, p. 107).

Contudo, a problemática sobre a legitimidade da vigência de paradigmas no interior das Ciências Sociais radica na polêmica instaurada tanto pelas correntes historicistas quanto pela tradição marxista, no sentido de infirmar a "pretensão" do Positivismo de exercer hegemonia no interior da comunidade científica.

No seu processo de constituição, esta questão reatualiza-se no período imediatamente posterior à Segunda Guerra Mundial, determina-se com a intervenção de Thomas Kuhn, por intermédio da sua "teoria das revoluções científicas" e, contemporaneamente, adquire novas tonalidades ante os argumentos e contra-argumentos "pós-modernistas". Agora, não se trata mais de tentar derruir a pseudoinvulnerabilidade do Positivismo pela negação das bases sob as quais edifica sua concepção paradigmática de ciência. Diferentemente, a centralidade do debate recai na presumível "crise" de paradigmas que na atualidade abala as Ciências Sociais.

Ora, *admitir a crise de paradigmas supõe reconhecer e legitimar a existência de modelos explicativos e ordenadores da realidade* e, consequentemente, negar o caráter ontológico do real.

Neste contexto, uma abordagem que possibilite apreender a diversidade de determinações que constituem e articulam a questão impõe-nos analisar tanto os argumentos que a fundam quanto aqueles que a recrudescem, considerando que, nos seus desdobramentos, esta problemática ganha consistência como parte de um movimento que encerra continuidades e rupturas.

No interior do debate historicamente instaurado com o paradigma positivista — núcleo no qual a questão se gesta —, dado o suposto de que os fenômenos sociais obedecem à mesma lógica de constituição dos fenômenos naturais[55] e, por isso, passíveis de serem compreendidos com a mesma objetividade e instrumentalidade, confrontam-se, inicialmente, *dois vetores* que, ao se desdobrarem em *diferentes teorias*, transformam-se em conteúdos de programática de ação. A elas correspondem maneiras diferenciadas de conceber a relação sujeito/objeto no processo do conhecimento.

A primeira direção da crítica ao Positivismo encontra-se fundada na distinção diltheyana entre ciências naturais e ciências sociais. Nestas últimas, dado ao seu estatuto ontológico, qual seja, o de assegurar a compreensão dos fatos sociais, prevalece uma identificação total entre sujeito e objeto do conhecimento, já que ambos pertencem ao mesmo universo cultural e histórico (cf. Löwy, 1987, p. 67-8) e uma unidade entre juízos de valor e juízos de fato.[56] Ao considerar a existência de valores norteadores das pesquisas na área das Ciências Sociais, o historicismo colide com a "suposta" objetividade axiológica propalada pelo Positivismo. Ao distinguir Ciências Sociais e Ciências Naturais, pode não apenas reconhecer que há especificidades entre elas como, ainda, determinar as possibilidades e limites que condicionam cada uma dessas áreas.

---

55. Segundo Santos, desde Comte a tradição positivista reconhece a distinção entre Ciências Naturais e Ciências Sociais. Porém, considera que estas diferenças, por serem exteriores, ou não comprometem o processo de produção do conhecimento ou só interferem no encaminhamento metodológico (1989, p. 53).

56. Em Dilthey (1833-1911), um dos fundadores do Historicismo alemão, encontramos uma apreciação singular das Ciências Sociais, movida pela crítica à concepção positivista da redução dos fenômenos sociais a explicações causais. Para ele, a sociedade, a cultura, a história dos homens, possibilitam a interpretação e compreensão do seu significado, o qual vincula-se à visão de mundo do pesquisador (cf. Japiassu e Marcondes, 1991, p. 73). Note-se a influência dos supostos diltheyanos na Sociologia Compreensiva de Max Weber. Para Löwy, o Historicismo alemão desemboca, no final do século XIX, no Historicismo relativista. Para uma apreciação desta vertente: Löwy, Michael. *As aventuras de Karl Marx contra o Barão de Münchhausen*. São Paulo: Busca Vida, 1987, p. 68-76. [5. ed. revista Cortez, 1994.]

O segundo, e mais vigoroso, vetor dessa crítica decorre da tradição marxista, para a qual a relação sujeito/objeto no conhecimento envolve uma autoimplicação. Considera as conexões causais, postas na natureza, como legalidades preexistentes, que condicionam os instrumentos, relações e processos de trabalho que os homens estabelecem na produção de sua vida material. Porém, se em um determinado momento desse processo comparece uma relação de subordinação dos homens às circunstâncias empírico-materiais por eles encontradas, tais condições são passíveis de serem transformadas pela ação humana no curso da história (cf. Marx e Engels, 1989, p. 13 e ss.). Daí compreender a racionalidade instrumental como um *nível de apropriação da realidade* que possibilita ao homem atuar sobre determinados fenômenos da sua vida cotidiana, mas limita sua intervenção ao nível das operações intelectivas de *discriminar e distinguir* fatos e fenômenos.[57] Reconhece, nas formas de agir e pensar dos homens, a vigência de valores que, ao serem consubstanciados em visões de mundo, correspondem aos pontos de vista das classes sociais.[58]

Posteriormente, esta crítica aparece reposta pelos integrantes da Escola de Frankfurt, cujo cerne das discussões localiza-se na denúncia dos valores individualistas cultuados pelas sociedades urbano-industriais, da massificação da indústria cultural e da racionalidade instrumental das correntes positivistas. Propõe uma reflexão radical, tanto no que se refere à utilização das ciências e das técnicas que são colocadas a

---

57. Neste momento do processo, no qual impera um "materialismo espontâneo", o conhecimento se movimenta pela aplicação de analogias e se consolida pelo hábito (cf. Lukács, 1968a, p. 140 e ss.).

58. É neste âmbito de discussão que o pensamento de Lukács adquire expressão, posto que, ao recuperar o substrato hegeliano da concepção marxiana do trabalho enquanto a forma privilegiada de objetivação humana, pode matizar adequadamente a relação dialética entre causalidade das leis racionais e teleologia dos sujeitos, que se expressa na *práxis* e, sobretudo, conceber de maneira engenhosa e original a vinculação orgânica entre acesso à verdade e ponto de vista de classe do proletariado.

serviço da reprodução/valorização do capital, quanto ao mito da neutralidade axiológica no processo do conhecimento.

Porém, o que entendemos como eixo articulador dessas duas vertentes localiza-se na perspectiva crítica com que tratam a racionalidade própria da ordem burguesa e as condições nas quais o projeto revolucionário da modernidade foi instaurado.

Na medida em que concebem a racionalidade reducionista do projeto burguês como uma modalidade constituída historicamente, sob condições determinadas, as quais limitam e colocam constrangimentos à dimensão emancipatória da razão, denunciam as condições de implementação da racionalidade moderna.

Se, na sua busca de hegemonia, o paradigma positivista, historicamente, foi alvo de críticas tanto de vertentes do marxismo como do Historicismo alemão (cf. Löwy, 1987), na atualidade este debate é polarizado por um novo interlocutor: o neoirracionalismo que, ao opor-se à racionalidade formal, deságua no ceticismo quanto às possibilidades da razão. A consequência é, conforme observa Lukács (1968), a destruição da razão, dado que a atinge em seus fundamentos constitutivos: dissolve sua perspectiva universalista, exclui a necessidade do conceito, nega a objetividade, obscurece as mediações, promove a subjetivação das contradições, transformando-as em elementos exógenos ao sistema.

Por sua vez, a controvérsia sobre a crise de paradigmas nas Ciências Sociais, que incorpora referências epistemológicas, teórico-metodológicas e, sobretudo, ideológicas diversas e mesmo antagônicas, também possui uma unidade: pressupõe que os paradigmas clássicos de explicação da realidade social não mais respondem aos novos fenômenos que se configuram na contemporaneidade, o que sugere tanto ter havido uma alteração substantiva no objeto da Sociologia (cf. Ianni, 1990, p. 5)[59]

---

59. Conforme observa Ianni: "Considera-se que os conceitos formulados pelos clássicos já não respondem às novas realidades. Agora, o objeto da Sociologia

quanto que a promessa de autonomia e liberdade dos homens, contidas no projeto da modernidade, não foi viabilizada por nenhuma das formas concretas pelas quais este projeto se plasmou: nem o socialismo nem o capitalismo se aproximaram da sua realização. Os que partilham desta visão defendem a necessidade de substituição dos paradigmas que privilegiam as formas tradicionais de conceber a relação sujeito/objeto no processo do conhecimento.

Apoiados na concepção de que a razão clássica, objetiva, constituída, constituinte e constitutiva da modernidade perdeu sua perspectiva universalista, ao ser corrompida pela ideologia burguesa e transformada em instrumento de exploração da natureza ou, em última instância, em força produtiva — utilizada na adequação dos meios necessários à reprodução/valorização do capital —, consideram que a relação sujeito/objeto na ordem capitalista madura encontra-se parametrada pelo paradigma da racionalidade instrumental. Este, se foi socialmente reconhecido como portador das potencialidades de progresso e desenvolvimento até meados do século XIX, a partir daí passa a ser questionado por essas mesmas razões.

O argumento de que se servem essas correntes localiza-se no fato de que, entre as ideias fundantes do movimento iluminista, centradas na articulação entre razão e liberdade, e os fenômenos engendrados pela industrialização e urbanização do mundo moderno, há uma defasagem que inviabiliza, ou, no mínimo, coloca constrangimentos à plena realização dessas ideias, dado que a modernidade tem sido sustentada por um paradigma de racionalidade que se confronta com as perspectivas de liberação dos homens. A polêmica que aqui se estabelece põe em dúvida não apenas as possibilidades da liberdade pela via da razão instrumental como as possibilidades mesmas

---

deveria ser o indivíduo, ator social, ação social, movimento social, identidade, diferença, cotidiano, escolha racional" (1990, p. 5).

da razão moderna (cf. Guerra, 1993, p. 106). Dito de outro modo: a controvérsia sobre a crise de paradigmas nas Ciências Sociais coloca-se em duas frentes. A primeira caracteriza-se pelo debate que vem acompanhando tanto o processo de constituição quanto os de diferenciação pelos quais o paradigma positivista persegue sua hegemonia na comunidade científica. A recorrência a este debate busca denunciar os limites e reducionismos cometidos pela racionalidade instrumental que é imanente a este paradigma. A segunda, de cariz mais amplo, apoia-se na concepção de que a *racionalidade instrumental* é a *racionalidade substantiva* da ordem social burguesa. Ao aceitar o paradigma positivista, com sua dimensão instrumental, como a única possibilidade de os homens relacionarem-se com a realidade, põe em questão as promessas de autonomia e liberação dos homens contidas no projeto da modernidade e, como consequência, as formas sociais pelas quais o mundo moderno se plasmou: os modelos socialista e capitalista de sociedade. É este o *ponto arquimédico* do debate sobre a crise de paradigmas que se configura nos nossos dias: *a oposição entre civilização e barbárie* que dialeticamente se confrontam nos sistemas sociais do mundo moderno.

O "colapso" da razão, que se manifesta de maneira mais acentuada nos anos 1960 deste século, repõe a crítica ao Positivismo sob novas bases: extrapola o âmbito das limitações do Positivismo na análise dos fatos, fenômenos e processos sociais e recupera a crítica de fundo, submersa por longo período: a crise de *cultura e civilização* que submete a era moderna.

3.2.2 Contexto de reatualização da polêmica

Na tentativa de sistematizar, ainda que sumariamente, as peculiaridades que a polêmica sobre a crise de paradigmas adquire na atualidade, há que se considerar o contexto socioeconômico, político e cultural em que se manifesta.

Não é casual que este debate adquira expressão no pós-Segunda Guerra Mundial, quando a cultura imperialista norte-americana passa a exercer hegemonia perante os diversos países capitalistas,[60] estabelecendo, como meio e resultado dessa dominação, uma política cultural direcionada à produção e divulgação dos elementos culturais necessários à reprodução internacional do capital, implantando o que pode ser considerada "a indústria cultural específica do estágio imperialista" (cf. Ianni, 1976, p. 44 e ss.). Em que consiste a "indústria cultural do imperialismo"?

Para Ianni, "compreende o conjunto do processo de produção e comercialização de mercadorias culturais, segundo as exigências das relações, processos e estruturas que garantem a reprodução internacional do capital" (1976, p. 44). Este processo, por sua vez, é o elemento definidor, em última instância, das mercadorias culturais que, ao serem combinadas com as forças produtivas básicas,[61] garantem a reprodução das relações capitalistas de produção. A racionalidade inerente às formas de pensar e agir das sociedades burguesas é reposta no nível de uma

---

60. Cabe sinalizar que a unificação dos países imperialistas, sob a direção dos Estados Unidos, contribuiu para as operações da Guerra Fria travada no pós-Guerra, o que não significa que também os países do campo socialista tenham ocupado posição significativa em tais operações, ou melhor, exatamente no contexto da Guerra Fria que as ideias do biólogo Lissenko, apoiado por Stalin, transformaram-se em "sistema ideológico de Estado" e como tal foram combatidas. Tais ideias matizavam a ciência em dois blocos: burguesa e proletária. Pela sua natureza visivelmente ideológica (no sentido marxiano do termo), esta tendência foi responsabilizada por reforçar as pesquisas científicas e tecnológicas, promovidas pelos países capitalistas que, por se proclamarem "neutras", receberam o apoio necessário para se firmarem enquanto o *paradigma* de ciência. Uma das interpretações sobre a questão encontra-se em Löwy, 1987.

61. Por forças produtivas básicas, Ianni compreende: força de trabalho, tecnologia, capital e divisão do trabalho que, ao serem associadas aos elementos materiais e sistemas culturais, compõem a indústria cultural (1976, p. 59).

política cultural capaz de exercer a dominação necessária à sobrevivência dessa ordem.

A polivalência das formas de manipulação das consciências, das quais a política cultural do imperialismo lança mão, lhe permite exercer controle, tanto das Ciências Sociais, quanto das operações políticas e militares, de modo que as pesquisas possam ser direcionadas para a elaboração de estratégias de redução de conflitos e contradições oriundas do processo de afirmação do capitalismo monopolista.[62]

É no agravamento dessas contradições que a racionalidade instrumental adquire um espaço privilegiado, posto que a ideologia da tecnificação permite abstrair dos fenômenos e processos sociais os seus conteúdos concretos e transforma o essencial em acessório: encobre e neutraliza as relações econômicas e políticas, projetando a razão técnica, que se realiza "acima de qualquer suspeita". Deste modo,

> [...] toda discussão que envolve os interesses que não estão conforme aos valores e princípios da sociedade da livre empresa, ou a busca de relações, processos e estruturas, [...] é descartada como *ideológica, filosófica, pré-científica*, que não conduz a situações práticas, racionais e urgentes que o sistema vigente necessita (Ianni, 1976, p. 67-8; grifos meus).

No confronto entre a necessidade de afirmação do projeto burguês e a decadência de valores, sentimentos e perspectivas otimistas de vida que assolam as sociedades do pós-Guerra, a necessidade de uma racionalidade capaz de recuperar a crença no modelo capitalista, de conter as influências das sociedades socialistas ou, nas palavras de Gouldner (1970), de proporcionar

---

62. "[...] o imperialismo norte-americano mobiliza de forma cada vez mais sistemática e ampla as Ciências Sociais nas suas operações de controle e repressão política e militar do proletariado urbano e rural, além de outras categorias sociais, nos países dependentes" (Ianni, 1976, p. 43).

o "restabelecimento dos mapas sociais" torna-se imperativa. Há que se criar mecanismos que referendem o modelo norte-americano como o paradigma exponencial do sistema capitalista de produção e este sistema como o viabilizador das potencialidades de desenvolvimento e progresso dos homens.[63]

No contexto da crise de hegemonia do imperialismo norte-americano, que repõe nos países capitalistas dependentes formas mais agressivas e repressivas de controle,[64] aquela razão racionalista, tecnocrática, instrumental é colocada em questão, já que o foco de análise passa a ser as consequências e custos sociais que derivam do desenvolvimento das forças produtivas.[65]

Contudo, são essas contradições que põem de manifesto não apenas as fragilidades que o imperialismo norte-americano adquire no confronto de interesses imperialistas antagônicos como, o que é mais significativo, denotam a profunda decadência do sistema capitalista, que se expressa na política, na economia, na sociologia, na ideologia, na cultura, enfim, projeta-se como crise global desse sistema.

Os processos sócio-históricos que marcam a década de 1960,[66] possibilitam a sistematização de diferentes respostas, que

---

63. Há que se esclarecer que a possibilidade de utilizar as pesquisas sociais para o estabelecimento de estratégias repressivas localiza-se na identificação que as vertentes positivistas, ou afetadas pela perspectiva positivista, fazem entre Ciências Sociais e Ciências Naturais. Ao considerar a ciência como a possibilidade de estabelecimento de leis causais, necessárias e universais, e tomar como seu protótipo a Física e a Matemática, concebem a possibilidade de se estabelecer, *a priori*, as consequências de determinada causa, controlando os efeitos "nefastos" ao sistema.

64. A exemplo do golpe militar de abril de 1964, no Brasil.

65. "Daí que a relação de exploração da natureza seja a outra face da exploração do homem pelo homem" (Santos, 1989, p. 66).

66. Conforme observa Ianni, desde os anos 1960 percebem-se sinais da crise de hegemonia dos Estados Unidos diante dos países capitalistas. Porém, as evidências residem nas alterações verificadas na política de "coexistência pacífica" adotada pelos Estados Unidos ante a Europa, Oriente Médio e países socialistas.

acabam por se traduzirem em programáticas de ação vinculadas a projetos sociais diversos.[67]

Este lapso de inflexão da racionalidade da ordem burguesa abre um flanco para a afirmação de "outras racionalidades", reatualizando a controvérsia sobre a crise dos paradigmas tradicionais, mas mantendo a centralidade na bipolarização — antinômica/dialética — que comparece nas maneiras de conceber a relação entre *razão e liberdade*.

À medida que a racionalidade do projeto burguês, utilitarista, racional e operativa exclui qualquer dimensão que não possa ser apreendida por operações intelectivas, tais como aquelas referentes aos problemas existenciais, a subjetividade, liberdade, paixões, desejos, complexificados por uma conjuntura de crise de *racionalidade*, esta *expressão de formas de pensar e agir* culturalmente compartilhadas, estabelece-se a cisão entre razão objetiva e subjetividade individual e, sobretudo, transformam-se problemas imanentes à ordem capitalista em questões ontológicas da natureza humana.

Esse deslocamento de eixo, que algumas tendências do pensamento contemporâneo realizam, tem como consequência, de um lado, a vulnerabilização dos modelos de racionalidade ou "paradigmas" de ciências que operam com a razão objetiva e, de outro, a legitimação ideológica do capitalismo. O que aqui se coloca é que a disputa pela hegemonia de uma concepção de ciência não mais se limita ao universo científico, tampouco seu objetivo se restringe à busca de legitimação de formulações teórico-metodológicas que mais se aproximam da verdade objetiva

---

67. Correndo os riscos que toda concepção maniqueísta comporta, entendemos que esses projetos polarizam-se entre tradição marxiana e tradição sociológica, já que concordamos com Lukács que há entre elas uma genética relação de exclusão. Essas diferenças não se constituem apenas em divergências teóricas, mas em uma questão prática, posto que a elas subjazem diferentes projetos de sociedade, os quais, historicamente, vêm se manifestando no embate entre os países dos blocos capitalistas e socialistas.

dos fatos. Subjacente a esta discussão há uma proposta ideológica de negação, superação ou legitimação da ordem social capitalista.

E a polêmica sobre a crise de paradigmas ganha, a partir da década de 1970, contornos e determinações diversas da sua configuração original.

Na tentativa de correção das propostas clássicas comparecem tanto tendências que recuperam o irracionalismo da Filosofia alemã — tão polemizado por Weber e Lukács — quanto o Positivismo durkheimiano (e sua vertente estruturalista) e redundam nos *neo-irracionalismos* e *neopositivismos* que intentam compor a *pós-modernidade*. No âmbito da tradição marxista, propõem uma "reconstrução do materialismo histórico que incorpore outras formas de vida além do tradicional paradigma do trabalho.[68]

Passam a concorrer, no interior da comunidade científica, teorias e metodologias de diferentes estirpes e vinculações, que variam desde a transmutação do pensamento de autores clássicos, até a conciliação de supostos inconciliáveis, porque antagônicos, variando-se, assim, as formas pelas quais o ecletismo teórico se expressa, já que se distinguem das formulações teóricas tradicionais pela *forma* de abordagem dos fenômenos e processos da realidade.

A análise, ainda que preliminar, dessas tendências mostra-nos que as tentativas de explicação da "suposta" nova

---

68. A posição adotada por Habermas na obra *Para a reconstrução do materialismo histórico* é a de que os processos cognitivos extrapolam o âmbito do saber técnico e organizativo, subjacente ao agir instrumental que, segundo ele, potencializa as formulações teórico-metodológicas marxianas. Para este autor, "também na dimensão da convicção moral, do saber prático, do agir comunicativo e da regulamentação consensual dos conflitos de ação, têm lugar processos de aprendizagem" (1990, p. 13-4). No nosso ponto de vista, a divisão que Habermas faz entre o processo de produção da vida material dos indivíduos e os conteúdos da consciência recupera a conhecida distinção kantiana entre ser e pensamento, sujeito empírico e sujeito transcendental e coloca de manifesto a tendência não ontológica do pensamento habermasiano.

realidade em constituição, de afastamento dos paradigmas clássicos de concepção da relação sujeito/objeto, não conseguem ir além de uma explicação mistificada e mistificadora da realidade, porque partem de uma realidade de "segunda mão" que é, no mínimo, forjada, idealizada, simulada, fragmentada, sem correspondência objetiva com a realidade *in totum*. E não corresponde à realidade na sua totalidade porque inventam uma realidade na qual os "modos de viver" dos homens nas sociedades capitalistas avançadas não mais encontram sua centralidade no trabalho, a luta de classes perdeu sua ponderabilidade diante dos movimentos micrológicos, étnicos e de gênero, e, como consequência, no âmbito filosófico, as grandes narrativas são descartadas e substituídas pelas teorias particulares que privilegiam a ação social, a intersubjetividade tanto dos sujeitos quanto da própria atividade científica.

3.2.3 Bases teóricas nas quais a noção de paradigma se sustenta

Conforme referimos anteriormente, a questão da permanência e pertinência da adoção de paradigmas na análise do social encontra na *Teoria das revoluções científicas*, de Thomas Kuhn, uma inter-locução privilegiada.[69]

---

69. As divergências entre a teoria das revoluções científicas e o neopositivismo lógico podem ser reunidas em dois blocos: o primeiro, quanto ao aspecto linear e cumulativo do conhecimento, haja vista que, para Kuhn, o desenvolvimento científico é caracterizado por descontinuidades; o segundo, referente aos critérios que norteiam a escolha de determinado paradigma. Se, para os neopositivistas, todo conhecimento deriva de normas universais, promovidos pela comunidade científica via normas e presenções, para a epistemologia descritiva de Kuhn, os fatores externos desautorizam as regras racionais e universais (cf. Epstein, 1990, p. 122). De outro modo, o que há de comum entre as diversas vertentes da Filosofia da Ciência reside no fato de que afastam as questões ontológicas em prol de analisar instrumentos de investigação e linguísticos do saber científico, ou ainda, reduzem a Filosofia a mero instrumento do conhecimento (cf. Abbagnano, 1970, p. 8-15).

Na sua análise sobre o processo de formação e transformação das teorias científicas, Kuhn considera que uma ciência encontra-se "madura" quando constituída por um conjunto de leis, regras, princípios e instrumentos, aceitos pela comunidade científica por determinado período. A este conjunto de soluções adotadas como o *modelo hegemônico* numa comunidade científica determinada, Kuhn denomina paradigma.[70]

Ao examinar a evolução das ciências pelas relações sociais que se estabelecem no interior da comunidade científica, Kuhn observa que, se de um lado, a afirmação de uma ciência é garantida pela vigência de um paradigma homogêneo, de outro, seu desenvolvimento opera-se por meio de fases descontínuas, negando, aqui, qualquer tendência cumulativa no processo do conhecimento.

Na fase em que uma ciência se encontra plenamente desenvolvida, considerada por Kuhn como ciência normal, "as práticas teóricas e experimentais são regidas pelas regras ou princípios do paradigma vigente" (Epstein, 1990, p. 108). Nesta, "as leis ou teorias estabelecidas não podem contradizer estes princípios ou regras" (idem, ibidem). Aqui, o critério de cientificidade é dado pela existência mesma do paradigma e, por isso,

> [...] o resultado dos experimentos científicos testam menos a validade dos princípios do paradigma do que a capacidade dos cientistas em resolver quebra-cabeças com soluções mais ou menos garantidas por regras, mas que, de qualquer forma, não podem infringi-las (Epstein, 1990, p. 109).[71]

---

70. "[...] um paradigma é aquilo que os membros de uma comunidade partilham e, inversamente, uma comunidade científica consiste em indivíduos que partilham de um paradigma" (Kuhn, in Japiassu e Marcondes, 1991, p. 189).

71. A esse respeito Kuhn assim se pronuncia: "Nossa questão é nova, precisamente porque se refere a técnicas de persuasão ou argumentos e contra-argumentos em uma situação onde não pode haver provas, exigindo precisamente por isso uma espécie de estudo que ainda não foi empreendido" (Kuhn, in Epstein, 1990, p. 117).

O que nessa fase de afirmação da ciência adquire importância substantiva é a capacidade (entendida como criatividade e originalidade) do cientista em adequar os fenômenos às regras e princípios do paradigma vigente, dado que essas regras são tomadas consensualmente como necessárias. Tal como num jogo,[72] ao cientista cabe buscar a solução do enigma nas orientações e direções que o paradigma lhe fornece. O alcance dos resultados depende da adesão irrestrita e total ao paradigma;[73] o cientista encontra-se condicionado por "antolhos paradigmáticos", ainda que nem sempre deles tenha consciência. Tais antolhos, segundo Kuhn (1975), facilitam a concentração do cientista e resguardam seu trabalho das possíveis digressões e influências externas.

O surgimento de novos fenômenos ou novas teorias que vulnerabilizam as regras subjacentes ao paradigma são afastadas até o momento em que surge um novo paradigma capaz de explicá-los. Por outro lado, é o acúmulo de problemas não resolvidos, cuja relevância possa comprometer a funcionalidade da ciência normal, que impõe a mudança de paradigma.

Entre as fases da ciência normal e o momento em que se efetiva a alteração de um paradigma há períodos de crise que se manifestam pelo surgimento de anomalias, as quais, por sua vez, tanto sinalizam as incongruências entre teoria e realidade quanto são utilizadas como contraexemplos na justificação do novo paradigma.

Nesse período, que Kuhn considera como ciência "extranormal", há uma ruptura entre o paradigma antigo e aquele que foi consensualmente eleito pela comunidade científica como seu substituto. A aceitação do novo paradigma redunda, nova-

---

72. Lembramos que Kuhn compara a ciência normal a um quebra-cabeças a ser resolvido pelos cientistas.

73. Aqui, "o paradigma estabelece simultaneamente o sentido do limite e o limite do sentido" (Santos, 1989, p. 133).

mente, na ciência normal. Aqui se localiza o foco central das preocupações de Kuhn: "estudar as relações dentro dos grupos e entre os grupos, sobretudo as relações de autoridade (científica e outras) e de dependência" (Santos, 1989, p. 135). Da análise que Kuhn realiza sobre o estabelecimento dessas relações, enquanto condições de legitimação de um paradigma, em determinados espaços e tempos, deriva sua *Teoria das revoluções científicas*.

A questão agora é a de saber o que é ciência na "teoria" das revoluções científicas e qual o estatuto que Kuhn lhe confere.

Como procuramos demonstrar, para Kuhn, a racionalidade da ciência normal não é algo que possa ser questionado pelo cientista. Ao contrário, encontra-se no próprio paradigma, ou, só é compreensível no interior do paradigma hegemônico para uma comunidade científica determinada.[74] Os princípios e regras do paradigma são colocados acima dos parâmetros lógicos e empíricos. Por outro lado, os resultados da pesquisa científica encontram-se vinculados, não ao paradigma consensualmente estabelecido, mas à capacidade do cientista em solucionar os problemas que lhe são colocados.[75]

Na fase da ciência "extranormal", essa capacidade *é* medida em termos de aquisição de consenso, por meios persuasivos e argumentativos. Aqui, a preponderância é atribuída aos fatores externos à própria ciência. Nas palavras de Epstein: "é a racionalidade 'interior' aos antolhos da ciência normal, e instrumental em relação aos pressupostos do paradigma vigente" (1990, p. 117).

---

74. Epstein considera que neste ponto localiza-se a fragilidade "científica" das concepções de Kuhn. Para este autor, ao parametrar cientificidade com "vigência e vivência acríticas de um paradigma", Kuhn compromete um dos princípios da ciência moderna, qual seja, o do ceticismo organizado (cf. Epstein, 1990, p. 114).

75. No nosso entendimento, a ausência de espírito crítico e a visão pragmática da ciência, contempladas pela teoria das revoluções científicas de Kuhn, acaba estabelecendo um corte radical com o racionalismo.

Deste modo, segundo Kuhn, passam a operar no interior das revoluções científicas aspectos psicológicos e sociológicos que não são passíveis de compreensão racional. As rupturas entre o velho e novo paradigma, ou melhor, as descontinuidades vigentes numa ciência são tomadas como "irracionalidades", derivadas de uma subdeterminação das revoluções científicas perante os fatores externos (cf. Epstein, 1990, p. 127).

O processo de produção científica se realiza pela descrição[76] da capacidade dos indivíduos de interagir socialmente por meio da linguagem, daí afastar-se do normativismo das vertentes do empirismo lógico. A descrição é explicativa na medida em que contribui para resolver uma questão, possibilidade esta de responsabilidade exclusiva do paradigma. Deste modo, tanto o conhecimento quanto os procedimentos de pesquisa podem ser legitimados pela comunidade científica: os fatos adquirem sentido segundo o contexto sociocultural no qual se inserem.[77] Este caráter não indutivo do conhecimento afasta as elaborações kuhnianas das demais epistemologias naturais, e ainda, suas concepções confrontam-se, em princípio, com o Positivismo, cujo critério de legitimação da atividade científica localiza-se, exatamente, na objetividade e neutralidade axiológica. Mas polemiza também com o historicismo que estabelece a distinção entre explicação nas Ciências Naturais e compreensão nas Ciências Sociais. Sobre este aspecto, Kuhn compreende que os argumentos dos cientistas devem estar inseridos no paradigma, os fatos devem ser premissas da argumentação: "a teoria fala pelos fatos, mas o cientista fala pela teoria" (Santos, 1989, p. 102). Daí o caráter pessoal do conhecimento e do método científico; daí

---

76. Entendemos necessária a observação de que em Marx as tarefas descritivas são consideradas pré-teóricas (Notas de Aula. Curso "Fundamentos Filosóficos e Questão de Método nas Ciências Sociais". Prof. José Paulo Netto. Programa de Estudos Pós-Graduados em Serviço Social, PUC-SP, 1992).

77. Daí o convencionalismo de que Kuhn é acusado.

o reconhecimento da influência dos valores no encaminhamento da pesquisa científica.

O que se coloca de maneira inequívoca é que os critérios de validação da ciência que, em Kuhn, vinculam-se a fatores externos (sociológicos e psicológicos) confrontam-se diretamente com o cientificismo das correntes positivistas, para as quais os fatores externos são, no mínimo, negligenciáveis.

No paradigma positivista, Ciências Naturais e Sociais partilham da mesma fundamentação. Não há uma diferença no estatuto metodológico, lógico ou algo que comprometa o modelo de explicação, que é único.[78] As possíveis diferenças entre elas são, em última instância, responsáveis pelo atraso das Ciências Sociais perante as da natureza. Desde Comte o atraso das Ciências Sociais *é* tematizado. Em Kuhn esta questão é decidida de forma a, também, considerar as Ciências Sociais insuficientemente maduras para que em torno delas se estabeleça um conjunto teórico e metodológico consensual. Nesta linha de argumentação, as *ciências sociais* são concebidas como ciências *pré-paradigmáticas*. Mas Kuhn ainda considera haver no âmbito das ciências físico-naturais aquelas que não alcançaram um consenso quanto aos seus princípios, métodos, leis e instrumentos (cf. Santos, 1989, p. 134-5).

Embora concordando com a inadequabilidade da noção de paradigmas quando referida às ciências sociais, os argumentos de que nos valemos são outros.

O primeiro ponto a considerar é que na tradição marxista[79] a unidade estabelecida entre ciências naturais e ciências sociais

---

78. Ao transladar para a análise do social os métodos e a racionalidade científica que estruturam a Química, a Biologia e a Física, a razão instrumental incorpora-se tanto nas ciências sociais acadêmicas como numa determinada vertente do marxismo da Segunda Internacional. Aqui, o caso Lissenko, anteriormente referido, é exemplar.

79. Estamos nos referindo, especificamente, às elaborações de Marx, e daquele que consideramos seu mais fiel intérprete: Georg Lukács, já que, pela sua amplitude, o marxismo acaba por ser impregnado de vieses positivistas.

não dissolve as diferenças (ou diversidades) entre elas. É na noção de particularidade que essas diferenças se explicitam e se determinam. Dito de outro modo: a categoria particularidade é, ao mesmo tempo, uma categoria lógica e um momento de constituição do real. Enquanto momento de reflexão lógica contém e expressa, ainda que de maneira qualitativamente diferente, a lógica de constituição do real (cf. Lukács, 1968, p. 88 e ss.).[80] Entendemos que na discussão da *particularidade* encontra-se a chave heurística de compreensão daquilo que distingue Ciências Sociais e Ciências Naturais e do que as identifica.

Nas concepções teórico-metodológicas marxianas, a relação entre natureza e sociedade encontra-se mediada pelo processo de trabalho. Marx compreende que o primeiro ato humano se efetiva na relação entre homem e natureza. Deste modo, as categorias da natureza constituem-se na base das categorias sociais: "Toda historiografia deve partir dessas bases naturais e de sua transformação pela ação dos homens, no curso da história" (Marx e Engels, 1989, p. 13). Porém, no seu processo de objetivação, o homem, enquanto ser prático-crítico, afasta-se cada vez mais da natureza e, ao fazê-lo, vai superando sua relação originária e imediata com a natureza. E no processo de trabalho, enquanto forma privilegiada de objetivação humana, que Marx encontra a especificidade entre ser natural (orgânico e inorgânico) e ser social:[81] o homem não é apenas um ser que se produz por intermédio do trabalho, mas um ser que se autoproduz,

---

80. Em Lukács temos que a categoria particularidade é, ao mesmo tempo, "tanto um *princípio de movimento do conhecimento,* quanto uma etapa, *um momento do caminho dialético* (1968a, p. 117).

81. Em Marx, a tematização da relação entre natureza e sociedade se efetiva no conjunto da sua análise ontológica sobre o ser social Marx concebe que a distinção entre essas duas modalidades de ser localiza-se no fato de que, pelo processo de trabalho, o homem, além de produzir a sua vida material, produz os meios e instrumentos necessários à sua reprodução, dado que é capaz de estabelecer finalidades e adequar os meios que permitam sua concreção. Daí compreender as categorias econômicas como a base ontológica da socialização do ser social burguês.

dado que humaniza o mundo natural e socializa-se a si mesmo, sendo capaz de projetar-se finalidades. Neste processo de autocriação, que se realiza pela *práxis*, o homem supera sua natureza animal e vincula-se ao gênero humano.

Se, no plano ontológico, o distanciamento entre natureza e sociedade se constitui, é constitutivo e constituinte do processo histórico, este mesmo processo expressa a unidade entre homem e natureza. Deste modo, Marx concebe uma *única ciência*, que abarca ao mesmo tempo natureza e sociedade: *a ciência da história*.

A própria história constitui uma parte *real da história natural*, o desenvolvimento da natureza a caminho do homem. A ciência natural acabará um dia por incorporar a ciência do homem, da mesma maneira que a ciência do homem integrará em si a ciência natural; haverá uma *única* ciência (Marx, 1975, p. 202).

Entretanto, há em Marx uma distinção entre o modo de ser, de se constituir dos objetos e o método utilizado no conhecimento desses objetos. Ao atribuir a primazia do primeiro sobre o segundo, concebe que é o objeto que prescreve o caminho que conduz ao seu conhecimento: é a singularidade do objeto que determina o encaminhamento metodológico, do mesmo modo que a escolha do método não se reduz ao arbítrio do sujeito, mas constitui-se na angulação mais adequada à apreensão da estrutura do objeto pelo sujeito. Se a sociedade possui estrutura, natureza e dinâmica específicas, o estatuto teórico da análise da sociedade não pode ser o mesmo que o da natureza. Estabelece, deste modo, a distinção entre os métodos de conhecimento aplicados à natureza e à sociedade.

Essas aproximações nos permitem reconhecer a relação de continuidade e ruptura que Marx estabelece entre ciências da natureza e ciências sociais: ambas possuem objetos — postos pelo movimento da realidade — métodos de interpretação, utilizam-se de categorias lógicas na sua reflexão e pautam-se em uma determinada relação entre sujeito e objeto. Mais ainda, são constituintes, constitutivas e constituídas no processo histórico.[82] A particularidade que vincula natureza e sociedade localiza-se no processo de trabalho. É neste mesmo processo que comparecem determinações de naturezas diferentes pelas quais o ser social distingue-se do ser natural.[83] Essas determinações, ao serem iluminadas pelas mediações que estabelecem tanto com o particular como com o universal, expressam as singularidades.[84]

Lukács avança nessas considerações ao estabelecer a relação entre *causalidade* e *teleologia* no processo de trabalho. Neste, figuram determinações universais, conexões causais predeterminantes das ações humanas, que se constituem em um sistema de regularidades e obedecem a uma legalidade tendencial. Desse modo, os fenômenos postos pelo movimento da realidade no processo de trabalho, sob os quais a ação humana se plasma, sejam eles naturais ou sociais, possuem uma legalidade imanente. Ao apreender as leis causais e autônomas da natureza, pela via do pensamento, e submetê-las às suas necessidades, os homens constroem a história.[85] A história nada mais é do que o resultado da ação dos homens sobre a realidade, no sentido de concretizar suas finalidades, ainda que, para isso,

---

82. Ambas conservam suas peculiaridades, ao mesmo tempo em que se modificam no processo histórico.

83. A fragmentação entre natureza e sociedade nada mais é do que a separação mental daquilo que na realidade é ligado (cf. Lukács, 1969, p. 94). Cabe-nos observar que, tanto as correntes do irracionalismo como as do racionalismo formais operam com os extremos (singularidade e universalidade) e abstraem o momento da particularidade.

84. Aqui as especificidades residem na diferença de objetos entre Ciências Naturais e Ciências Sociais. A natureza, embora possível de ser transformada pelo homem, não foi por ele construída. O objeto das Ciências Sociais, por seu lado, é resultante da prática social e histórica dos homens. As implicações daí engendradas não são, apenas, de caráter epistemológico, mas político-ideológicas.

85. "Ali onde começa a história deve começar também a cadeia do pensamento, e o desenvolvimento ulterior desta não será mais do que a imagem reflexa, em forma abstrata e teoricamente consequente, da trajetória histórica" (Engels, in Lukács, 1968a, p. 100).

devam atuar sobre as relações causais que lhe são impostas, no sentido de modificá-las. Mais ainda, *constroem uma racionalidade*, enquanto expressão do pensamento e ação acionados no processo de trabalho, ou como resultado da tensão entre causalidade e teleologia. Na fronteira entre as necessidades causais e a intencionalidade dos agentes residem as possibilidades de liberdade humana.

Neste âmbito, as singularidades entre ciências da sociedade e da natureza são devidamente balizadas, haja vista a distinção marxiana entre *objetividade* das formas históricas e o processo de *objetificação* humana.[86] A relação dialética entre ser e pensamento, que neste âmbito se estabelece, permite-nos considerar que, em Marx, cientificidade e historicidade são momentos autoimplicados do processo do conhecimento, que se realiza num *processo relacional*.[87]

Há, ainda, dois fatores a serem considerados, dadas as suas implicações com a discussão aqui esboçada. Tendo em vista que o conhecimento *é* sempre *post festum* (cf. Marx, 1985a, p. 73),[88] o

---

86. No nosso entendimento, a noção de objetividade em Marx pode ser identificada, no bojo de suas obras, como a primazia ontológica da existência material dos objetos, independente do conhecimento que advém deste. A objetificação do homem, enquanto ser prático-crítico, envolve a relação que este estabelece com o objeto, bem como a natureza deste objeto. Assim, "só quando a realidade objetiva se torna em toda parte para o homem na sociedade a realidade das faculdades humanas, a realidade humana, e deste modo a realidade de todas as *suas* faculdades humanas, é que todos os objetos se tornam para ele a *objetivação de si mesmo* [...]. Não é, por conseguinte, só no pensamento, mas através de todos os sentidos, que o homem se afirma no mundo objetivo" (Marx, 1975, p. 198-9).

87. Processo este adequadamente dimensionado por Lukács: "A ciência autêntica extrai da própria realidade as condições estruturais e suas transformações históricas e, se formula leis, estas abraçam a universalidade do processo, mas de um modo tal que deste conjunto de leis pode-se sempre retornar — ainda que frequentemente através de muitas mediações — aos fatos singulares da vida. E precisamente esta a *dialética* concretamente realizada de *universal, particular e singular*" (1968a, p. 88; grifos meus).

88. Em Marx temos que: "A reflexão sobre as formas de vida humana e, portanto, também sua análise científica, segue sobretudo um caminho oposto ao

desenvolvimento das Ciências Sociais só foi possível a partir do surgimento da forma social, até então mais desenvolvida, qual seja, a sociedade burguesa.[89] Este fato não coloca as Ciências Sociais numa relação de inferioridade diante das Ciências Naturais, mas, ao contrário, demonstra o condicionamento histórico e transitório do conhecimento. Esta observação encaminha-nos ao segundo ponto a ser considerado: o caráter socialmente condicionado do conhecimento nas Ciências Sociais. É certo que Marx não identificava ciência com ideologia, porém insistia na vigência de um ponto de vista de classe, que incorpora uma visão de mundo determinada (cf. Löwy, 1987, p. 96 e ss.). Dito de outro modo: para Marx, há pontos de vista científicos que, vinculados a projetos sociais, refletem uma perspectiva de classe determinada.[90]

Em face dessas considerações, entendemos que a discussão de paradigmas, tal como foi incorporada pelas Ciências Naturais, não atinge as Ciências Sociais. A tendência de naturalizar a sociedade ou ideologizar a natureza é própria tanto da tradição positivista como de uma determinada vertente do marxismo.[91]

---

desenvolvimento real. Começa *post festum* e, por isso, com os resultados definitivos do processo de desenvolvimento" (1985a, p. 73).

89. Com esta assertiva, Marx tanto ressitua as relações entre natureza e sociedade, como demonstra as determinações históricas da sociedade burguesa: "A natureza não produz de um lado possuidores de dinheiro e de outro possuidores das próprias forças de trabalho. Essa relação não faz parte da história natural nem tampouco é social, comum a todos os períodos históricos. Ela mesma é evidentemente o resultado de um desenvolvimento histórico anterior, produto de muitas revoluções econômicas, da decadência de toda uma série de formações mais antigas das produções sociais" (1985a, p. 140).

90. Cabe-nos ressaltar que nesta perspectiva de classe localiza-se o ponto arquimédico sobre o qual Marx pensa a ordem burguesa (Notas de Aulas. Curso "O Método em Marx". Prof. José Paulo Netto. Programa de Estudos Pós-Graduados em Serviço Social, PUC-SP, 1992).

91. Estamos nos referindo à polêmica que se instaura no final dos anos 1930 e adentra a década seguinte, no âmbito da Biologia, sobre o condicionamento ideológico das Ciências Naturais. Enquanto uma das resultantes do stalinismo, o "caso Lissenko" (como ficou conhecido este episódio), tentou "politizar" as Ciências Naturais. Há que se ressaltar que não é por acaso que esses pressupostos encontram

O segundo aspecto que sustenta nossa argumentação vincula-se à tendência consensualista posta na noção de paradigma. Como vimos, há na academia uma tendência — explícita ou implícita — de considerar paradigmas aqueles princípios e teorias que se coloquem como hegemônicos no interior da comunidade científica, por determinado período de tempo. Se esta definição de paradigma é adequada e, ainda, se o consenso em torno de princípios e leis podem ser estabelecidos no âmbito das Ciências Naturais, conforme a história nos demonstra,[92] o mesmo não ocorre nas Ciências Sociais. Nestas, no nosso entendimento, a perspectiva de consenso é não apenas impossível, como indesejável, já que o processo de afirmação e hegemonia das Ciências Sociais constitui-se no seu próprio processo de desenvolvimento. Tensão e controvérsia nas Ciências Sociais, antes de vulnerabilizá-las, colocam-se como elementos constitutivos, necessários e indispensáveis ao seu progresso, o que infirma, mais uma vez, a possibilidade de se tratar as Ciências Sociais como paradigmáticas.

Porém, se se torna a concepção de paradigma com toda a amplitude que o termo possa comportar, qual seja, como princípios ou fundamentos das teorias, esta impropriedade desaparece.

Para alguns legatários da tradição marxista, e especialmente para Ianni, a "noção de paradigma compreende uma teoria básica, uma formulação epistemológica geral, um modo coerente de interpretar ou um princípio explicativo fundamental" (1990, p. 37). Com esta concepção, Ianni pode considerar que a crise de paradigmas na Sociologia é legítima[93] e envolve problemas de explicação.

---

seu processo de afirmação no contexto da Guerra Fria. A tematização da questão encontra-se em Michael Löwy, 1987, p. 160-177.

92. Reportamo-nos aos séculos XVI e XVII, períodos que demarcam o nascimento da Filosofia Moderna e as tentativas de substituir o modelo físico-matemático pelo paradigma da evolução das espécies de Darwin.

93. Ainda que neste debate compareçam elementos fantasiosos (cf. Ianni, 1990, p. 9).

Esta forma inclusiva de conceber paradigma, adensada a uma análise histórico-sistemática, permite-nos uma reflexão que observe o princípio ontológico da persistência na mudança. Partindo da periodização proposta por Ianni[94] temos que há um fio condutor que articula os paradigmas explicativos propostos pelos fundadores da Sociologia àquelas teorias que se constituem no período de transição do século e na contemporaneidade. Esse caráter relacional que permeia as teorias sociológicas e as vinculam aos fundamentos da Sociologia, entendida como "uma forma de autoconsciência científica da realidade social" (Ianni, 1990, p. 41), indica que, não obstante as diversidades de respostas ensejadas pelas teorias contemporâneas, há uma certa persistência em abordar determinados fenômenos. A análise de Ianni é elucidativa quanto a esse aspecto.

Se a Sociologia[95] toma como objeto a realidade social no intuito de representá-la por meio de teorias, deve, necessariamente, apreender tanto o movimento de constituição da realidade social quanto seu modo de ser. A universalidade, particularidade e singularidade, enquanto formas de ser da realidade social, convertem-se em categorias lógicas da reflexão sociológica. Nesta linha analítica é possível conceber que nas categorias lógicas localizam-se os aspectos universalistas das teorias.[96] Contudo, conforme observa Ianni, "as teorias não os mobilizam

---

94. Ianni aponta os momentos fundamentais na trajetória da Sociologia, quais sejam: período clássico, período de transição do século e contemporaneidade (cf. Ianni, 1990, p. 15-30).

95. Embora concordando com a posição de Lukács quanto a genética relação de excludência entre as ciências especializadas e a Teoria Social marxiana, entendemos que, na Sociologia contemporânea, ainda persistem algumas correntes críticas, de clara inspiração marxiana, que tratam a Sociologia no seu sentido amplo, qual seja, historicizada e economicizada. Neste âmbito destacam-se no Brasil os estudos de Octavio Ianni e Florestan Fernandes.

96. Em Ianni, a questão é colocada deste modo: "a multiplicidade das teorias não implica, necessariamente, a multiplicidade de epistemologias. É possível supor que dada epistemologia pode fundar diferentes propostas teóricas" (Ianni, 1990, p. 35).

[os momentos lógicos] sempre nos mesmos termos" (1990, p. 35) e, exatamente, na ênfase que atribuem a estes momentos residem suas particularidades. Desse modo, a história põe e repõe problemas e dilemas sob nova configuração, possibilidades e horizontes (cf. Ianni, 1990, p. 30). Ao atribuírem determinado tratamento aos fenômenos, processos e relações sociais e proporem programáticas de ação diversas, as teorias se especificam. Mas, ao vincularem seus temas de forma mais ou menos aproximada da realidade objetiva, as formulações teóricas particularizam-se. A particularidade, enquanto mediação entre teoria e história real, expressa as racionalidades que subjazem às formulações teórico-metodológicas.

Se nossa compreensão é correta, a crise de paradigmas não pode ser aceita como "crise dos modelos clássicos de representação da realidade",[97] como deseja Touraine; tampouco como crise das grandes narrativas, como pretendem os pós-modernistas, mas como contradições inerentes à própria realidade social que, colocadas e recolocadas pelo movimento histórico, rebatem nas elaborações das Ciências Sociais. Há que se considerar, ainda, que a ausência de abordagem histórica e ontológica não é característica apenas das teorias contemporâneas,[98] mas encontra-se vinculada a uma visão de homem e mundo.[99]

Entendemos que é com esse aspecto da Filosofia clássica que algumas teorias contemporâneas rompem. Ao se sustentarem

---

97. Touraine, in Ianni, 1990, p. 7.

98. Haja vista a polêmica que Marx estabelece com os economistas clássicos. A este respeito, a citação a seguir é bastante representativa: "O que os fazia [os economistas clássicos] representantes científicos da burguesia *é* que seu pensamento não podia superar os limites que o próprio burguês não supera em sua vida e que, por consequência, são teoricamente impelidos para os *mesmos problemas e para as mesmas soluções* às quais os burgueses na prática são conduzidos por seu interesse material e sua situação social" (Marx, in Löwy, 1987, p. 104; grifos meus).

99. O que fundamenta a relação de continuidade entre período clássico e contemporâneo é o fato de que a Sociologia tenha se constituído historicamente em palco de polêmicas, controvérsias, debates.

em argumentos que se afastam da abordagem ontológica da realidade, ao romperem com o paradigma clássico da razão objetiva, ao transportarem pressupostos das Ciências Naturais para a análise da sociedade, simulam, inventam, falsificam uma realidade que só existe na imaginação dos seus adeptos.[100] O ontológico se metamorfoseia em semiológico.[101]

O que se pretende ressaltar é que a *tendência de eliminação do particular vem na esteira do discurso da objetividade científica*. Este discurso, por seu turno, encontra-se subjacente à controvérsia sobre a existência de paradigmas nas Ciências Sociais, polêmica esta que só faz sentido para aqueles que concebem as Ciências Sociais como paradigmáticas, ou que acreditam na possibilidade de transladar métodos e instrumentos utilizados no domínio da natureza para o âmbito da sociedade.

Superada a fase inicial de isolamento e solidão necessários a todo processo de investigação — neste momento da exposição, que, seguramente, tem sido acompanhado pelo nosso leitor — é possível que nos pergunte: *e a questão de fundo que mobiliza a polêmica? É pertinente conceber o esgotamento da modernidade? Quais os indicativos histórico factuais da pós-modernidade?*, questões estas que tentaremos minimamente problematizar, ressaltando que o

---

100. Cabe aqui uma referência especial a todas as correntes que subsumem a Filosofia a uma análise da linguagem. A elas podemos utilizar as palavras que Marx dirigiu a Proudhon: "Nada mais fácil que inventar causas místicas, isto é, *frases*, quando se carece de bom senso" (Marx, in Ianni, 1988, p. 85; grifo meu).

101. Do que nos foi possível compreender, os argumentos de que essas correntes se valem é o de que os sistemas culturais constituem-se em sistemas de signos, estes considerados como convenções culturais. Ao buscarem o consenso sobre a significação dos símbolos e a representação do sentido dos enunciados, partem do significante (ou da forma) para o significado (conceito). A "teoria consensual da verdade" de Peirce pode ser considerada a base das teorias consensualistas já que, por seu conteúdo pragmático, permite o consenso entre os cientistas acerca do significado dos efeitos práticos que a utilização concreta dos signos engendra. E, ainda, procede a retomada do modelo indutivo do conhecimento (cf. Japiassu e Marcondes, 1991, p. 191 e 222; Oliva, 1990, p. 11-32).

nosso ponto de vista constitui-se em apenas uma das maneiras possíveis de inteligir tais questões.

3.2.4 Ortodoxia da modernidade e profecias "pós-modernistas"

Se a questão de fundo que envolve a discussão da crise de paradigmas localiza-se no exaurimento do projeto da modernidade, há que se tentar compreender as determinações que compareçam tanto no seu processo de constituição quanto no seu desenvolvimento e, sobretudo, a relação dialética de continuidades e rupturas entre a modernidade e outros momentos da história.

Ao que tudo indica, há uma variedade de formas de conceber e analisar a modernidade, além da amplitude de significados que possam lhes ser atribuídos. Na tentativa de nos mantermos coerentes com a perspectiva analítica até aqui adotada, pretendemos, mais, compreender a maneira como as determinações sócio-históricas fundam, especificam, articulam a era moderna, suas continuidades e rupturas com outros períodos da história, do que realizar uma abordagem dos significados sintáticos e semânticos que o termo comporta.

Segundo Berman, a modernidade institui um "tipo de experiência vital", ou "um conjunto de experiências vivenciadas por homens e mulheres num determinado espaço e tempo" (1986, p. 15-6). Em que pesem as diversidades de experiências pessoais e sociais com as quais os indivíduos, grupos ou sociedades possam se defrontar, há uma unidade que tanto distingue-as daquelas engendradas por formas de vida anteriores, quanto estabelece um elo que vincula tais experiências. Este elo não contém apenas a dimensão do espaço e do tempo, mas contempla um sistema de objetivações estáveis pelas quais os indivíduos produzem, ao mesmo tempo, sua existência individual e o conjunto das relações sociais, de modo fundamentalmente diverso: as revoluções ocorridas no processo de *trabalho* fundam o reconhecimento das condições e possibilidades da *contradição*.

Dadas as ambiguidades que a compreensão da modernidade suscita, Berman propõe situá-las em três fases, nas quais modernidade, modernismo e modernização,[102] enquanto facetas de um mesmo processo, se complementam. É com esta visão de modernidade enquanto processo, permeada de contradições, avanços e recuos, continuidades e rupturas que, no nosso entendimento, a *retórica pós-modernista* tenta romper.

Um breve retrospecto da história dos homens mostra-nos que, à medida que a humanidade segue em sua busca da verdade, os desafios colocados pelas condições sócio-históricas impõem-lhes respostas que muito se afastam das explicações místicas, características do período medieval. E o processo de "desencantamento do mundo", do qual falava Max Weber. A ciência passa a ser vinculada à experiência; os objetos, fenômenos e relações deslocam-se do mundo sagrado das ideias para o mundo profano da existência material concreta.

Aqui,[103] o contraponto se estabelece entre dogmas religiosos e a prova; entre a ciência e a fé. A esse momento seguem-se as tentativas de compreensão do mundo pela via da razão. Para alguns, o pensamento movimenta a história à medida que busca compreendê-la. Para outros, a história é resultado da ação dos homens sobre a realidade. Se, neste momento, o debate

---

102. Ao realizar uma aproximação teórica do que entende por modernização, Berman assim se coloca: "No século XX os processos sociais que dão vida a esse turbilhão, mantendo-o num perpétuo estado de vir-a-ser, vem a chamar-se *modernização*" (1986, p. 16; grifo meu). Quanto ao seu entendimento sobre modernismo expressa: "o modernismo é o realismo dos nossos tempos" (Idem, 1986, p. 119).

103. Estamos nos referindo ao período que vai do século XVI ao XVIII, demarcado, sobretudo, pela influência das ideias revolucionárias de Copérnico, Galileu e Bacon, na Física e na Astronomia, fundantes da Filosofia moderna.

filosófico gravita entre *ser* e *pensamento*, os fenômenos históricos resolvem a disputa. O sentimento revolucionário que assola esse período e que culmina quando a "velha toupeira" resolve interceptar as relações sociais tradicionais, põe o *princípio da causalidade* no tribunal da história, ao mesmo tempo em que situa a *contradição* entre o velho e novo modo de vida no centro da história. Ambas, contradições da realidade e perspectiva revolucionária, passam a ser portadoras de uma nova forma de inteligir o mundo. Em outras palavras, o que caracteriza este momento do processo de modernização é que a realização histórica da burguesia revolucionária introduz um novo conteúdo na vida cotidiana dos indivíduos: o *princípio da atividade*,[104] que subjaz às possibilidades de transformação da sociedade.

Ao ascender ao poder, enquanto classe universal, a burguesia "cria um mundo à sua imagem e semelhança" (Marx e Engels, 1984, p. 65), cujo *paradigma* tem na *atividade* seu fundamento e meio de realização. Modificam-se as formas de exercício do poder, alteram-se as relações sociais e, em decorrência, o conteúdo das representações da consciência. Agora, o paradigma da atividade institui o protagonismo dos sujeitos no enfrentamento das conexões causais naturais e uma forma de ver o mundo que, se não se descura da racionalidade objetiva imanente à realidade social, tampouco menospreza a posição teleológica dos sujeitos na transformação desta realidade, transformação esta que se realiza pela mediação da consciência. E assim: "Todos os mistérios, que conduzem ao misticismo encontram

---

104. Cabe aqui a notação de que é, exatamente, a análise realizada por Hegel, tendo como objeto a Revolução Francesa, que lhe permite dimensionar adequadamente a categoria da particularidade enquanto campo de luta e tensão entre necessidades singulares e universais (neste caso, da classe burguesa). Desta luta resulta que os interesses particulares de uma classe, ao serem combatidos reciprocamente, subsumem-se aos interesses universais e transformam-se em relações de socialidade. Assim, a *conversão do particular em universal*, ao mesmo tempo em que *funda a era moderna*, se constitui no princípio que *desencadeia seu desenvolvimento* (cf. Lukács, 1968a, p. 54-5).

sua solução racional na *práxis* humana e na compreensão dessa *práxis*" (Marx, in Marx e Engels, 1989, p. 96).

Marx nos chama atenção para o fato de que, enquanto a classe burguesa permaneceu como classe revolucionária, a pesquisa científica e o processo do conhecimento puderam se desenvolver apartados do seu conteúdo ideológico. Porém, quando a luta de classes ameaça os interesses da burguesia, esta introduz "a má consciência e a má intenção da apologética" (Marx, 1985a, p. 17).

> não é senão por uma análise sócio-histórica, em termos de classes sociais, que se pode compreender a evolução de uma ciência social [...] seus avanços ou seus recuos do ponto de vista científico (Löwy, 1987, p. 100)

Se, na razão objetiva, nas contradições sociais, na universalidade, subjazem as possibilidades de transformação da sociedade, cabe à classe burguesa, no sentido de conservar-se na condição de classe hegemônica, a negação desses traços constitutivos da vida moderna e, ao fazê-lo, nega-se enquanto classe que incorpora interesses universais. Resta-lhe adulterar o modelo de racionalidade pelo qual alcançou suas finalidades.[105] Agora, liberdade e autonomia aparecem sob uma *forma* inteiramente nova. São as relações de troca que passam a expressar a *liberdade* dos indivíduos. A maneira como o trabalho, enquanto atividade mediadora entre homem e natureza e entre os homens, se realiza na sociedade moderna, foi por Bloch assim comentada:

> sua dinâmica do lucro, que se libera nos tempos modernos e mesmo constrói os tempos modernos burgueses [...] torna-se reconhecível

---

105. Como consequência: "A imagem da revolução como atividade política espetacular, macroscópica e de milhões, é substituída por inúmeras, múltiplas transformações moleculares, sem centro, sem coordenação, sem uma estratégia central unificada" (Zaidan Filho, 1989, p. 22).

na superestrutura e ativa até a base, tanto moralmente, sob a forma do assim chamado *ethos* do trabalho, como gnoseologicamente, sob a forma de um conceito de atividade, de um *logos* do trabalho no conhecimento (1988, p. 35; grifos meus).

Sob o princípio da atividade que, agora, encerra um conteúdo diverso daquele pelo qual foi constituída, a modernidade vai se afirmando no processo de modernização.[106] O *ethos* e o *logos* do trabalho assalariado, que produz valor, enquanto elementos constitutivos e constituintes das relações sociais, passam a incorporar as formas de pensar e agir do homem moderno. Assim, o modelo pelo qual se pautam as relações sociais tem, necessariamente, que contemplar a forma coisificada e materializada pela qual essas relações expressam-se.

Se, por um lado,

foi a modernidade que liberou forças sociais que permitem ao homem organizar sua vida sem a sanção religiosa e sem o peso da autoridade [...] por outro, ela também libera as [...] forças que procuram dobrá-lo a *imperativos técnicos e funcionais* que tendem a substituir o jugo da tradição pelo da reificação (Rouanet, 1987, p. 25; grifos meus).

Ou o seu contraponto, ressaltado nas palavras de Berman:

a atividade revolucionária, atividade prático-crítica que destrona o domínio burguês será a expressão de energias ativas e ativistas que a própria burguesia deixou em liberdade (1986, p. 93).

Na tentativa de sucumbir às condições nas quais e pelas quais a conformação do mundo moderno se realiza, no processo de manutenção da sua hegemonia, à burguesia cabe resgatar

---

106. Na sua análise sobre o processo de modernização vigente neste século, Berman comenta: "Encontramo-nos hoje em meio a uma era moderna que perdeu contato com as raízes de sua própria modernidade" (1986, p. 17).

o princípio da causalidade. Ao instituir princípios que tomam a forma de leis "universais", a classe dominante nega as condições e possibilidades de os homens mobilizarem as conexões causais da realidade e, ainda, submetem os interesses, paixões e desejos de todos os homens aos interesses específicos da sua classe. Tais imperativos encontram viabilidade nas condições sob as quais o trabalho, na indústria moderna, é dividido, fragmentado, estilhaçado. Agora, as possibilidades de os homens dominarem o conteúdo da sua atividade material, pelo conhecimento dos meios e ciência dos fins, encontram-se limitadas pela divisão do trabalho. Esta, se funda a socialidade entre os homens, impõe-lhes uma forma determinada de relações sociais, que é a relação de troca especificamente capitalista.

O que aqui se coloca é que as peculiaridades que inauguram a modernidade, ao serem repostas no processo de modernização, não alteram o movimento de fundo que constitui, especifica e determina as formas de vida sob a modernidade. Ao contrário, a história nos demonstra que, a despeito da complexificação e modernização dos fenômenos que comparecem na sociedade burguesa madura, das novas determinações e formas de articulação entre as categorias constitutivas do capitalismo monopolista, não se produziram alterações significativas nos fenômenos que inauguram a modernidade. As evidências de que as classes sociais mantêm-se reciprocamente pelo processo de luta e tensão; a divisão do trabalho encontra-se assegurada pelo modo de produção capitalista; as relações de produção sustentadas pela troca de mercadoria e pela extração da mais-valia e a perspectiva revolucionária permanece inscrita no processo histórico permitem-nos infirmar a existência factual da pós-modernidade.

As tentativas de explicação desses fenômenos e processos têm se convertido na "neurose" do século XX, e isso não ocorre por acaso. As crises que desafiam os modelos pelos quais a sociedade moderna se afirmou e se diversificou têm demonstrado a insuficiência, tanto do capitalismo quanto do socialismo real, em proporcionar as condições de vida dentro dos princípios de liberdade e autonomia dos homens. Na ausência do entendimento dessas insuficiências, as respostas da intelectualidade adquirem nuances cada vez mais nebulosas e obscuras. Já não se trata mais da tradicional oposição entre empirismo e racionalismo ou entre idealismo e materialismo. Tampouco essa discussão se encerrou na polêmica com o Positivismo. Na fronteira entre as correntes do racionalismo formal, a tradição marxista[107] e o irracionalismo, surge o ecletismo das teorias consensualistas que, em última instância, desaguam no relativismo extremado. A volátil atmosfera que paira neste final de século converte-se no clima mais propício aos discursos apocalípticos e apologéticos.

Porém, há evidências que potencializam esta discussão: de um lado, a inegável crise mundial das sociedades capitalistas, que se expressa no índice de desemprego e miserabilidade da população, nas crises de escassez e superprodução do mercado, no estabelecimento de estratégias racionalizadoras e manipuladoras;[108] de outro, as condições objetivas nas quais o modelo socialista foi implantado na URSS dão margem às críticas e tentativas de aniquilar tanto o projeto político socialista quanto a teoria marxiana, enquanto inspiradora deste projeto. As considerações sobre este debate extrapolam os limites e objetivos deste estudo. Porém, entendemos necessário situar, ao menos sumariamente, os dois traços mais significativos que polarizam a polêmica.

Num primeiro plano, o ataque ao modelo socialista do Leste europeu encontra-se direcionado à teoria social marxiana,

---

107. Insistimos em matizar o legado de Marx dos reducionismos cometidos pela tradição marxista, sobretudo aquelas que procederam ao abandono ou simplificação da categoria *práxis*.

108. Entendemos que, dentre outras razões, o princípio da autorregulação do mercado, ao ser infirmado pelas contradições que movimentam a realidade, exige a adoção de procedimentos cada vez mais racionalizadores.

por tomá-la enquanto doutrina ou ideologia de Estado, tendo em vista as inflexões sofridas na proposta marxiana pelos diletantes da 3ª Internacional, que se proclamam marxistas. Neste âmbito, em nome de Marx, sentem-se autorizados a instituir uma autocracia na qual institucionalizam um "marxismo oficial". Esta tendência, que se apropriou das ideias teórico-políticas de Marx, desde meados da década de 1940 apresenta traços de declínio, dada a sua incompatibilidade com as perspectivas revolucionárias que a originaram. No entanto, pode resistir até fins dos anos 1980. Se essa tendência já havia sido apontada pelas condições sócio-históricas, agora, com a derrocada do socialismo real, tentam atribuí-la a "insuficiências" da programática teórico-revolucionária marxiana.

O segundo aspecto localiza-se nas condições objetivas nas quais o "socialismo" real foi implantado. Sabe-se que os revolucionários russos tiveram que enfrentar uma realidade radicalmente diferente daquela prenunciada por Marx.[109] No pós-revolução, o país — subdesenvolvido, capitalista e dependente — encontrava-se ainda mais arrasado em consequência da guerra. Estas condições adversas, melhor dizendo, a ausência de determinadas condições, contribuíram para que a legitimação de um paradigma — o marxismo institucionalizado — se constituísse na própria condição de vigência e sobrevivência do regime. Com base nesses argumentos, que entendemos como factuais,[110] podemos partilhar com Netto a compreensão de que:

> a crise global do "campo socialista" é a crise das instituições econômico-sociais e políticas construídas durante a criação, no marco

---

109. "Somente o desenvolvimento das forças produtivas e os intercâmbios mundiais ligados a este desenvolvimento possibilita o comunismo" (Marx e Engels, 1989, p. 32).

110. "[...] deve-se dizer que os dados factuais são verdadeiros ou falsos a depender do que eles reflitam a realidade objetiva ou representem puras fantasias" (Lukács, 1968a, p. 210).

pós-revolucionário, das estruturas urbano-industriais. Não é, portanto, a crise do projeto socialista revolucionário nem a infirmação da possibilidade da transição socialista: é a crise de uma forma histórica precisa de transição, a crise de um padrão determinado de ruptura com a ordem burguesa (1991b, p. 15).

Ou, nas palavras de Bloch: "Não existe um mundo modificável sem nele haver o horizonte abrangido do possível" (1988, p. 60).

Nesta linha de argumentação entendemos que, em que pesem tanto as tentativas de infirmação do projeto socialista quanto as tendências pós-modernistas de abstrair as diferenças entre os modelos capitalista e socialista, pode-se inferir que, de um lado, o "socialismo" real não sucumbiu às possibilidades históricas do projeto socialista e, de outro, que a tese pós-modernista do desaparecimento das oposições, embora apocalíptica, contempla um momento de verdade. Este localiza-se no fato de que as ideias de Marx engendraram um sem-número de interpretações que tanto se aproximam das formulações originais quanto delas se distanciam; que uma dada corrente do marxismo — o marxismo oficial —, ao transformá-lo em um conjunto de verdades universais, doutrinárias e consensuais, monopólio de determinados grupos, nada mais faz do que estabelecer um paradigma de explicação e de pesquisa, baseado no relativismo das estratégias e táticas para a consecução de fins revolucionários. Aqui, a racionalidade instrumental, a exemplo do Positivismo, apodera-se também de uma vertente do marxismo.

Contudo, entendemos que esses dados não eliminam as falácias da retórica pós-modernista que, no limite, desemboca na apologética do capitalismo.

Na tentativa de reunir algumas das controvertidas teses e argumentos pós-modernistas pelos seus traços comuns, vemos que a discussão se sustenta no "desaparecimento das grandes oposições tradicionais nos domínios da arte, da política, da filosofia, do social, assim como a emergência de novas categorias, *mais locais, mais operatórias* e, certamente também, mais efêmeras" (Carrilho, 1989, p. 65; grifos meus).

Com base nessa assertiva podemos perceber que a perspectiva pós-modernista abarca a totalidade da vida social, porém a retrata de forma multifacetada, razão pela qual pode conceber que o processo de modernização encontra-se referido à economia e à política, enquanto o modernismo adquire expressão na arte[111] e na ciência.

Ao fragmentar a realidade em diferentes campos, a vaga pós-modernista pode atribuir à indústria cultural a responsabilidade pelas representações que o homem moderno tem da realidade, pela massificação e alienação que caracterizam a vida moderna e, no limite, transformar a exploração econômica, tipicamente capitalista, em exploração cultural (cf. Berman, 1986, p. 117-20).

Ao transladar questões de natureza ontológica para o âmbito dos significados que os signos adquirem nos sistemas culturais, "o real é subsumido a um processo de significação sem referência, autorreferenciado" (Zaidan, 1989, p. 28). Este processo, que Zaidan denomina por "desreferencialização" do real, incorpora-se num outro movimento que atinge frontalmente as perspectivas teleológicas dos sujeitos. O que daí resulta é que a construção da *racionalidade* do real, bem como seus critérios de

---

111. Contra os argumentos pós-modernista na arte pode-se utilizar as considerações lukacsianas de 1956, sobre a vinculação entre conteúdo e forma no surgimento do novo. Sua crítica tem como alvo o ponto de vista burguês que considera a possibilidade de transformação da forma independente do seu conteúdo. Diz Lukács: "Toda forma artística é forma de um conteúdo determinado. Por isso, também uma forma real e essencialmente nova só pode ser criada a partir de um conteúdo de ideias substancialmente novo" (1968a, p. 231). Se a arte consiste em uma das formas de objetivação humana, há que representar a realidade da forma mais aproximativa possível. Considerando não ter havido alteração substantiva na realidade que possa confirmar a tese da superação da modernidade, não há como aceitar a existência de uma arte pós-moderna.

validação, passam a ser uma atribuição dos meios de comunicação. A história passa a ser compreendida em

> [...] seus fins particulares e dela se faz "uma pessoa ao lado da outra" [...] enquanto aquilo que se designa pelos termos "determinação", "finalidade", "germe", "ideia" da história passada nada mais é do que uma abstração da história anterior, uma abstração da influência ativa que a história anterior exerce sobre a história atual (Marx e Engels, 1989, p. 46).

Esta forma de conceber a realidade sócio-histórica, proveniente das filosofias analíticas, se manifesta mais efetivamente no Brasil na década de 1970, em decorrência da invasão da cultura norte-americana nos países dependentes. Contempla um conjunto de princípios, valores, formas de pensar e agir que se constituem e são constituintes, ao mesmo tempo, das relações políticas e econômicas e da produção e difusão do conhecimento (cf. Ianni, 1976, p. 25).

A generalização da Semiologia comparece nas teorias sociais, sobretudo nas vinculadas ao Movimento de Unificação da Ciência. A particularidade dessas correntes reside no desprezo que nutrem pela Filosofia ou, quando a reconhecem, transformam-na em *atividade* ou *instrumento da linguagem* (cf. Oliveira, 1989, p. 92). Paralelamente, mas em consonância com as correntes que tratam da filosofia da linguagem, caminha o paradigma da ação comunicativa. As ideias contidas nessa teoria partem da premissa de que o conjunto das objetivações que recobrem a vida cotidiana dos homens deste final de século, pelas quais eles se (re)produzem enquanto seres humano-genéricos, já não encontra no trabalho o *ethos* e o *logos* que fundam a vida moderna. Em outras palavras: o modo de vida do homem moderno, nas sociedades avançadas, não mais mantém a sua centralidade no paradigma do trabalho ou, o princípio da atividade, imanente ao processo de trabalho, não é redutível a ele; antes, incorpora amplo e diversificado conjunto de ações e interações sociais, já que a estrutura e dinâmica da sociedade contemporânea não se constituem pelos antagonismos no setor da produção, senão por enfrentamentos entre os subsistemas de ação racional (cf. Habermas, 1987).[112]

A exemplo das filosofias analíticas, a teoria da ação comunicativa ocupa-se da validade intersubjetiva. O que atribui sentido e significado à verdade não é a *práxis* social e histórica dos homens, mas seu universo sócio-simbólico, daí que a racionalidade passa a ser derivação do consenso.

A análise dessas tendências demonstra-nos que a busca da verdade identifica-se com a busca de poder, as possibilidades de validação dos fatos, fenômenos e processos localizam-se nas estratégias de persuasão. Ao tomar o consenso, enquanto resultado desejável das ações entre indivíduos, subtraem a existência dos interesses antagônicos, das relações de força e poder subjacentes às relações sociais do mundo moderno. O que as distingue e impede que venham a se encontrar é o fato de que a primeira descarta a tese materialista do trabalho e a segunda subverte e reduz a tese marxiana da autoconstituição do ser social pela *práxis*. No entanto, ambas negam o caráter ontológico da realidade.

Esses são alguns dos traços que conformam o perfil do processo de modernização: as ciências se particularizam, se ideologizam e recusam a Filosofia, enquanto conhecimento da essência do ser. A linguagem passa a determinar a racionalidade da realidade e a linguística a ser considerada uma ciência autônoma utilizada como a metalinguagem de "todas" as ciências. Os paradigmas acabam por ser aceitos de maneira irrefletida, como evidências inquestionáveis. Se a requisição que mobiliza essas correntes é por uma mudança de objeto e método

---

112. A seguinte afirmação de Offe é significativa: "As formas contemporâneas de atividade social normalmente designada como trabalho não têm uma racionalidade comum nem características compartilhadas" (1990, p. 194). Este argumento sustenta a *Teoria de la acción comunicativa*, de J. Habermas (1987).

na Sociologia (cf. Ianni, 1990, p. 8), considerada por algumas teorias da ação social como o paradigma das ciências, há que se ponderar que a delimitação do campo analítico, no qual o objeto se inscreve, é dada não apenas pela amplitude do método, mas, fundamentalmente, pela *perspectiva de classe* com a qual se pactua. Esta, sim, define o *nível de racionalidade* que se aproxima mais ou menos do conhecimento da verdade. O método, por sua vez, enquanto mediação entre sujeito e objeto do conhecimento, indica a direção da análise, mas, não obstante, o movimento do objeto aponta o caminho a ser seguido pelo método. Há, portanto, diferentes métodos com maiores ou menores possibilidades e limites de expressarem a realidade objetiva.

Essas observações são significativas na medida em que, no nosso entendimento, não se trata de alterar o objeto da Sociologia, já que este é a realidade social e histórica e suas transformações, mas de compreender as *particularidades* postas pela sociedade capitalista madura, em tempos e espaços diferenciados.

Trata-se de verificar como as categorias ontológicas da realidade se articulam, se movimentam, se alteram, transformando os processos, fenômenos e fatos sociais. Mais ainda, de apreender adequadamente essa dinâmica pela mediação de categorias intelectivas, o que supõe a utilização do método dialético e da adoção de uma perspectiva de classe que incorpore os interesses da classe trabalhadora. Tampouco consideramos adequado estabelecer modelos de racionalidade que direcionem as ciências sociais, já que seu objeto é, por si próprio, contraditório, e a razão é, na sua essência, negatividade.[113]

Se esta linha de reflexão é correta, a controvérsia sobre a crise de paradigmas nas Ciências Sociais encontra-se infirmada à partida. De outro modo, como procuramos demonstrar, a permanência da noção de paradigmas é legítima naquelas teorias

---

113. Como nos mostra Goethe nas palavras de Mefistófeles: "Eu sou o espírito que tudo nega! E assim é, pois tudo o que existe merece perecer miseravelmente" (Goethe, in Berman, 1986, p. 48).

cientificistas e dogmáticas. O que está subjacente a esta questão é uma concepção de ciência e do padrão de objetividade posto na relação sujeito/objeto no processo do conhecimento, e que, por sua vez, encontra-se fundamentado em uma visão de homem e mundo. Se nosso objetivo foi alcançado, fica evidente que os supostos teórico-metodológicos de Marx, cuja centralidade recai na categoria *práxis*, não se coadunam com a tendência de considerar as Ciências Sociais como ciências paradigmáticas, tampouco de entender a crise de uma modalidade específica de racionalidade, como crise da razão objetiva, já que a história não é produto da consciência, sequer da crítica dos sujeitos. Menos ainda de derivar das contradições postas no projeto social burguês o esgotamento da perspectiva revolucionária do projeto da modernidade. Ao contrário, Marx pensa o desenvolvimento das contradições de um modo historicamente determinado de produção como a única alternativa capaz de conduzir os homens a superarem o seu estágio pré-histórico. A transformação de um estágio de sociedade a outro implica a "derrubada efetiva das relações sociais concretas de onde surgiram essas baboseiras idealistas",[114] daqueles que insistem em defender o "fim da história".

E, a propósito das tentativas dos modernistas e pós-modernistas de anacronizar a proposta marxiana, concordamos com Berman que:

> o que de mais valioso ele [Marx] nos tem a oferecer, hoje, não é um caminho que permita sair das contradições da vida moderna, e sim um caminho mais seguro e mais profundo que nos coloque exatamente no *cerne* dessas contradições (Berman, 1986, p. 125; grifo meu).

---

114. "São igualmente essas condições de vida, que as diversas gerações encontram prontas, que determinam se a comoção revolucionária, produzida periodicamente na história, será suficientemente forte para derrubar as bases de tudo o que existe" (Marx e Engels, 1989, p. 37). Ao contrário, "se essas condições não existirem, é inteiramente indiferente, para o desenvolvimento prático, que a ideia dessa subversão já tenha sido expressada mil vezes" (Marx e Engels, 1989, p. 37).

11
Racionalidade do capitalismo e Serviço Social

1. A racionalidade do capitalismo: estudo dos processos e determinações do trabalho nas sociedades capitalistas à luz dos fundamentos de uma ontologia do ser social

O primeiro pressuposto da história humana é o de que os homens, para prover sua existência material, relacionam-se com a natureza, transformando-a, e, ao fazê-lo, transformam-se a si mesmos.[1] O segundo pressuposto é o de que este ato de autocriação e de autotransformação incide sobre os outros homens, alterando sua natureza individual e distinguindo-os de outros seres vivos. Neste processo, o homem constitui-se num ser prático-social que se realiza pelo trabalho.[2]

---

1. "Toda historiografia deve partir *dessas bases naturais* e de sua transformação pela ação dos homens, no curso da história" (Marx e Engels, 1989, p. 13).

2. Em Marx, a atividade humana é prática, porque se realiza por meio de objetivações; e social, porque por intermédio dela o homem apropria-se do conjunto

O trabalho, enquanto atividade prático-social, engendra duplo movimento: o homem transforma a natureza e, ao fazê-lo, transforma-se a si mesmo e a outros homens. É esse movimento que consubstancia a sociabilidade humana, esta, constituinte e constitutiva de duas determinações fundamentais: pensamento e linguagem.[3]

É pela via do trabalho que o homem satisfaz suas necessidades, *criando*, para isso, *os meios* que lhe permitam a satisfação destas; ao mesmo tempo em que as recria, reproduz-se enquanto ser prático-social. O trabalho é para o homem a condição natural da sua existência, a sua condição de homem.

Esses meios de trabalho ou condições materiais, medeiam a relação entre a força ou capacidade de trabalho e o objeto sobre o qual incide sua ação, mediante um projeto ou finalidade.[4] O que cabe aqui sinalizar é que os meios de trabalho incorporam, não apenas os instrumentos necessários à transformação do objeto, mas também *todas as condições materiais* sob as quais o trabalho se realiza (cf. Marx, 1985a, p. 151). Os meios de trabalho são, para Marx, os indicadores do grau de desenvolvimento das forças produtivas e das condições sociais em que o trabalho se processa.

---

das objetivações humanas. A existência do homem depende das suas objetivações, derivadas das atividades práticas que realiza, sendo estas as expressões da sua situação de homem (1975, p. 195-8).

3. "[...] a linguagem é tão antiga quanto a consciência — a linguagem é a consciência real, prática —, que existe também primeiro para os outros homens, que existe portanto, também primeiro para mim mesmo e, exatamente como a consciência, a linguagem só aparece com a carência, com a necessidade dos intercâmbios com outros homens", ou ainda, "consciência da necessidade de entrar em relação com os indivíduos que o cercam marca, para o homem, o começo da consciência de que, afinal, ele vive em sociedade" (Marx e Engels, 1989, p. 27-8).

4. Segundo Marx, força ou capacidade de trabalho consiste no "conjunto das faculdades físicas e espirituais que existem na corporalidade, na personalidade viva de um homem e que ele põe em movimento toda vez que produz valor de uso, de qualquer espécie" (1985a, p. 139).

É a partir dessas condições que os homens, ao realizarem a reprodução da sua vida material, estabelecem finalidades, gestadas no confronto entre necessidades[5] e realidade, parametradas pelos meios possíveis de viabilização e, neste processo, reconstroem as representações que possuem sobre a realidade.

Se, por um lado, a dimensão teleológica, constituinte e constitutiva do ser social, possibilita ao homem desenvolver o seu caráter crítico transformador, por outro, encontra seus limites nas condições materiais e objetivas da realidade sob as quais o trabalho se desenvolve.

Nesse processo, meio e objeto de trabalho encontram-se presentes como meios de produção. A posição que cada um desses elementos ocupa no processo produtivo atribui-lhes o caráter de matéria-prima, meio de produção ou produto. Esses valores de uso, ou propriedades úteis das coisas são o seu "valor natural",[6] criados pela natureza e pelo trabalho, propriedades estas que se traduzem em possibilidades de existência humana.

Ao transformar a natureza em valores de uso para si, por intermédio do trabalho, os homens não apenas criam e recriam modos de produção, como realizam sua própria essência. O trabalho é, assim, a forma primária e privilegiada dentre as suas objetivações, ou seja, de *práxis*.[7] Tendo em vista este metabolismo, que envolve natureza e sociedade, o trabalho

---

5. Necessidades que podem ser tanto de natureza material quanto intelectual.

6. "O valor natural de cada coisa consiste em sua aptidão para satisfazer as necessidades ou servir às comodidades da vida humana" (Marx, 1985a, p. 45). Este valor encerra trabalho útil, pressupõe quantidades definidas de trabalho e só se realiza com a utilização ou consumo de uma mercadoria. O trabalho contido no valor de uso vale qualitativamente.

7. Por *práxis* entendemos o conjunto das objetivações humanas, por meio das quais os homens realizam-se enquanto seres humano-genéricos, objetivações estas que não se reduzem ao trabalho. Entretanto, é por meio deste que o ser social se constitui, se expressa, se desenvolve, cria e recria relações sociais. A *práxis* é, em Marx, não apenas uma categoria ontológica, mas a *categoria fundante da história*.

adquire características específicas, sob condições sócio-históricas determinadas.

Marx apreende essa dimensão histórico-cultural do trabalho ao perceber que nas relações dos homens com a natureza e com outros homens comparecem determinações específicas — uma dada cisão entre o homem e o produto do seu trabalho, que engendra uma forma determinada de alheamento.[8] À medida que o homem relaciona-se com valores de uso — produtos de seu trabalho — de maneira estranha, estranha-se como ser genérico. Sua essência, a ser realizada pelo trabalho, passa a ser meio de subsistência individual; singularidade e genericidade, existência e essência opõem-se.

A *instrumentalidade* posta na relação dos homens com o objeto do trabalho, no ato da produção, é transposta para a relação com outros homens e "cria o domínio daquele que não produz sobre a produção e o respectivo produto. Assim como aliena a própria atividade, da mesma maneira outorga a um estranho a atividade que não lhe pertence" (Marx, 1975, p. 168). Esta apropriação de uns pelo trabalho de outros, que se realiza na vida prática dos homens, tem na propriedade privada o seu resultado e meio de realização.

Aqui não se trata mais do trabalho, ou do processo simples de trabalho que produz valores de uso[9] para seu produtor, no qual o produtor é também proprietário dos meios de produção,

---

8. Estamos nos referindo às elaborações marxianas do período 1844-46, quando se encontra fortemente influenciado por uma visão antropológica, tanto fundada na noção de trabalho/necessidade de Hegel, quanto na alienação religiosa de Feuerbach (cf. Mandel, 1980, p. 162-3). Nesse período, Marx possui uma compreensão ainda ampla e universalista da alienação, de modo que não alcança a compreensão da gênese e estrutura do ser social que se move na ordem burguesa. Somente com o aprofundamento da categoria trabalho, enquanto geradora de valor, é que Marx alcança as determinações específicas do capitalismo.

9. "O valor de uso de cada mercadoria encerra determinada atividade produtiva adequada a um fim, ou trabalho útil" (Marx, 1985a, p. 50).

dos instrumentos, habilidades e conhecimentos que lhes endossam esta posse. Trata-se de um tipo especial de trabalho que, ao ser vendido no mercado como força de trabalho, acaba por se constituir em mercadoria e, portanto, deve conter um valor. O capitalista, proprietário dos meios de produção, compra a força de trabalho e adquire o direito de utilizá-la, por determinado período de tempo, como melhor lhe convier. A força de trabalho, cristalizada em mercadoria, e colocada no mercado, é comparada a outras mercadorias.[10]

Por meio de análises factuais, Marx constata que a incorporação da força de trabalho no mercado de troca requer não apenas a existência de proprietários dos meios de produção, mas, fundamentalmente, que tenha ocorrido um processo de destruição de todas as relações em que o trabalhador coloque-se enquanto possuidor, ou que o possuidor desenvolva um tipo qualquer de trabalho, ou seja, um processo de dissolução das relações de produção anteriores ao capitalismo.

Inserida na teia de relações capitalistas, a força de trabalho é incorporada "aos elementos mortos constitutivos do produto" (Marx, 1985a, p. 154), de propriedade do capitalista.

> O processo de trabalho *é* um processo entre coisas que o capitalista comprou, entre coisas que lhe pertencem (Marx, 1985a, p. 154).

Este processo visa, ao final, a produção não mais de um valor de uso, mas de uma mercadoria que possa ser trocada no mercado por um valor superior àquele investido pelo capitalista. Materializado nessa mercadoria, o duplo caráter do trabalho privado é constatado por Marx: na medida em que produz mercadorias para satisfazer necessidades sociais, o trabalho

---

10. "A mercadoria é, antes de tudo, um objeto externo, uma coisa, a qual, pelas suas propriedades, satisfaz necessidades humanas de qualquer espécie" (Marx, 1985a, p. 45).

possui valor de uso e, portanto, é trabalho concreto, determinado qualitativamente; ao produzir mercadorias permutáveis, o trabalho é abstrato, igualado socialmente, que produz valor.[11] Neste caso, a troca entre diferentes produtos só se realiza porque estes acabam por serem igualados, ou seja, recebem uma objetividade de valor igual. Ao serem igualadas quantitativamente, pelo tempo de trabalho socialmente necessário,[12] as mercadorias acabam por serem igualadas também qualitativamente.[13]

Essas "coisas", conforme denomina Marx, são os elementos que compõem o processo produtivo: matéria-prima, meio e força de trabalho, cuja posse, agora, é do capitalista. Esta posse, e somente ela, atribui-lhe uma superioridade em face do trabalhador, uma vez que:

> a natureza geral do trabalho não se altera, naturalmente, por executá-lo o trabalhador para o capitalista, em vez de para si mesmo (Marx, 1985a, p. 154).

---

11. "[...] um valor de uso ou bem possui valor, apenas porque nele está objetivado ou materializado trabalho humano abstrato" (Marx, 1985a, p. 47). Ou seja, abstraídas todas as propriedades concretas do trabalho, resta-lhe apenas o fato de que o que há de comum entre as mercadorias é que são produtos do trabalho humano. Assim, o trabalho abstrato é não só dispêndio de energia física cristalizada em valores de uso, mas trabalho social, que pressupõe determinadas "relações de produção entre pessoas" e constitui-se na substância do valor (cf. Rubin, 1987, p. 150-70).

12. "Tempo de trabalho socialmente necessário é aquele requerido para produzir um valor de uso qualquer, nas condições dadas de produção socialmente normais, e com o grau médio de habilidade e intensidade de trabalho" (Marx, 1985a, p. 48). Este tempo não se reduz ao trabalho presente, mas a todas as etapas anteriores necessárias à produção de uma mercadoria, tais como a produção da matéria-prima que a compõe. Se a substância do valor é atribuída pelo trabalho abstrato, a grandeza do valor de uma mercadoria é medida pelo tempo de trabalho socialmente necessário à sua produção.

13. Veremos posteriormente que esta *suposta igualdade* entre mercadorias é resultado da mistificação que envolve as relações de produção na sociedade capitalista.

Neste primeiro estágio do capitalismo, o trabalhador ainda detém a posse sobre o conhecimento técnico e habilidades específicas inerentes à sua atividade. A ação do capitalista é a de reunir artesãos em um mesmo local e organizar-lhes o trabalho de forma a ampliar o capital inicialmente investido no processo de produção. Cabe ao capitalista, nesta fase, decidir sobre o que produzir e organizar o trabalho de forma a otimizar os recursos. Há apenas uma ampliação da antiga oficina, que acaba por revolucionar as condições objetivas do trabalho, uma vez que os meios de produção podem ser economizados dado ao seu consumo coletivo (cf. Marx, 1985a, p. 259). Assim, exigem-se funções que coordenem, controlem, harmonizem e deem uma unidade ao trabalho realizado por muitos.

> A direção do capitalista não é só uma função surgida da natureza do processo social de trabalho e pertence a ele, ela é ao mesmo tempo uma função de exploração de um processo social de trabalho (Marx, 1985a, p. 263).

Nesse tipo de cooperação, que se desenvolve inicialmente na manufatura, "os trabalhadores precisam, individualmente ou em grupo, executar cada processo parcial específico com sua ferramenta manual. Embora o trabalhador seja adequado ao processo, também o processo *é* adaptado antes ao trabalhador" (Marx, 1985b, p. 13).

O capitalista sabe que cada um dos elementos que entram no processo produtivo ocupa uma função específica e que a mercadoria é a síntese entre valor de uso e valor. Neste sentido, "seu processo de produção tem que ser unidade de processo de trabalho[14] e processo de formação de valor" (Marx, 1985a, p. 155).

---

14. Processo este entendido como uma atividade orientada a um fim (cf. Marx, 1985a, p. 156).

Marx verifica que cada um dos fatores do processo de produção, enquanto mercadorias, contém em si tanto valor de uso quanto de troca[15] e, por isso, participam do processo de formação de valor das mercadorias. Procurando demonstrar a maneira pela qual esses elementos atuam, estabelece a distinção entre processo de trabalho, processo de formação de valor e processo de valorização, este último, característico das formações econômicas capitalistas.

Como sinalizamos anteriormente, no processo de trabalho a matéria-prima perde suas formas originárias para compor as propriedades do produto; perde seu valor de uso inicial, sem, contudo, perder seu valor. Com os meios de trabalho ocorre o inverso. Estes devem conservar a forma pela qual ingressam no processo, caso contrário não transferem seu valor ao produto. Ambos, matéria-prima e meios de trabalho, enquanto meios de produção, incorporados totalmente ao processo de trabalho, têm seu valor de uso consumido e seu valor de troca transferido ao produto; só transfere valor aos produtos porque contêm valor, isto é, trabalho humano cristalizado.

Entretanto, esse processo de trabalho, que é processo de produção de mercadorias, não explica o trabalho nos modos de produção capitalistas. Nestes, os meios de produção entram apenas parcialmente no processo de valorização, devido ao seu desgaste. Assim, no processo de valorização "só se transfere valor do meio de produção ao produto, na medida em que o meio de produção, juntamente com seu valor de uso independente,

---

15. O valor de troca de uma mercadoria, como podemos perceber, nada mais é do que "a maneira necessária de expressão ou forma de manifestação do valor, o qual deve ser [...] considerado independente dessa forma" (Marx, 1985a, p. 47). Assim, o valor de troca não se constitui em uma propriedade das mercadorias, mas na forma pela qual esta expressa seu valor. Somente na relação de troca é que uma mercadoria apresenta seu valor. Constitui-se, pois, em uma forma social, ou categoria econômica, que difere de sua forma natural, como vimos, de seu valor de uso (cf. Rubin, 1987, p. 125-9).

também perca seu valor de troca. Ele cede ao produto apenas o valor que perde como meio de produção" (Marx, 1985a, p. 167) mas, ao serem transferidos ao novo produto, por meio do trabalho humano, os meios de produção conservam o valor antigo. Isto se efetiva em virtude das propriedades úteis, específicas, do trabalho, ou seja, do trabalho concreto.

Mas o trabalho é também abstrato e agrega novo valor aos produtos, resultante da quantidade de trabalho ou dispêndio de energia humana empregada na produção de determinada mercadoria. Assim:

> [...] pela mera agregação quantitativa de trabalho, valor novo é agregado; pela quantidade do trabalho agregado os valores antigos dos meios de produção são conservados no produto (Marx, 1985a, p. 166).

São os fatores objetivos do processo, matéria-prima e meios de produção que ocupam posições diferentes nos processos de trabalho e de valorização. No que concerne à força de trabalho, Marx (1985a, p. 170) a distingue como "a única parte de valor do produto que é produzida pelo próprio processo". A esta parte do capital que "reproduz seu próprio equivalente e, além disso, produz um excedente, uma mais-valia[16] que ela mesma pode variar",[17] Marx denomina "capital variável". Ambos, capital constante e variável, formam o capital empregado na produção de mercadorias, capital este que tem que ser não apenas conservado, como também ampliado, para a preservação do sistema.[18]

---

16. Para Marx, a mais-valia é o resultado desta alteração de valor decorrente do capital variável, ou seja, do dispêndio de força de trabalho.

17. Marx (1985a, p. 171).

18. Nota-se que, mais tarde, as transformações ocorridas no processo de trabalho engendram uma nova posição a ser ocupada pelos meios de produção, a saber, como meio de absorção da força de trabalho.

Porém, o capitalista sabe que é a força de trabalho que gera um diferencial, que cria um excedente do qual pode se apropriar.

Ao submeter o processo de trabalho ao objetivo de produzir mais-valia, sem alterar tecnicamente a produção, o capitalista tem que se utilizar do recurso de prolongar a jornada de trabalho.[19]

Esta forma de mais-valia,[20] promovida pelo aumento e intensificação do processo de trabalho, é a forma pela qual a subsunção do trabalhador ao capital expressa-se:

> Por um lado, a faculdade que o trabalho tem de conservar valor apresenta-se como a faculdade de autoconservação do capital; a faculdade de o trabalho gerar valor, como a faculdade de autovalorização do capital, e em conjunto, por definição, o trabalho objetivado aparece como utilizando o trabalho vivo. Por outro lado, em que pese tudo isso, com tal troca (*change*) não se efetuou, *a priori*, a mudança essencial no modo real de produção. Pelo contrário, faz parte da natureza da questão o fato de que a subsunção do processo de trabalho ao capital se opere à base de um processo de trabalho preexistente, anterior a essa subsunção ao capital, e que se configurou a base de diferentes processos de produção anteriores e de outras condições de produção; o trabalho se subsume a determinado processo de trabalho existente (Marx, in Paro, 1991, p. 46).

---

19. Por jornada de trabalho entende-se uma grandeza de tempo variável, na qual o trabalhador vende sua força de trabalho. Esta grandeza, embora variável, encontra seus limites nas próprias condições físicas do trabalhador. A jornada de trabalho compreende-se de tempo necessário e mais trabalho, ou trabalho excedente. O primeiro, representado pelo tempo de trabalho necessário à reprodução do trabalhador e o segundo, período em que este gera mais-valia. O primeiro tempo varia na proporção inversa do segundo.

20. Marx concebe esta forma de *mais-valia* como *absoluta* e acrescenta: "A produção capitalista, que é essencialmente produção de mais-valia, absorção de mais trabalho, produz, portanto, com o prolongamento da jornada de trabalho, não apenas a atrofia da força de trabalho, a qual *é* roubada de suas condições normais, morais e físicas, de desenvolvimento e atividade. Ela produz a *exaustão prematura e o aniquilamento da própria força* de trabalho" (1985a, p. 212).

Essa forma de subordinação do trabalho ao capital, a que Marx denomina por subsunção formal, encontra-se mediada por determinações referentes ao grau de desenvolvimento das forças produtivas, métodos de trabalho e relações de produção, e diferem dos modos de produção anteriores quanto à forma pela qual a mais-valia é apropriada do trabalhador, esta, expressão exata da sua exploração (cf. Marx, 1969, p. 90-5).

> Na subsunção formal do trabalho ao capital, a coação que visa a produção de sobre trabalho [...] e a obtenção de tempo livre para o desenvolvimento independente da produção material [...], é dada apenas uma forma distinta da que tinha nos modos de produção anteriores [...]. Sem dúvida que a própria relação de produção gera uma nova relação de hegemonia e subordinação (Marx, 1969, p. 95).

A necessidade vital do capital em responder às demandas de sua ampliação, por um lado, e as reivindicações dos trabalhadores, por outro, provocam alterações no sistema, que atingem, inicialmente, a força de trabalho e, posteriormente, na grande indústria, o meio de trabalho, sem, contudo, alterar a sua essência. Neste processo de reprodução ampliada, o capitalista

> tem de revolucionar as condições técnicas e sociais do processo de trabalho, portanto o próprio modo de produção, a fim de aumentar a força produtiva do trabalho, mediante o aumento da força produtiva do trabalho reduzir o valor da força de trabalho, e assim encurtar parte da jornada de trabalho necessária para a reprodução deste valor (Marx, 1985a, p. 251).[21]

---

21. Nisto se constitui, para Marx, a mais-valia relativa. A divisão do trabalho operada inicialmente na manufatura, "é apenas um método especial de produzir mais-valia relativa ou aumentar a autovalorização do capital [...] Ainda que apareça de um lado como progresso histórico e momento necessário de desenvolvimento do processo de formação econômica da sociedade, por outro ela surge como um meio de exploração civilizada e refinada" (Marx, 1985a, p. 286). Este mesmo prin-

Se as primeiras transformações ocorridas na passagem da oficina artesanal para a manufatura ainda propiciam ao trabalhador a detenção de um conhecimento global acerca da atividade que realiza, na manufatura o capitalista submete o processo de trabalho à análise, decompondo-o e distribuindo-o entre diversos trabalhadores. Com isso, torna a realização do trabalho cada vez mais simples e enfraquece a ação individual do trabalhador, que só consegue produzir à medida que sua atividade for conectada com a de outros.

A divisão do trabalho nas sociedades fundamenta-se no pressuposto da igualdade fisiológica do trabalho humano, ou seja, da *homogeneização do trabalho*, uma vez que nivela todos os tipos de trabalho a *trabalho abstrato*.[22] Ao considerar as potencialidades do trabalhador de executar diferentes funções, acaba por atribuir ao trabalho o caráter de *trabalho humano em geral* (cf. Rubin, 1987, p. 150).

---

cípio norteia a introdução da máquina nas grandes indústrias e com ela o controle objetivo dos trabalhadores.

22. "Somente com base na igualdade e homogeneidade fisiológicas do trabalho humano, isto é, a variedade e flexibilidade da atividade de trabalho das pessoas, é possível a transferência de uma atividade a outra" (Rubin, 1987, p. 153). Em Marx, esta abstração do trabalho de suas propriedades concretas é assim interpretada:

"A indiferença em relação ao gênero de trabalho determinado pressupõe uma totalidade muito desenvolvida de gêneros de trabalho efetivos, nenhum dos quais domina os demais. *Tampouco se produzem abstrações mais gerais senão onde existe o desenvolvimento concreto mais rico, onde um aparece como comum a muitos*. Então já não pode ser pensado somente sob uma forma particular. Por outro lado, esta abstração do trabalho em geral não é apenas o resultado intelectual de uma totalidade concreta de trabalhos. A indiferença em relação a um trabalho determinado corresponde a uma forma de sociedade na qual os indivíduos podem passar com facilidade de um trabalho a outro e na qual o gênero determinado de trabalho é fortuito, e, portanto, é-lhes indiferente. Neste caso *o trabalho se converteu não só como categoria,* mas na efetividade um meio de produzir riqueza em geral, deixando, como determinação, de se confundir com o indivíduo em sua particularidade. Este estado de coisas se encontra mais desenvolvido na forma de existência mais moderna da sociedade burguesa [...] Aí, pois, a abstração da categoria "trabalho", "trabalho em geral", trabalho *sans phrase* (sem rodeios), ponto de partida da Economia Moderna, torna-se pela primeira vez praticamente verdadeira" (Marx, 1974, p. 125-6 ou 1983, p. 222).

Marx nos faz ver que esse pressuposto é necessário como sustentáculo de uma economia mercantil, dado que, nesse sistema, a socialização entre os homens realiza-se na base da troca entre diferentes mercadorias, produto do *trabalho humano em geral*. A igualação social de diferentes trabalhos privados é a "forma do caráter de valor dos produtos do trabalho" (Marx in Rubin, 1987, p. 155). Assim, trabalho abstrato não é uma categoria arbitrária, mas social e historicamente determinada.

À divisão do trabalho nas sociedades capitalistas corresponde um tipo de cooperação que se origina na manufatura, por meio de dois movimentos: "De um lado, ela é parte da combinação de ofícios autônomos de diferentes espécies [...]. De outro, ela é parte da cooperação de artífices da mesma espécie, decompõe o mesmo ofício individual em suas diversas operações particulares" (Marx, 1985a, p. 268).

Como decorrência da simplificação do processo de trabalho, agora restrito a um conjunto de tarefas simples, tem-se a ampliação da classe trabalhadora, incorporada pelo trabalho infantil e feminino e, paradoxalmente, o aperfeiçoamento das atividades, a ampliação, criação e recriação de ferramentas especializadas, utilizadas em cada tarefa:

> a divisão pormenorizada do trabalho tem a ver, em princípio, com a mudança no método de trabalho, mas é afetada, como também afeta, as alterações no instrumental de trabalho (Paro, 1991, p. 49).

Neste sentido, o aperfeiçoamento do instrumental de trabalho cria as bases para a invenção das máquinas que, mais uma vez, incrementam o capitalismo e inauguram um novo período na história da exploração do trabalho humano. Ao mesmo tempo em que a manufatura cria as bases técnicas para a grande indústria, encontra-se condicionada pelas relações sociais, constituintes e constitutivas desse estágio do desenvolvimento capitalista.

Em que pese o revolucionamento operado no modo de produção manufatureiro permitir ao capitalista a apropriação da mais-valia relativa,[23] por meio de reduzir o valor da mercadoria "força de trabalho", a exploração à qual o trabalhador é submetido encontra-se, ainda, limitada pelas suas capacidades físicas e habilidades técnicas.

Na tentativa de superar os limites impostos pela capacidade física e destreza da força de trabalho, o capitalista tem que implantar *meios que venham a exercer um controle sobre os fatores subjetivos da produção*. Ao perceber que é por meio dos instrumentos de produção que pode controlar objetivamente o trabalho, passa a investir na criação das primeiras máquinas, que tem na máquina-ferramenta a sua origem. Esta, por abarcar em seu corpo um número limitado de ferramentas, até então utilizadas pelo trabalhador, pode, ao fim do processo, ampliar a produção. Nisto se constitui o ponto de partida da formação da grande indústria: "O meio de trabalho revolucionado assume sua configuração mais desenvolvida no sistema articulado de máquinas da fábrica" (Marx, 1985a, p. 22).

---

23. O entendimento de Marx sobre a taxa de mais-valia relativa consiste no seguinte: como mercadoria inserida no mercado capitalista, o preço da força de trabalho é determinado pelo tempo de trabalho socialmente necessário à sua produção, neste caso, dos meios de subsistência necessários à sua reprodução e pela massa de trabalho contida na produção destes. Ao aumentar sua capacidade produtiva, em razão da otimização dos fatores técnicos (meio e/ou método de produção), diminuindo os custos das mercadorias necessárias a sua sobrevivência e à de sua família, a quantidade de trabalho socialmente necessário diminui, ampliando a taxa de trabalho excedente. A mais-valia relativa, portanto, decorre das condições em que haja "redução do tempo de trabalho e da correspondente mudança da proporção entre os dois componentes da jornada de trabalho", quais sejam: trabalho necessário e trabalho excedente (1985a, p. 251). Entretanto, Marx faz duas anotações importantes: há que se partir do suposto de que as mercadorias são compradas por seu valor real, que nem sempre coincide com seu valor social e, ainda, que a alteração da taxa de mais-valia relativa está na razão direta do aumento da produtividade nas indústrias de gêneros alimentícios que compõem a cesta básica do trabalhador.

Agora, as diferentes máquinas-ferramenta são articuladas umas às outras; da cooperação entre trabalhadores vemos a cooperação entre máquinas. A velocidade e capacidade de produção, bem como a disciplina, são impostas pela máquina.

> Processa-se, portanto, a inversão na relação homem-natureza: em lugar de o instrumental de trabalho servir de mediação entre o trabalhador e o objeto de trabalho, é o *trabalhador que se torna mediador entre o instrumental de trabalho e a natureza*. Não é mais o trabalhador que utiliza os instrumentos de produção para transformar a matéria prima em objeto útil; *é*, pelo contrário, a máquina que utiliza o trabalhador, determinando-lhe o movimento e o ritmo de trabalho (Paro, 1991, p. 53).

O que nos importa ressaltar é que a metamorfose ocorrida no processo de trabalho, enquanto produto histórico do desenvolvimento capitalista, que *submete formalmente* as formas anteriores de produção ao seu controle, propicia as bases técnicas do sistema capitalista. Desapropriado das condições técnicas e do saber específico acerca da sua atividade, o trabalhador acaba por submeter-se às novas determinações qualitativas da atividade que executa, agora incorporada e condicionada pelas forças da natureza e *aplicação da ciência na produção*.[24]

> A habilidade pormenorizada do operador de máquina individual, esvaziado, desaparece como algo ínfimo e secundário perante a ciência, perante as enormes forças da natureza e do trabalho social em massa que estão corporificadas no sistema de máquinas e constituem com ele o poder do patrão (*master*) (Marx, 1985a, p. 44).

---

24. "E as perspectivas uniformizantes que desencadearam como meios para destruir o processo de trabalho organizados no 'saber-fazer' operário, nas formas de intervenção e adaptação autônomas dos trabalhadores, abriram espaço para reorganizações através de princípios e normas que, por serem 'científicos', eram externos aos trabalhadores" (Antonacci, 1993, p. 10).

As análises marxianas sobre as revoluções operadas no/pelo modo de produção capitalista recaem, sobretudo, nas contradições postas e repostas por esse modo de produção, no sentido de refuncionalizar suas respostas às demandas que daí engendram-se. Nesse sentido constata que o progresso, ao colocar fim nas instituições feudais, engendra a barbárie; o crescente desenvolvimento do potencial humano, das especializações, produz a atrofia e a mutilação dos trabalhadores; as possibilidades de hominização, pelo domínio da natureza, provocam a desumanização, ao transferir esse domínio para a vida de outros homens.[25] A inversão operada na relação entre "valor" e "força de trabalho que gera valor" é assim comentada por Marx:

> Toda produção capitalista, à medida que ela não é apenas processo de trabalho, mas ao mesmo tempo processo de valorização do capital, tem em comum o fato de que não é o trabalhador quem usa as condições de trabalho, mas que, pelo contrário, *são as condições de trabalho que usam o trabalhador*: só, porém, com a maquinaria é que essa inversão ganha realidade tecnicamente palpável. Mediante sua transformação em autômato, o próprio meio de trabalho se confronta, durante o processo de trabalho, com o trabalhador como capital, com o trabalho morto que domina e suga a força de trabalho viva (Marx, 1985a, p. 44).

Vemos que, com a introdução da maquinaria, novas e mais complexas determinações passam a comparecer no processo de valorização do capital e, com elas, novas relações sociais são produzidas. A subordinação a que o trabalhador era submetido aparece sob novas bases ou, no dizer de Marx, "ganha realidade tecnicamente palpável".

---

25. Se a humanização do mundo natural se dá por uma relação vertical que os homens estabelecem com a natureza, nas relações dos homens entre si, o processo de humanização exige relações horizontais. (Notas de Aula. Curso "Economia Política na Educação", Programa de Pós-Graduação em Educação. PUC-SP, 1992).

Embora não se diferenciando dos demais meios de produção que entram no processo de valorização, a maquinaria faculta ao capitalista aumentar as possibilidades de extração da mais-valia, "mediante aceleração das máquinas e ampliação da maquinaria a ser supervisionada pelo operário ou de seu campo de trabalho" (Marx, 1985a, p. 35).

> Daí o paradoxo econômico de que o meio mais poderoso para encurtar a jornada de trabalho se torna o meio infalível de transformar todo o tempo de vida do trabalhador e de sua família em tempo de trabalho disponível para a valorização do capital (Marx, 1985a, p. 32).

Tendo em vista a aceleração do ritmo do trabalho e o aumento da produtividade, promovidos pela utilização de máquinas como meio de trabalho, efetiva-se concretamente a perda da condição de sujeito que o trabalhador ocupava no processo de trabalho, perda essa que já havia se manifestado na *forma* pela qual se realizam as relações de produção nas sociedades capitalistas.

Os antagonismos engendrados por esse modo de produção nos saltam aos olhos: o duplo caráter social do trabalho, em razão do qual a força de trabalho produz mais-valia, uma vez que, para garantir a sobrevivência e ampliação do sistema, a mais-valia é reinvestida no processo produtivo, e, assim sendo, a força de trabalho acaba por produzir não apenas a sua própria exploração, como os meios que a propiciam.

A atividade do trabalho, enquanto meio de desenvolvimento da essência humana, foi reduzida a meio de subsistência, limitada à condição de geradora de mais-valia na produção de mercadorias. É esta condição de gerador de mais-valia que faz o trabalhador ser considerado produtivo, nas formações econômicas capitalistas.[26]

---

26. "Somente o trabalho organizado sob a forma de empresas capitalistas, que tem a forma de trabalho assalariado, empregado pelo capital com a finalidade de

As determinações que comparecem no processo produtivo, os vínculos que os homens estabelecem com outros homens, por meio do produto do seu trabalho, atribuem determinado conteúdo às representações que estes possuem da realidade:

> São os homens que produzem suas representações, suas ideias etc., mas os homens reais atuantes, tais como são condicionados por um determinado desenvolvimento de suas forças produtivas e das relações que a elas correspondem, inclusive as mais amplas formas que estas podem tomar (Marx e Engels, 1989, p. 20).

Contudo, a consciência não se coloca como receptáculo das atividades práticas dos homens, apenas condicionada por circunstâncias objetivas por eles encontradas,[27] mas numa relação dialética na qual a riqueza subjetiva das suas representações depende das apropriações que realizam da riqueza objetiva das relações que estabelecem pelo trabalho. E pelo movimento dos processos que vão se determinando e se complexificando no interior da ordem burguesa que o trabalho engendra novas relações sociais, cujas expressões somente são apreendidas por meio de categorias econômicas.[28]

---

extrair dele uma mais-valia, é incluído no sistema de produção capitalista. Este trabalho é trabalho produtivo" (Rubin, 1987, p. 280). Independente, pois, do seu conteúdo ou da sua natureza (intelectual ou material), o que define o trabalho produtivo é a sua "forma social de organização".

27. Circunstâncias essas dadas pela divisão do trabalho e pelo desenvolvimento das forças produtivas. A mesma divisão do trabalho que torna os produtores independentes, "torna independentes deles mesmos o processo social de produção e suas relações dentro desse processo", e "a independência recíproca das pessoas se complementa num sistema de dependência reificada universal" (Marx, 1985a, p. 96). Vemos a distância que essa compreensão acerca da divisão do trabalho toma se comparada com as da Sociologia formalista de Durkheim.

28. Nisto se constitui a *base do materialismo de Marx* o modo de produção da vida material determina historicamente a relação dos homens entre si. Ao apreender o caráter peculiar do modo de produção capitalista, a forma pela qual as relações sociais inevitavelmente aparecem, Marx encontra não só os fundamentos da sua

Conforme anteriormente referido, numa economia capitalista, a reprodução da vida material dos homens realiza-se por meio da produção de mercadorias para serem trocadas por equivalentes que contenham valores de uso para seus não produtores e não valores de uso para seus produtores. Esta relação de produção à base da troca passa a vincular as pessoas por intermédio de produtos e, neste sentido, a forma social dada a essa relação é determinada pelo seu caráter particular, qual seja, a troca. Esta forma social é não apenas o resultado das relações de produção entre as pessoas, como também determinações destas.[29] Assim, os indivíduos comparam seus diferentes trabalhos a outros, por meio de produtos que contém trabalho humano cristalizado, cujo valor é atribuído pelo tempo de trabalho médio socialmente necessário à sua produção, ou seja, pela quantidade de trabalho abstrato nele contida.[30] Os produtos defrontam-se como valores de uso cujo valor será constatado no ato da troca, à medida que são comparadas com outras mercadorias que lhes sejam equivalentes. Ao fim desse processo, os diferentes valores de uso transformam-se em mercadorias.

Entretanto, "como todos os possuidores de mercadorias fazem o mesmo, nenhuma mercadoria é equivalente geral e por isso as mercadorias não possuem também nenhuma forma-valor geral relativa, na qual elas possam equiparar-se como valores e comparar-se como grandezas de valor" (Marx, 1985a, p. 80).

Com o desenvolvimento do processo de troca observa-se a inserção do dinheiro como o equivalente geral de todas as

---

teoria sobre o fetichismo, como as premissas para a abolição do trabalho alienado, pela via da abolição da propriedade privada.

29. Há uma relação dialética entre a *forma social* das relações de produção e o *processo de produção de mercadorias* na sociedade capitalista. Esta forma é mantida mesmo com o rompimento dessas relações sociais (cf. Rubin, 1987, p. 38-56).

30. "Ao equiparar seus diversos produtos uns aos outros na troca, como valores, o que fazem é equiparar entre si seus diversos trabalhos como modalidades de trabalho humano" (Marx, in Rubin, 1987, p. 25).

mercadorias, que acaba sendo trocado por trabalho humano e representando os preços contidos nas mercadorias.

> Por ser a figura alienada de todas as outras mercadorias ou o produto da sua alienação geral, é o dinheiro a mercadoria absolutamente alienável. Ele lê todos os preços ao revés e se reflete, assim, em todos os corpos das mercadorias como o material ofertado à sua própria conversão em mercadorias (Marx, 1985a, p. 98).

Nas sociedades mercantis, o processo de circulação de mercadorias, que se objetiva pelo movimento do dinheiro, opera-se por meio de dupla metamorfose, necessária e consequente: com a venda, a mercadoria transforma-se em dinheiro para, em seguida, ser transformada novamente em mercadoria, por intermédio da compra. É o que Marx chama de processo de circulação simples, no qual o dinheiro circula apenas como dinheiro e o circuito termina com a satisfação de uma necessidade.

Com a complexificação ocorrida nesse circuito, que inaugura o modo de produção tipicamente capitalista, o dinheiro, ao iniciar essa operação, é transformado em mercadoria, e esta convertida em mais dinheiro, resultando não mais em um valor de uso, mas em valor de troca. No entanto, não se trata de qualquer operação sobrenatural, mas da inserção no mercado da *única mercadoria que cria valor adicional* àquele que consome e possibilita que, ao final da operação, o investidor retire uma quantidade de capital acima do investido: *a força de trabalho*. O dinheiro é, portanto, a forma de mercadoria desenvolvida e, ao mesmo tempo, a primeira forma de circulação do capital.

Conforme vimos demonstrando, os processos de troca e circulação de mercadorias metamorfoseiam-se, dadas as peculiaridades que assumem no modo de produção capitalista, cujo primário é a alteração da grandeza do valor das mercadorias e, consequentemente, a valorização do capital investido. O vendedor da força de trabalho, tendo alienado o seu produto no mercado, submete-se formalmente ao capital, ao criar uma "determinada forma de riqueza social, o valor de troca" (Marx in Rubin, 1987, p. 85). Este valor de troca é, portanto, o seu valor que somente se efetiva em uma forma determinada de relação social: na relação de troca.

O resultado dessa forma social é que, aos produtores, os vínculos que estabelecem entre si não aparecem como uma relação social entre indivíduos que produzem valores de uso, mas como uma relação material, objetiva, entre pessoas, e uma relação social entre coisas[31] e por intermédio de coisas:

> O misterioso da forma mercadoria consiste, portanto, simplesmente no fato de que ela reflete aos homens as características sociais do seu próprio trabalho como características objetivas dos próprios produtos do trabalho, como propriedades naturais sociais dessas coisas e, por isso, também reflete a relação social dos produtores com o trabalho total como uma relação social existente fora deles, entre objetos (Marx, 1985a, p. 71).

A forma cristalizada nas mercadorias dá-lhes aparência de ser uma propriedade imanente a elas e acaba por engendrar relações sociais mistificadas de duplo sentido: por um lado, a materialização das relações de produção entre pessoas e, por outro, a personificação das coisas. Segundo Rubin:

> Por "materialização das relações de produção" entre as pessoas, Marx entendia o processo através do qual determinadas relações de produção entre pessoas [...] conferem uma determinada forma social, ou características sociais, às coisas através das quais as pessoas se relacionam umas com as outras [...]
>
> Por "personificação das coisas", Marx entendia o processo através do qual a existência de coisas com uma determinada forma social, capital, por exemplo, capacita seu proprietário a aparecer na forma

---

[31]. Para Marx a mercadoria é uma "coisa", um *objeto externo*.

de um capitalista e manter relações de produção concretas com outras pessoas (Rubin, 1987, p. 35).[32]

As relações sociais acabam dependendo da forma social pela qual as relações de produção se realizam. A reiteração dessas relações provoca a cristalização das formas sociais que adquirem e suas características acabam sendo incorporadas às propriedades das coisas.[33]

A mercadoria, enquanto cristalização do tempo de trabalho socialmente necessário à sua produção, medido como trabalho médio, abstrato, homogeneizado, é vista como dotada de propriedades sociais. As relações sociais entre produtores aparecem como relação entre coisas; a essência individual, reduzida às condições de existência da sua classe social. Assim como a capacidade individual de trabalho foi transformada em capacidade média, a mercadoria, materialização da força de trabalho, foi transformada em dinheiro, e com isso "apagam-se todas as diferenças". Dinheiro é, portanto, a mediação pela qual as mercadorias ou coisas trocam-se mutuamente. É o criador de necessidades que nivela todas as coisas, ainda que de naturezas diferentes.

> Cada função ou forma do dinheiro expressa um diferente caráter ou tipo de relação de produção entre os participantes da troca [...]. Desta maneira, a metamorfose, ou "transformação da forma", do capital,

---

32. "É como se o caráter social das coisas determinasse o caráter social de seus proprietários" (Rubin, 1987, p. 38), que aparecem como relações individuais, encobrindo as relações de classes sociais. Desse duplo movimento, apenas a personificação das coisas é passível de observação. Nisto se constitui, para Marx, um dos equívocos da Economia Política. Esta, por deter-se na aparência dos fenômenos, nos nexos externos, na forma pela qual as relações se apresentam (forma-valor), não apreende as determinações da grandeza deste valor, qual seja, o tempo de trabalho socialmente necessário.

33. "Dado que as coisas se apresentam com uma forma social determinada, fixada, começam, por sua vez, a influenciar as pessoas, moldando sua motivação e induzindo-as a estabelecer relações de produção concretas umas com as outras" (Rubin, 1987, p. 38).

reflete diferentes formas de relações de produção entre pessoas (Rubin, 1978, p. 46-7).

A "inversão das individualidades", operada nas relações de produção capitalistas, não é apenas a *forma por meio da qual as relações sociais se expressam*; mais do que isso, *é a aparência necessária* sob a qual se revestem todas as relações capitalistas.

Esse quiproquó, expresso por meio de categorias econômicas,[34] atribui a essas relações sociais um caráter "natural", objetivo. Essa objetividade atribuída às relações entre pessoas no processo de troca[35] é a forma histórica específica de existência que os homens criaram nas sociedades capitalistas, forma esta que, dada a sua *aparência "racional"*, retira-lhes as possibilidades de percepção dos aspectos subjetivos, valorativos, subjacentes a essa relação.

Entretanto, a mercadoria possui um outro caráter, qual seja, o de satisfazer necessidades sociais e, por isso, a *"racionalidade"* posta na relação de troca entre pessoas é uma forma mistificada de ocultar as relações sociais a ela imanentes.[36]

Marx desvela o conteúdo que a *forma-valor* encerra, ou seja, o trabalho abstrato, que é a substância do valor. Conclui que o trabalho reificado em valor, a coisificação das relações sociais, é

---

34. Diz Rubin (1987, p. 57): "A formulação metodológica de Marx a respeito desta questão é aproximadamente a seguinte: por que o trabalho assume a forma-valor, os meios de produção a forma de capital, os meios de subsistência dos operários a forma de salários, a produtividade aumentada do trabalho a forma de mais-valia incrementada?"

35. "O que há de comum, que se revela na relação de troca ou valor de troca da mercadoria, é, portanto, seu valor. O prosseguimento da investigação nos trará de volta ao valor de troca, como a maneira necessária de expressão ou forma de manifestação do valor, o qual deve ser, por agora, considerado independente dessa forma" (Marx, 1985a, p. 47). Vemos que o valor de uma mercadoria é apenas social ou melhor, revela-se somente numa relação de troca, enquanto expressão do trabalho abstrato nela contido.

36. "O caráter místico da mercadoria não provém, portanto, de seu valor de uso. Ele não provém, tampouco, do conteúdo das determinações do valor" (Marx, 1985a, p. 70). O fetiche é "a expressão reificada do trabalho social no valor das coisas" (Rubin, 1987, p. 88).

a aparência necessária e inevitável das relações sociais se apresentarem, dadas as especificidades desse modo de produção. Os economistas clássicos, segundo ele, compreendiam as relações sociais pautadas na troca como o resultado do modo de produção, daí tomarem a forma material dessas relações como consequência natural. Sua perspectiva analítica permite-lhe perceber que a base de sustentação da ordem burguesa localiza-se nas abstrações, generalizações que dão aos fenômenos sociais uma *falsa concretude*. Por isso toma como ponto de partida essas abstrações, mas há mais do que isso. A apropriação que Marx realiza da *alienação*, enquanto categoria constitutiva do modo de ser da sociedade burguesa, possibilita-lhe compreender que, "no seu núcleo fundamental a alienação é o movimento histórico transitório pelo qual os produtos objetivados da atividade social humana só atingem um desenvolvimento universal à custa de um divórcio" (Sève, 1990, p. 80) e que, como negação da essência humana ou *restrição de possibilidades da razão*, ela "não só concede mas determina um sentido à ideia de passagem necessária a uma etapa superior" (Sève, 1990, p. 91).

Ao percorrermos o caminho metodológico de Marx, de suas concepções ético-filosóficas sobre o trabalho alienado à teoria do valor-trabalho, podemos captar o movimento do seu pensamento que caminha do universal ao particular, do abstrato ao concreto. Assim, a teoria da alienação prepara e subsidia a sua apreensão do fetichismo, como uma forma particular de alienação, que adquire na sociedade burguesa madura, contornos e determinações específicas, que tomam a forma de relações reificadas (cf. Netto, 1981).

> [...] a sociedade burguesa constituída repõe a factualidade alienada e alienante com que a forma mercadoria mistifica as relações sociais em todas as instâncias e níveis sociais, envolvendo-os na especificidade da reificação (Netto, 1981, p. 86).

A metamorfose inaugurada com o dinheiro é transposta a outras esferas da produção da vida material. A forma pela qual os homens reproduzem a sua vida material converte-se em seu conteúdo. É o que Marx chama de burocratização (cf. Marx, s/d., p. 95).

> [...] a manipulação desborda a esfera da produção, domina a circulação e o consumo e articula uma indução comportamental que penetra a totalidade da existência dos agentes sociais particulares — é o inteiro cotidiano dos indivíduos que se torna administrado (Netto, 1981, p. 81).

Essa administração total da vida individual, possibilitada, por um lado, pelas transformações operadas no sistema produtivo — que com o progressivo avanço tecnológico e a consequente redução da jornada de trabalho, como vimos, impõe mecanismos objetivos de controle — e, por outro lado, pelo caráter ideológico, de falsas representações — que o sistema produz e cristaliza — pautadas na racionalidade das leis,[37] igualdade de direitos[38] e livre-arbítrio dos indivíduos é, porém, atravessada pelas lutas de classes, o que coloca a necessidade da adoção de mecanismos políticos de dominação. Extrapola seu controle, ainda, para a esfera do consumo e, ao fazê-lo, é facultado ao capitalismo não apenas fomentar necessidades individuais, como regular os mecanismos de compra e venda, contornando as crises de desequilíbrio do mercado. Nesse âmbito, a classe burguesa recorre a instâncias de mediação de naturezas distintas, mas que ao serem articuladas possibilitam manter a exploração dos trabalhadores, no plano concreto, por meio de mecanismos repressivos, e no plano ideológico, tanto pela intervenção do Estado[39] quanto pela via das práticas profissionais.

---

37. "O caráter místico da mercadoria não provém, portanto, de seu valor de uso. Ele não provém, tampouco, do conteúdo das determinações do valor" (Marx, 1985a, p. 70). O fetiche é "a expressão reificada do trabalho social no valor das coisas" (Rubin, 1987, p. 88).

38. "Da mesma maneira, o direito por sua vez reduz-se à lei" (Marx e Engels, 1989, p. 70).

39. Lembramos que, para Marx, o Estado como mantenedor de interesses universais é uma abstração, já que ele encerra interesses bem definidos: o das classes hegemônicas (Marx e Engels, 1989, p. 70).

Se o trabalho assalariado extirpa toda e qualquer relação imediata entre os homens e suas condições de trabalho, dado que opera a fragmentação entre projeção e execução, materialidade e idealidade, essência e existência, recuperar a perspectiva ontológica do trabalho significa reconhecer que nas finalidades subjacentes às ações humanas residem as possibilidades emancipadoras do trabalho.

Se a alienação penetra medularmente a sociedade burguesa, ossifica-se nela, impondo um modo de pensar pautado na estabilidade das *formas*, o domínio teórico de um complexo heurístico capaz de compreender os sistemas de mediação e a (re)apropriação prática das relações entre os homens é a via de liberação dos homens da racionalidade fetichizada que envolve a sociedade capitalista.

Se o modo de produção capitalista constitui-se, desenvolve-se, solidifica-se e revoluciona-se sob a base de suas próprias contradições, que aparecem como "ambiguidades" produzidas na/pela realidade, a superioridade de Marx ao apreendê-lo à luz da dialética está em percebê-lo na sua negatividade onde: "Tudo o que é sólido e estabelecido evapora-se".[40]

2. A perspectiva racionalista formal-abstrata e suas expressões na organização da sociedade burguesa constituída

Estabelecer a polêmica com uma perspectiva tão abrangente como o racionalismo formal-abstrato exige-nos explicitar, de forma mais clara possível, as premissas que nortearão esta abordagem, sob pena de permanecermos nas abstrações mais gerais do fenômeno, não alcançando as suas formas de manifestação

---

40. Marx (1985a, p. 89, nota 306).

na intervenção profissional do assistente social, que é o mote deste estudo.

O vetor que consideramos mais fecundo na análise pretendida exigiu-nos uma remissão à dinâmica da organização do processo de trabalho na ordem burguesa, posto que, conforme sinalizamos, o racionalismo formal-abstrato encontra seu substrato nos processos e relações que se estabelecem no/pelo trabalho nas formações socioeconômicas capitalistas. Porém o seu desenvolvimento assume expressões peculiares nas diversas instituições e organizações da sociedade burguesa.

A análise dos processos de trabalho à luz das elaborações marxianas demonstraram-nos que, se a objetividade, a neutralidade e a fragmentação, que histórica e processualmente incorporam-se às formas de organização do trabalho, constituem-se na base de sustentação ideológica da sociedade burguesa, a realidade mesma as infirma. A realidade social não se constitui da "positividade" tão propalada pelas correntes positivistas, tampouco o estado das forças sociais mantém-se em equilíbrio: a contradição, por não ser algo que possa se agregar aos sistemas sociais, coloca em xeque a "ordem" burguesa que se vê submetida a constantes processos de reorganização, criando e recriando mecanismos para prevenir e controlar a ebulição dessas forças, resultado este nem sempre alcançado com sucesso.[41]

As metamorfoses operadas no/pelo capitalismo obedecem ao movimento universal de preservação da sua essência: acumulação e valorização do capital, muito embora seus meios

---

41. Marx já afirmava: "Em sua forma mistificada, a dialética hegeliana foi moda alemã porque ela parecia tornar sublime o existente. Em sua configuração racional, é um incômodo e um horror para a burguesia e para os seus porta-vozes doutrinários, porque, no entendimento positivo do existente, ela inclui ao mesmo tempo o entendimento da sua negação, da sua desaparição inevitável; porque apreende a cada forma existente no fluxo do *movimento*, portanto também com seu lado transitório; porque não se deixa impressionar por nada e é, em sua essência, *crítica e revolucionária*" (Marx, in Posfácio da 2ª edição de *O capital*, 1985, p. 21).

de realização adquiram peculiaridades quando remetidos a contextos socioeconômicos, políticos e culturais específicos. Ou, nas palavras de Lukács: "Os fatos [do capitalismo] são fundados sobre o mesmo desenvolvimento essencial, porém cada desenvolvimento essencial é um acontecimento concreto e único na história" (Lukács, in Kofler et al., 1969, p. 124).

O exame dos aspectos lógicos e históricos que permeiam a "capitalização radical da sociedade"[42] brasileira demonstra-nos que não há uma vinculação direta entre a gênese do processo de racionalização e os desenvolvimentos que assume nas organizações sociais do capitalismo monopolista e, ainda, que o caráter reificado das relações de produção, pautadas nas leis desconhecidas[43] e "naturais" do capitalismo, ao expandir-se por outras esferas da sociedade burguesa, complexifica-se a um nível tal que faz com que desapareça a sua essência real. Deste modo, a direção que a análise pretende perseguir refere menos à ordem cronológica ou à sucessão histórica do aparecimento do fenômeno na sociedade capitalista brasileira do que aos graus de abrangência e níveis de permanência da perspectiva racionalista formal-abstrata e as continuidades e rupturas que as peculiaridades do capitalismo brasileiro, na era dos monopólios, opera com o racionalismo. Melhor dizendo, com essas reflexões pretende-se apreender as particularidades que o racionalismo, comum aos diversos momentos do desenvolvimento histórico do capitalismo, adquire na atualidade e suas formas de expressão nas relações sociais, entendendo que este caminho nos permitirá compreender as expressões do processo de racionalização da sociedade na intervenção profissional do assistente social, já que ambos constituem-se

---

42. Expressão utilizada por Lukács in *História e consciência de classe*: estudos de dialéctica marxista (1989, p. 103).

43. Em Lukács temos que, quando uma classe social não alcança a explicação racional de um fato, fenômeno ou processo, recorre a explicações mágicas, místicas e irracionais (cf. Lukács in Kofler et al., 1969, p. 48-9).

em estratégias de enfrentamento das expressões da questão social adotadas pelo Estado brasileiro.

Ao vislumbrar as possibilidades contidas no racionalismo, no sentido de manipular as contradições sociais, o Estado cria e aperfeiçoa um espaço socioinstitucional a ser ocupado pelos assistentes sociais, espaço este que se complexifica pelos desafios conjunturais da década de 1980. Aqui a perspectiva racionalista reveste-se de tecnicismo e instrumentalismo exacerbados.

Marx já anunciava a relação entre a base material das relações de produção e uma determinada superestrutura jurídica e política, às quais correspondem formas de consciência social. Na contemporaneidade essa relação se complexifica, de modo que as dimensões materiais que condicionam as expressões ideais — ideológicas e teóricas — se explicitam, gestando uma forma de consciência reflexa, burocrática, tecnocrática. As determinações e os sistemas de mediações que provocam, que se interpõem e se manifestam nesse processo de empobrecimento das objetivações dos homens nas duas últimas décadas são inúmeros. A remissão a alguns desses sistemas e determinações parece-nos imprescindível para a compreensão da influência que o projeto racionalista opera no Serviço Social.

Neste âmbito, vemos que, como consequência do processo de industrialização nacional, do autoritarismo e conservadorismo que inspiram a burguesia industrial brasileira[44] e, ainda, da posição subalterna que o país ocupa na divisão internacional do

---

44. Conforme observa Florestan Fernandes, dadas as especificidades do nosso processo de industrialização (pela via colonial), a despeito do modelo imperialista clássico, o capitalismo no Brasil se desenvolveu sob bases escravagistas apoiado no modelo concorrencial e pela via da "conciliação pelo alto" e somente após a década de 1930 é que se fixam as bases para seu desenvolvimento. Com isto, a burguesia nacional, incapaz de dar conta do seu papel histórico-revolucionário, capitula diante da dominação externa dos monopólios e da ideologia reformista (cf. Fernandes, 1986, p. 137 e ss.).

trabalho, a década de 1970 é marcada pelo predomínio de determinado padrão no uso e controle da força de trabalho entre as organizações industriais, padrão este caracterizado pela superexploração dos trabalhadores e utilização de mecanismos internos repressivos e preventivos acoplados a uma política salarial recessiva e a introdução gradual de modernas tecnologias (cf. Carvalho, 1987, p. 36). O critério é o alcance da lucratividade,[45] não apenas pela via do aumento da produtividade, mas por mecanismos coercitivos e ameaçadores da estabilidade no emprego. O controle e disciplinamento da mão de obra nos espaços de trabalho não bastam para o alcance da lucratividade. De um lado há que se introjetar no trabalhador um sentimento de subordinação e dependência provocados pela sua progressiva desqualificação,[46] que se estenda a sua vida cotidiana e reflita em seus organismos representativos, associando-se a esses mecanismos a vigilância direta exercida pelas funções de supervisão e direção. No caso de resistência em massa, aciona-se aparelhos repressivos. De outro, há que se assegurar num discurso suficientemente "neutro", para fazer frente ao empobrecimento do trabalhador, que deve ser aceito como transitório, "decorrência natural do progresso".

A utilização de métodos e técnicas de gerência científica, especialmente do *taylorismo*, de influência norte-americana, que desde a década de 1930 integram as formas de lidar com a resistência dos trabalhadores, combina-se com formas que visam garantir a segurança nacional, por meio de medidas assistenciais.

---

45. A lucratividade na produção obedece ao princípio da redução de todos os custos a ela pertinentes, aí incluídos, sobretudo, os salários do trabalhador (cf. Carvalho, 1987, p. 64).

46. Nota-se que a estratégia de desqualificação da mão de obra permite elevar o padrão de rotatividade, que por sua vez facilita a substituição do trabalhador. Em Marx temos que a rotatividade obedece ao princípio da igualdade e homogeneidade do trabalho, alcançadas pela abstração do trabalho de todas as suas propriedades concretas, ou seja, das suas qualidades.

Com a introdução da noção de "tarefas"[47] e a consequente redução das atividades do trabalhador ao menor número de ações simplificadas, previamente orientadas, no tempo exato necessário à sua realização (tempo-padrão), o controle do processo de trabalho efetiva-se, tendo como substrato a fragmentação, o cálculo racional, a previsão, dentre outros mecanismos.

As formas de exploração da classe trabalhadora vão sendo incrementadas e convertem-se em mecanismos que ameaçam sua estabilidade no emprego, seus direitos e formas de organização.

Conforme verifica Antonacci, o modelo de administração científica do trabalho foi implantado no Brasil numa conjunção de elementos de diferentes naturezas. Assim é que,

> em sintonia com o cientificismo e suas perspectivas de organização da sociedade conforme regras das ciências exatas, fundadas no Positivismo e evolucionismo, as ideias de Taylor e seus seguidores refizeram o conteúdo e orientação do pensamento autoritário em expansão com as críticas ao liberalismo, potenciando suas modalidades de intervenção nos mundos do trabalho e na sociedade como um todo (Antonacci, 1993, p. 24).

Ao modelo universalista de implantação e desenvolvimento dos monopólios mesclam-se as peculiaridades que se inserem nas possibilidades de expansão da classe burguesa brasileira;[48]

---

47. As consequências da introdução da noção de tarefa na organização do processo de trabalho são inequívocas: o trabalhador que já se encontrava cindido do produto do seu trabalho, agora separa-se do seu saber-fazer, único capital que possuía, esvaziando-se o conteúdo do trabalho. Tendo como suposto o princípio da divisão (dividir para controlar), institui-se a hierarquização das decisões, a simplificação da atividade, prescindindo-se da qualificação do trabalhador e estabelecendo-se o único e melhor método de execução da tarefa que, *obviamente*, é definido pelas instâncias mandantes.

48. "É a partir da apreensão das condições básicas para a expansão dessa burguesia [...] que desembocaram em uma engenhosa articulação do liberalismo com

aos fundamentos constitutivos do imperialismo clássico, que buscam resguardar os espaços de trabalho de qualquer intervenção externa (cf. Antonacci, 1993, p. 59)[49] combina-se um Estado interventor; aos princípios gerais da organização científica do trabalho aliam-se interesses patronais específicos e resistências da classe trabalhadora. É deste amálgama esta constitui e se nutre a *racionalidade do capitalismo monopolista no Brasil*, tornando necessária a adoção de procedimentos conciliatórios.

Nesse cenário comparece a difusão das ideias e princípios racionalizadores, assentados no discurso de progresso nacional, como resultado do emprego de procedimentos e técnicas científicas. Ao serem transformados em *valores cívicos*, os princípios racionalizadores podem ser incorporados ao conjunto de valores ético-morais da nossa sociedade.

A ótica da racionalização dos processos de trabalho e suas perspectivas disciplinadora e normalizadora passam a conduzir o processo de reorganização da vida social brasileira. Atravessam as lutas entre as classes e segmentos de classe.

De uma parte, o discurso científico tenta anular as reivindicações trabalhistas, já que os processos e relações de trabalho estariam submetidos "à arbitragem da ciência" (Antonacci, 1993, p. 59),[50] esta constituindo-se no escopo de cooperação entre as classes. De outra, a racionalidade científica, ao assegurar a

---

o autoritarismo, pode-se especificá-la [a burguesia] como representante dos interesses e das necessidades de um sistema fabril organizado pelo grande capital" (Antonacci, 1993, p. 60).

49. É importante observar que esta autora, retomando as formulações de Munakata, demonstra a resistência tanto da classe operária quanto da burguesia industrial em aceitar a intervenção estatal nas questões oriundas das relações de trabalho. E o que é mais relevante ainda, que a ótica cientificista do trabalho rejeita qualquer intervenção externa a esse processo (cf. Antonacci, 1993, p. 58-60).

50. As implicações de se submeter as relações políticas entre capital e trabalho aos princípios técnicos e racionais da administração científica são inúmeras. Suas bases de sustentação são adequadamente comentadas por Antonacci: "Somente nivelando todos os elementos do processo de trabalho à categoria de objetos, com

hegemonia do grande capital, em detrimento dos pequenos e médios proprietários, fragmenta as relações dos segmentos que compõem a classe burguesas.[51]

Subestimar a força da classe trabalhadora mediante esse quadro, recortado e complexo é, no limite, subordiná-la à racionalidade da classe dominante, cientificista e, por isso, fetichizadora. É conceber que a razão pode brotar acima dos homens (e das suas necessidades reais), que a racionalidade é dada por modelos ideais e não pela prática de homens concretos e reais (Marx e Engels, 1989, p. 20). Ao contrário, são as respostas dos trabalhadores no intuito de atender as suas necessidades materiais que, ao se expressarem como formas de resistência e mobilização *mais ou menos* organizadas, determinam, alteram, diversificam os métodos de racionalização da classe burguesa, de modo que os processos racionalizadores burgueses acabam sendo submetidos aos movimentos das classes trabalhadoras.

Tensionado o campo onde figuram as relações de produção, há que se acionar um mecanismo externo, que possa "arbitrar de maneira imparcial e neutra" sobre essas relações.

A despeito do princípio liberal clássico da autorregulação do mercado, a era dos monopólios exige que o Estado brasileiro converta-se em meio de concreção das finalidades do capital. Requisita-lhe a incorporação de novas atividades para as quais tem que se reorganizar, modernizar, já que o seu perfil autoritário, travestido em paternalismo (no clássico estilo "pai-patrão") não se coaduna com o projeto racionalista dos monopólios.

---

uma dimensão de disponibilidade ilimitada, a racionalização pôde veicular suas pretensões de cálculo, previsão e manipulação total" (1993, p. 138).

51. O estudo de Antonacci sobre o processo de organização racional do trabalho em São Paulo, no período de 1931 a 1945, aponta que os princípios tayloristas de gerência científica do trabalho serviram aos grandes monopólios "para subordinar pequenos e médios produtores ao movimento de concentração/centralização do capitalismo" (1993, p. 61).

As funções que visam assegurar a posse dos meios de produção à burguesia, acresce-se as de preservar e controlar a força de trabalho ocupada e excedente (cf. Netto, 1989a, p. 15). Agora, "a intervenção estatal incide na organização e na dinâmica econômicas *desde dentro* e de forma contínua e sistemática" (Netto, 1989a, p. 13). Preocupa-se ainda [o Estado] em minimizar a tendência ao subconsumo e "o faz mediante os sistemas de previdência e segurança social" (Netto, 1989a, p. 15).

Esta refuncionalização do Estado, suscitada pela "demanda que o capitalismo monopolista tem de um vetor *extraeconômico* para assegurar seus objetivos estritamente econômicos" (Netto, 1989a, p. 13), se, por um lado, traduz-se na sua inserção em diferentes setores estratégicos da economia nacional, tanto no âmbito privado, ampliando sua participação em atividades empresariais, como no público, financiando projetos e mantendo a mão de obra disponível aos interesses dos monopólios, por outro, funda-se nas singularidades do desenvolvimento capitalista brasileiro. Aqui, a mediação fetichizadora que a mercadoria assume nas relações sociais no capitalismo desenvolvido é recolocada ao nível da legitimação do Estado, que se vê compelido a intervir diretamente nas *tensões* engendradas dessas relações, e o faz, implantando ou implementando programas e estratégias que passam a se constituir em políticas sociais/ públicas. Funda, assim, um campo específico para o atendimento das questões oriundas dos antagonismos entre capital e trabalho, cujos objetivos incorporam o atendimento das reivindicações da classe trabalhadora, que são tratadas como carências de caráter individual. Incorpora e enforma essas reivindicações: "Dar-lhes uma fórmula política muito concreta, que concilia determinados interesses, dá uma certa conciliação, coerência e instrumentalidade a estes interesses no nível da racionalidade estatal",[52] o que vem a se constituir num fator favorável à cons-

---

52. Sader (1987, p. 24 e ss.).

trução de suas bases de legitimação.⁵³ Incorpora, ainda, princípios do liberalismo, e, ao fazê-lo, toma os indivíduos como os responsáveis, em última instância, pela sua própria situação: as sequelas da questão social são consideradas "fracassos individuais" (cf. Netto, 1989a, p. 24).⁵⁴

Aqui, a dinâmica social impõe ao Estado múltiplas e variadas formas de atuação sobre as expressões da questão social, cuja essência é subsumida, de um lado, pela universalidade (a racionalidade das leis "naturais" do mercado capitalista) e, de outro, pelas singularidades (a individualidade das patologias sociais).

As tensões provocadas pela luta de classes "aparecem" racionalmente convertidas em questões sociais; a contradição entre capital e trabalho, essencialmente econômica, política e histórica, apresenta-se como uma relação de eficácia e eficiência, ou no limite, entre meios e fins.⁵⁵

Essa perspectiva de racionalização das "questões sociais",⁵⁶ que se conecta diretamente com as correntes positivistas e suas perspectivas de organização da sociedade à luz das ciências

---

53. A propósito da força política que essas medidas representam, Netto (1989a, p. 20) comenta: "O fato de que as demandas são atendidas a partir de mobilizações e pressões vindas do exterior do aparato institucional permite que aqueles que conquistaram algum atendimento se reconheçam como representados neles".

54. Em Netto (1989a, p. 24) encontramos: "Eis por que o redimensionamento do Estado burguês no capitalismo monopolista com face da 'questão social' simultaneamente corta e recupera o ideário liberal — *corta-o*, intervindo através de políticas sociais; *recupera-o* debitando a continuidade das suas sequelas aos indivíduos por elas afetados". Vê-se, aqui, a nítida inversão que o racionalismo opera entre as condições objetivamente dadas e a subjetividade individual dos agentes "condicionados por um determinado desenvolvimento de suas forças produtivas e das relações que a elas correspondem" (Marx e Engels, 1989, p. 20).

55. A oposição entre razão e história que aqui se estabelece permite que "a ambiguidade se sobreponha à contradição constitutiva da sociedade, de modo que o que é histórico apareça como simplesmente imperfeito" (Martins, 1986, p. 72).

56. Por questões sociais estamos entendendo "o conjunto de problemas políticos, sociais e econômicos que o surgimento da classe operária impôs no curso da constituição da sociedade capitalista" (Cerqueira Filho, 1982, p. 21).

naturais, tem implicações ainda mais sérias: pressupõe que as tensões possam ser controladas e manipuladas com a mesma destreza com a qual se domina os fenômenos da natureza. Porém, "ao naturalizar a sociedade, a tradição em tela [a positivista] é compelida a buscar uma especificação do ser social que só pode ser encontrada na esfera moral" (Netto, 1989a, p. 34). Desse modo, o Estado, no cumprimento da função de "administrar o conflito" entre as classes sociais, encontra na moral científica durkheimiana o fundamento que determina sua intervenção na questão social.

Postos os fundamentos e os objetivos (promover a coesão social), há que se estabelecer seus meios de viabilização, já que, em Durkheim, entre o âmbito público do Estado e a vida privada localizam-se os grupos secundários (associações profissionais) responsáveis pela reprodução das representações simbólicas, ou, em outras palavras, pela reprodução "reificada" da materialização das relações sociais e personificação das coisas. Esses grupos, pelo estabelecimento de normas coletivas que vinculam indivíduo e sociedade, buscam "substituir o egoísmo desintegrador das classes sociais pela racional cooperação da moral profissional" (Antonacci, 1993, p. 175). O estabelecimento dos meios para efetivar o atendimento da questão social impõe ao Estado a reestruturação da "máquina" administrativa, implantando e implementando instituições, programas de ação, estratégias e instâncias técnicas.

Deixando-se "seduzir" pelos princípios e métodos da gerência científica, a questão social passa a ser objeto de intervenção técnica para a qual algumas profissões devem se preparar.[57] O Estado "nacional" transforma-se no "Estado Racional-Corpo-

---

57. Neste âmbito, Antonacci discute o papel do Instituto de Organização Racional do Trabalho — fundado em São Paulo em 1931 — que foi de importância capital na formação de uma "mentalidade racional" em nível nacional e, sobretudo, na racionalização dos serviços públicos no final da década de 1930 (cf. Antonacci, 1993).

rativo" que "organizado e representado à imagem e semelhança do trabalho científico, não seria portador de conflituosos e egoístas interesses e necessidades individuais, mas técnica e profissionalmente concebido e administrado, num imaginário social carregado de novas crenças, simbologias e significações criadas por sujeitos sociais que *as fizeram, se fazendo* historicamente" (Antonacci, 1993, p. 28). Aqui as estratégias de representação estatal se combinam e *se confundem*.

Ao transviar-se de suas funções anteriores, o Estado aparece sob uma "nova" racionalidade, que passa a ser sustentada pelas fragmentações entre aspectos políticos e econômicos transmutados em questões sociais; ao mesmo tempo em que opera uma fusão entre os setores público e privado, realiza a oposição entre o público e o estatal. Ao incorporar os princípios "cientificistas" da racionalização do processo de trabalho, converte o político em técnico-burocrático. Com esses vetores, que comparecem nas suas representações e dão o tom da sua racionalidade, o Estado busca operar e mediar o minado campo no qual se defrontam os antagonismos entre capital e trabalho, pela via das políticas sociais.

Se, no plano formal, essas ambiguidades podem ser forjadas pelo Estado, no âmbito concreto das lutas políticas elas adquirem visibilidade. Operada a inversão da dialética hegeliana temos não o Estado como elemento mobilizador, já que ele é apenas expressão da sociedade civil, mas as lutas travadas no processo de produção e reprodução da vida material pelas classes ou segmentos de classes sociais que, por meio de contraditórios interesses, movimentam o Estado[58] em tempos e espaços historicamente determinados.

---

58. Cabe aqui a assertiva de Lukács de que: "As condições fundamentais de todo movimento econômico e social são sempre e apenas as posições teleológicas dos homens [...] Trata-se sempre de uma posição teleológica ideal, pensada, que só se torna uma posição real quando se experimenta transformá-la em realidade material no âmbito da *práxis* (Lukács, in Kofler et al., 1969, p. 81).

Deste ponto de vista, vemos que os grupos sociais que compõem a sociedade civil não possuem uma política social, mas projetos de sociedade nos quais as políticas sociais inserem-se,[59] que estas se efetivam por grupos que historicamente ocupam uma posição no governo e ainda que "antes de traduzir-se em estratégia governamental, a problemática concernente a política social está presente nas principais reivindicações trabalhistas" (Vieira, 1992, p. 22), o que concorre para que o papel e o espaço historicamente ocupado pelas políticas sociais brasileiras acompanhe e complemente as relações sociais de produção.

Essa assertiva pode ser constatada pelas alterações operadas no contexto do trabalho nos finais da década de 1970, engendradas pela crise econômica e política brasileira articulada à crise mundial contemporânea do capitalismo, já que, nesse período, as lutas democráticas induzem *à* constituição e implementação de políticas de recursos humanos, em substituição à política de relações industriais[60] Consoante a sua posição periférica na divisão internacional do trabalho, a economia brasileira é impulsionada a estabelecer novas relações com o mercado mundial, agora investindo na exportação, sobretudo de produtos manufaturados, o que concorre para uma alteração nos

---

59. A este respeito cabem duas observações. A primeira, de que grande parte das conquistas proletárias do século passado tenha sido convertida em políticas sociais. A segunda, que há projetos de sociedade nos quais a questão social *é* vista como "processo revolucionário" e, como tal, sua solução passa pela superação da ordem social burguesa. A esse respeito, Netto, 1989a, p. 41-54.

60. Não nos compete aqui fazer digressões sobre a conjuntura sócio-histórica dos períodos da ditadura e Nova República, temáticas suficientemente abordadas pela recente literatura do Serviço Social (como também fora dele). Cabe-nos apenas observar que no primeiro período (autocracia burguesa) a assistência social encontra-se diretamente vinculada aos preceitos de segurança nacional e, com o advento da "Nova" República, não se verificam mudanças significativas no tratamento da assistência social. Ver Netto, 1989a e 1991a; Iamamoto e Carvalho, 1986; Fernandes, 1986.

processos de trabalho.⁶¹ Ora, a saída para o mercado externo põe relações de competitividade que passam a exigir qualidade dos produtos, somente alcançada se apoiada, de um lado, pela manutenção de uma força de trabalho capacitada e, de outro, por mecanismos eficientes e racionalizadores dos custos, incluindo-se aí a modernização tecnológica.⁶² Altera-se, em alguns setores da produção ou dentro do mesmo setor, a composição da mão de obra requerida; na articulação entre os aspectos técnicos, econômicos e políticos, alteram-se as formas de gerenciamento dos processos de trabalho. A direção consiste em buscar a participação e adesão do trabalhador movidos pela lógica de complementaridade entre capital e trabalho,⁶³ lógica esta expressa por estratégias racionalizadoras (de restrição salarial e disciplinamento) acopladas a incentivos sociais. Em ambos os casos prevalecendo as orientações reformistas.

Nesse contexto de pauperização da classe trabalhadora, a ruptura se manifesta no surgimento das greves e movimentos

---

61. Sobre as necessidades que conduzem os países latino-americanos a buscar recursos e mercados externos, Ianni considera que: "Por um lado, a industrialização realizada nestes países, nas décadas do pós-Guerra, foi amplamente determinada pelos interesses do capital externo e tendo em vista, desde o começo, a produção para exportação, além do atendimento do mercado interno [...] Por outro lado, a exportação de manufaturados passou a ser um novo item importante para a produção de divisas necessárias à continuidade do tipo de industrialização dependente que se havia iniciado" (cf. Ianni, 1976, p. 138-9).

62. O estudo de Carvalho sobre os processos de automação nas indústrias automobilísticas brasileiras demonstra três grandes vetores que concorrem para que se projetem novas tendências no processo de trabalho durante o período de transição da década de 1970 para a de 1980, a saber: alteração nos padrões de concorrência das empresas como resultado da conquista do mercado externo, a incorporação de novas tecnologias e a crise de legitimidade política do governo militar que redunda na retomada do movimento operário (cf. Carvalho, 1987, p. 15-97).

63. A esse respeito Antonacci assim coloca: "As ideias de cooperação e equilíbrio social, a partir da fábrica, já presentes com a introdução dos métodos tayloristas, foram repostas pela noção *de "serviço social"* do lucro capitalista, dentro de uma perspectiva de que *da abundância* da produção participariam *proporcionalmente* o produtor, o trabalhador e o consumidor" (1993, p. 86; grifos meus).

sociais, ou melhor, na retomada do protagonismo da classe trabalhadora no cenário nacional, cuja maior expressão encontra-se nas greves dos metalúrgicos da região do ABC de São Paulo.[64] Além de outras conquistas da classe trabalhadora tem-se a convergência de diversas lutas sociais, ampliação das suas formas de representação, retomada do movimento sindical, criação de comissões de fábrica, construção de centrais sindicais e criação de um partido político na defesa de interesses gerais dos trabalhadores.

Com essas considerações, ainda que tangenciais, pretendemos demonstrar que é no âmbito da produção da vida material da sociedade civil que se localizam as possibilidades de compreensão da perspectiva racionalista das ações governamentais, das respostas estatais ao enfrentamento da questão social e da mediação fetichizada exercida pelas políticas sociais, aqui compreendidas não apenas como espaço privilegiado de intervenção profissional, mas, especialmente, como direção, ordenamento, conformação, prescrição da intervenção profissional, e, por isso, são capazes de atribuir à intervenção profissional determinadas configurações sócio-históricas.

3. A perspectiva racionalista formal-abstrata na constituição das políticas sociais

Na apreciação das políticas sociais públicas/privadas, entendidas, simultaneamente, como suporte material e ordenamento da intervenção profissional, já que, a nosso ver, elas

---

64. Carvalho demonstra que apesar da dominância significativa dos metalúrgicos sobre *o número de greves* entre 1978 e 1984, a relevância desse segmento profissional encontra-se nas suas *formas de mobilização e de conquistas* (cf. Carvalho, 1987, p. 91).

imprimem contornos e configurações à intervenção do assistente social, duas premissas colocam-se como ponto de partida para a análise e se complementam mutuamente. Ambas buscam recuperar a natureza, modos de ser e de aparecer das políticas sociais e completam argumentos apontados no item anterior.

No primeiro nível temos que as políticas sociais não se constituem em políticas propriamente ditas; ao contrário, os planos, programas e estratégias governamentais são resultado de situações historicamente determinadas, de revoluções e crises econômicas e de reivindicações operárias, ou, segundo Vieira: "Não se definindo a si, nem resultando apenas do desabrochar do espírito humano, a política social é uma maneira de expressar as relações sociais cujas raízes se localizam no *mundo da produção*" (Vieira, 1992, p. 21-2). Deste modo, as chamadas "políticas sociais" constituem-se da síntese de elementos contraditórios que envolvem interesses antagônicos, mediados pelo Estado. Seu espaço de atuação extrapola o âmbito restrito da legitimidade política do Estado junto às classes trabalhadoras, via instituições sociais, para se constituir em instrumentos minimizadores das formas selvagens e violentas de exploração que caracterizam o nosso processo de trabalho. Seus objetivos se dissolvem pelas fragmentações produzidas no/pelo processo de trabalho e pelas ambiguidades que comparecem nas funções e estratégias adotadas pelo Estado, conformando ao atendimento às questões sociais uma racionalidade que, ao mesmo tempo em que põe a necessidade das políticas sociais, permite uma aproximação à sua lógica de constituição.

Em segundo lugar, porém não menos importante, que tais medidas governamentais construídas para o combate das questões sociais, resultantes da "capitalização radical da sociedade" brasileira do período dos monopólios, encontram-se assentadas em dois planos: no nível estrutural sob a ótica da racionalização do processo de trabalho; no plano superestrutural pela sua descaracterização enquanto questão política, ou melhor, enquanto expressão do enfrentamento das classes sociais da sociedade burguesa madura. Para tanto, deve ser enfrentada como "objeto de administração técnica e/ou campo de terapia comportamental" (Netto, 1989a, p. 47). Dito de outro modo: se as políticas sociais têm sua base material amparada nas formas de organização do processo de trabalho, já que seu formato corresponde ao modelo de organização do trabalho nas sociedades capitalistas desenvolvidas — qual seja, rompe com a unidade orgânica entre as diversas dimensões da realidade, opera com a decomposição e fragmentação, assenta-se na previsão e controle racionais, põe as especializações e sustenta-se numa tecnoburocracia[65] — como ainda, gestam-se no interior das lutas de classes decorrentes dos interesses antagônicos que se manifestam nas relações de produção; no plano ideológico, as políticas sociais devem "aparecer" aos trabalhadores apartadas de interesses de classe. E de fato aparecem, à medida que o aspecto místico que recobre as políticas sociais sustenta-se no discurso da neutralidade do Estado, na primazia dos aspectos técnicos sobre o econômico e nas transformações dos antagonismos das classes sociais em meras contingências do progresso.[66] Por alcançar este grau de complexidade, as questões políticas necessitam ser convertidas em problemas técnicos ou de desintegração social.

As consequências do modo de aparecer das políticas sociais na sociedade capitalista brasileira, resultantes do processo de racionalização estatal, são múltiplas. Ao isolar as questões sociais

---

65. Concordamos com Lukács que esses aspectos essenciais do processo de racionalização contrapõem-se aos variados significados que os fenômenos assumem historicamente *nas* diferentes formações socioeconômicas, enquanto resultado da posição teleológica dos seus protagonistas (cf. Lukács, 1989, p. 124-7).

66. Menezes observa que: "O espírito de *conciliação,* em última instância, também alimentava as primeiras iniciativas de se estabelecer um novo aparato para a modernização das instituições normativas da sociedade que vinha se formando" (1993, p. 75).

do âmbito das relações de trabalho, entendidas como expressão das relações de forças entre classes ou segmentos de classes que se confrontam nesse processo, o Estado acaba por obscurecer a organicidade entre políticas sociais e processo de acumulação/valorização do capital.[67] Ao fragmentar as questões sociais numa pluralidade de modalidades e setores constituídos em "campos" nos quais serão tratadas as "anomalias" da sociedade, "tipificadas em políticas sociais" (Netto, 1989a, p. 59), esse mesmo Estado institucionaliza práticas profissionais especializadas[68] para atuarem basicamente em dois níveis: do planejamento e da sua implementação.

O novo padrão de racionalidade, exigido pela ordem capitalista na era dos monopólios, passa a necessitar de profissionais para a "operacionalização de medidas instrumentais de controle social, o controle de técnicas e tecnologias sociais [...] enquanto meios de influenciar a conduta humana, adequando-a aos padrões legitimados de vida social, manipulando racionalmente os problemas sociais, prevenindo e canalizando a eclosão de tensões para os canais institucionalizados estabelecidos oficialmente" (Iamamoto e Carvalho, 1986, p. 112).[69] Institui um espaço na divisão social e técnica a ser ocupado por um tipo peculiar de trabalhador assalariado que vende, além da sua torça de trabalho, um conjunto de ações direcionadas à

---

67. Organicidade esta que, como procuramos demonstrar, é dada tanto no aspecto político como no econômico, mas que não se manifesta direta nem imediatamente, tampouco com a mesma ponderação.

68. Em Lukács temos que: "A especialização das qualificações faz desaparecer toda e qualquer imagem da totalidade" (1989, p. 119).

69. "As próprias referências teóricas e pragmáticas de discursos, como da Psicologia, Biologia, Fisiologia, Sociologia, Higiene Mental e do Trabalho — que tiveram seus desenvolvimentos articulados à produção de formas de conhecimento e de intervenção para construir a fábrica e a sociedade sob a lógica da razão técnica — canalizaram atenções e projetaram visões sociais a respeito da modernidade industrial dentro destes encaminhamentos" (Antonacci, 1993, p. 11).

administração dos conflitos sociais: o assistente social (cf. Netto, 1989a, p. 59-61).[70]

A perspectiva racionalista, ao privilegiar a forma sob a qual as políticas sociais aparecem, qual seja, sua fugacidade, em detrimento da sua essência: o caráter compensatório das políticas sociais, acaba por configurá-las, apenas, com o perfil indefinido e fluido que reveste a sua aparência. Porque parte daquilo que os fenômenos demonstram na sua objetividade, a ótica racionalista não alcança nem o movimento de constituição das políticas sociais: — os fluxos e refluxos da política econômica — nem sua lógica de constituição: os antagonismos de interesses das classes fundamentais da sociedade capitalista. Neste âmbito, o que aparece como a essência das políticas sociais — a reposição dos índices de mais-valia expropriada do trabalhador — nada mais é do que mera aparência, já que, conforme afirmamos, a lógica de constituição das políticas sociais nega qualquer componente distributivista. A dissolução das abstrações postas no/pelo modo de aparecer das políticas sociais requer a apreensão da unidade que tais medidas estatais encerram: seu conteúdo integrador e controlista.[71] Esta perspectiva integradora, por sua vez, só pode ser sustentada por um "paradigma" que, pela via de procedimentos burocráticos, autonomiza os aspectos econômicos, sociais, políticos, culturais dos fatos, fenômenos e processos sociais. Estabelecida a relação de causa e efeito entre os fenômenos a racionalidade formal-abstrata, pode-se prever o curso dos acontecimentos como resul-

---

70. Se a funcionalidade da profissão à ordem monopólica requisita ao assistente social a manipulação de variáveis do contexto social dos usuários dos serviços, essas ações já vinham sendo desencadeadas pela profissão desde as suas protoformas (cf. Netto, 1989a, p. 114).

71. Há uma vasta bibliografia que retrata o caráter autoritário e disciplinador das práticas engendradas pela elite política brasileira. Dentre elas, os estudos de Roberto Schwarz são significativos.

tante de leis objetivas, que exercem autonomia sobre a vontade dos sujeitos, cuja ação restringe-se a observar e experimentar os efeitos produzidos pelas leis causais da realidade. Esta forma de conceber e explicar os processos sociais, peculiar ao "racionalismo burguês moderno" (cf. Lukács, 1989, p. 126 e ss.), posta nas/pelas políticas sociais, repercute na intervenção profissional dos assistentes sociais,[72] já que estas se constituem na base material sob a qual o profissional se movimenta e, ao mesmo tempo, atribuem contornos, prescrições e ordenamentos à intervenção profissional.

A racionalização da sociedade brasileira, decorrência necessária do reordenamento da economia nacional, encontra na prestação de serviços estatais,[73] constituídos na simbiose entre setores público e privado, não apenas o meio como o fim de sua realização, já que visa "reduzir os óbices que a valorização do capital encontra na ordem monopólica" (Netto, 1989a, p. 61). Neste sentido, encontra seu sustentáculo menos na rede de solidariedade da sociedade civil (cf. Sposati, 1991, p. 7), como defendem alguns analistas, do que nas organizações empresariais de capital monopolista, dado ao estímulo fiscal que o Estado lhes proporciona.

A análise, em caráter aproximativo, das estruturas da prestação de serviços permite-nos afirmar que obedecem a estrutura

---

72. "A diferença entre a atitude do *trabalhador* relativamente à máquina particular, do *empresário* em relação ao tipo dado de evolução do maquinismo e do técnico em relação ao nível da ciência e da rentabilidade das suas aplicações técnicas *é* uma diferença puramente quantitativa e de grau, e não uma diferença qualitativa na estrutura da consciência" (Lukács, 1989, p. 113).

73. "Criar um aparato institucional racional que, com modernas tecnologias organizacionais e exercício de poderes funcionais, instaurasse novas relações de disciplina social e promovesse a racionalização, imprimindo a todas as questões soluções técnicas adequadas, significa proletar o Estado como coordenador de serviços sociais e disseminador de normas e padrões regulamentares, produzidos por Conselhos Técnicos corporativamente constituídos" (Antonacci, 1993, p. 196).

organizativa dos monopólios, qual seja: previsibilidade e controle dos *desequilíbrios* funcionais dos sistemas,[74] racionalização e maximização dos recursos, normatização de procedimentos técnicos, introdução de novas tecnologias, exigências de eficácia e eficiência dos meios (materiais e culturais) destinados à reprodução ampliada do capital, polivalência nas ações, interdisciplinaridade profissional. E esse espaço que conforma a intervenção profissional do assistente social.[75]

Tendo seu processo de afirmação vinculado ao setor público, ao crescimento das instituições de serviços, encontra no Estado seu empregador mais acessível (cf. Iamamoto e Carvalho, 1986, p. 79-83).

Ocupando uma posição terminal na esteira do processo de organização das políticas sociais, suas ações adquirem um caráter polivalente, indefinido, impondo ao conjunto da categoria profissional a preocupação em encontrar a "especificidade" da profissão.

Na intersecção entre a "velha" razão subjetivista, de cunho ético-moral e as "novas" demandas colocadas à ação profissional do assistente social, assiste-se à primeira "crise"[76] no interior da profissão, que ameaça destruir as bases ético-filosóficas e

---

74. Aqui as palavras de Netto são exemplares: "A constatação de um sistema de *nexos causais,* quando se interpõe aos intervenientes, alcança no máximo um estatuto e um quadro de referências centrado na noção de integração social: selecionam-se as variáveis cuja *instrumentação é* priorizada segundo os efeitos multiplicadores que podem ter na perspectiva de promover a redução de disfuncionalidades" (1989a, p. 21; grifos meus).

75. Como constata Netto: "A emergência profissional do Serviço Social é, em termos histórico-universais, uma variável da idade do monopólio; enquanto profissão, o Serviço Social *é* indissociável da ordem monopólica — ela cria e funda a profissionalidade do Serviço Social" (Netto, 1991a, p. 70).

76. Há que se ressaltar que são as conjunturas de crise que abalam e hipertrofiam a convicção que os homens depositam na razão objetiva. Nestes momentos a tendência *é* substituir os *supostos* do conhecimento dados pela razão objetiva por *pressupostos* subjetivistas e/ou irracionalistas. De outro modo, a recuperação da

religiosas sob as quais o arcabouço teórico e metodológico do Serviço Social havia sido construído.[77] Do enfrentamento dessa crise engendra-se, no final da década de 1960, um movimento marcado por continuidades e rupturas, que se convencionou chamar de "reconceituação".[78] Na busca de soluções modernizantes ao agravamento das questões sociais oriundas do modelo de expansão adotado pelo Estado, a instituição Serviço Social vai se empenhando em encontrar novas formas de operacionalização[79] para atender às demandas que se configuram no país, após o golpe de 1964. Aqui, a introdução do planejamento social, como forma de controle e aquisição de consenso social, a criação de programas sociais com fontes de receitas compulsórias (FGTS, PIS, PASEP) ampliam o espaço de intervenção do assistente social. Esta, por sua vez, dicotomizava-se entre ações assistenciais e de cunho promocional.[80]

A aliança entre Serviço Social e projetos governamentais, sobretudo aqueles que visavam pôr fim às nossas condições de

---

estabilidade se realiza pela reposição de orientações fundadas no racionalismo formal. Ver a este respeito Coutinho, 1972, e Lukács, 1968b.

77. "De um lado, tem-se a preocupação com o aperfeiçoamento do *instrumental operativo*, com as metodologias de ação, com a busca de padrões de eficiência, sofisticação de modelos de análise, diagnóstico e planejamento, enfim, uma tecnificação da ação profissional [...] De outro, verifica-se uma maior aproximação do discurso profissional aos *fundamentos da teoria da modernização presentes nas Ciências Sociais* [...] Este tipo de suporte científico mantém-se porém articulado à metafísica aristotélico-tomista que informa a base filosófica [da profissão]" (Iamamoto, 1982, p. 213-4).

78. No que tange a esse movimento, cabe ressaltar que ele é parte constitutiva do momento de efervescência vivenciado nos diversos setores da vida nacional e que se vê limitado pelo golpe de abril de 1964.

79. Segundo Netto, o elemento que peculiariza este momento da trajetória histórica da profissão encontra-se na aproximação que o Serviço Social faz das correntes funcionalistas, as quais nutrem-lhe dos elementos necessários à sua nova forma de aparecer: como tecnologia social (cf. Netto, 1989a, p. 155).

80. As primeiras, caracterizadas por ações paliativas, traduzidas na forma de ajuda material; as segundas, destinadas a provocar a integração social pela via do desenvolvimento das potencialidades individuais, qualificando os indivíduos para o mercado de trabalho.

país subdesenvolvido,[81] são evidentes na trajetória da profissão. Entretanto, no final da década de 1970, com a crise do governo autocrático burguês,[82] novas forças são colocadas à profissão, como decorrência das novas determinações do momento político mais amplo vivenciado pela sociedade brasileira, conduzindo a profissão a rever os fundamentos teórico-práticos das suas ações, a refletir sobre os projetos sociais que mobilizam a intervenção profissional, as demandas contempladas nas respostas efetivamente produzidas pela intervenção do conjunto da categoria profissional. De um lado, a crise de legitimidade política dos países imperialistas refletem na crise de legitimidade estatal e desencadeia movimentos sociais que redundam na democratização da política. De outro, e como consequência desse momento de crise de legitimidade, as políticas sociais convertem-se em instrumento de democratização da sociedade brasileira.

Uma vertente do Serviço Social o submete à autocrítica, coloca em xeque tanto os supostos teóricos que o informam, o conteúdo ideológico do seu sistema de saber, como o significado social da sua prática. As diferentes concepções de políticas sociais que portam os diversos projetos das classes ou frações das classes sociais que a intervenção dos assistentes sociais antagoniza adquirem visibilidade para a categoria profissional.

Não obstante os avanços observados na profissão, decorrentes de um processo de construção coletiva, determinado pelo *amadurecimento* das condições objetivas da realidade brasileira e da categoria profissional dos assistentes sociais, verifica-se a

---

81. Entendemos que os procedimentos que a vinculação dos assistentes sociais aos projetos desenvolvimentistas exigiram, fundaram-se numa visão mistificada e mistificante acerca dos instrumentos e técnicas de ação profissional. Segundo Netto, "epistemologismo e metodologismo são condutos pelos quais a razão analítico-formal é entronizada como o espaço da racionalidade" (Texto da Conferência apresentada no Concurso Público para Professor Titular da UFRJ, 1992).

82. Assim como Netto, concebemos que a derrocada do regime ditatorial, iniciado em 1964, pode ser tributada às forças democráticas que se confrontaram ao projeto "estratégico" aberturista do governo Figueiredo (cf. Netto, 1991a, p. 35).

presença da racionalidade formal-abstrata enquanto uma mediação teórico-cultural e ideopolítica que historicamente vem exercendo influência na profissão. Como dissemos anteriormente, este *"paradigma" de interpretação da realidade* não é exclusivo, tampouco se manifesta de maneira monolítica no interior da profissão. O racionalismo formal-abstrato encontra-se subjacente às correntes de pensamento vinculadas à tradição positivista, que a sociedade capitalista madura adota como "axioma", verdades preestabelecidas por leis "naturais", "formas de existência" ou "estados reificados", mas que, contudo, só resiste aos imediatismos da vida cotidiana enfrentados com ações manipulatórias e instrumentais.

4. A perspectiva racionalista formal-abstrata nas elaborações teórico-práticas do Serviço Social

As recentes análises[83] sobre a literatura que trata das políticas sociais no Brasil observam que, não obstante as tentativas de estabelecer uma interlocução crítica com as mesmas, tais publicações padecem de três tendências que as comprometem, dada a predominância e autonomia dos vetores "distributivista, moralista e politicista" que as direcionam (cf. Menezes, 1993).

Operando com uma visão de conjunto sobre essas tendências, parece-nos correto afirmar que o eixo que as articula encontra sua unidade numa visão abstrato-formal. Se isto é verdade, as fontes bibliográficas que vêm inspirando a intervenção profissional encontram-se contaminadas pela racionalidade formal-abstrata.

---

83. A referência específica que se faz, neste momento, é ao estudo de Menezes. Na sequência da análise faz-se necessária a recorrência às publicações que exerceram maior influência sobre os assistentes sociais entre o fim da década de 1970 e meados da de 1980.

Colocando a questão de outro modo: a compreensão da mediação realizada pelas políticas sociais, expressas nas elaborações teóricas do Serviço Social, encontra-se influenciada por uma racionalidade analítico-formal, derivada da racionalização posta no/pelo processo de organização das relações sociais capitalistas e redundam em análises reducionistas[84] sobre as questões sociais e suas resultantes: políticas sociais e funções estatais. Essas elaborações, por sua vez, tanto vinculam-se a diferentes projetos de sociedade, concepções de política social, de Estado e das funções que a ele competem, como delas são decorrência necessária.

Porém, há mais. O tratamento que o Estado dedica às questões sociais, que transita entre repressão e assistencialismo, e a aparência heterogênea posta na configuração das políticas sociais, produzem um movimento que se expressa na intervenção do assistente social por duas determinações complementares: *interditam-lhe uma visão de totalidade* das políticas sociais, *exigem-lhe a adoção de procedimentos instrumentais,* de manipulação de variáveis, de previsão da ocorrência e consequências de determinado efeito sobre uma causa, ações estas que, para sua realização, exigem que sejam acionados determinados graus e níveis de abrangência da "razão" e resultam no controle da vida privada dos usuários dos serviços.

Se os acontecimentos da década de 1980 colocam novas perspectivas ao Serviço Social, a ausência de compreensão das singularidades e particularidades deste momento histórico, contemplada nas análises sobre a assistência social, tende a reproduzir a visão racionalista e tecnicista que o Estado tenta imprimir às questões sociais.

Como resultante do estado de ânimo vigente no país, tem-se a Carta Constitucional de 1988 que contempla uma "nova"

---

84. Reduções estas que sugerem, como via de resolução das questões sociais, potencializar as ações estatais em nível de maior eficácia eficiência e racionalização de recursos; que opera com a fragmentação e autonomização entre os âmbitos econômico e político.

racionalidade à prestação da assistência social, agora instituída como um serviço. Se o discurso do assistente social negava a prática da assistência porque a entendia como uma prática mantenedora da situação de exploração, perversa e organicamente vinculada ao paradigma funcionalista, o estatuto que a Carta Constitucional atribui à assistência a coloca sob novas bases: "a assistência social surge com a saúde e a previdência como o tripé da seguridade social, e portanto como um direito social" (Sposati, 1991, p. 15).

Em decorrência dessa concepção abrangente e universalizante de assistência social, alguns analistas consideram-na como um avanço no sentido de alterar o estatuto da assistência social no Brasil, elevando-a à condição de política social, para o que propõem a reestruturação administrativa do Estado, o aperfeiçoamento das formas de representação popular, a adoção de formas de gerência dos recursos.[85]

A análise dessa questão mostra-nos que a diretriz adotada na Carta constitucional consiste em dar uma assistência capaz de preencher as lacunas produzidas pela ineficiência da Previdência Social. Para que isto ocorra, há que se homogeneizar todas as diferenças que as diversas situações de "carência" contém, há que se estabelecer modificações jurídico-políticas, atualizar os critérios de elegibilidade dos "excluídos". O que não se coloca como objeto de tais análises é que com a transferência dos serviços assistenciais (Saúde e Previdência Social) para a iniciativa privada, além de se proporcionar investimentos lucrativos para o capital, reforça-se a simbiose entre Estado e setor privado.

A assistência social que, de um lado, era considerada uma política de segundo grau, por se constituir numa prática cliente-

---

85. A seguinte colocação de Sposati é exemplar: "Um dos efeitos alteradores da assistência social possivelmente virá de *um novo grau de racionalidade em sua organização*" (Sposati, 1989, p. 22; grifos meus).

lística e de favores, e de outro, como uma estratégia governamental, vinculada aos projetos dos monopólios, passa a ser compreendida na sua "contraditoriedade", como *"processante do reconhecimento dos direitos sociais pela população excluída"* (Sposati, 1991, p. 20).

Agora, a cidadania é reconhecida por uma "norma legal", dada pelo acesso aos bens e serviços decorrentes de alterações técnicas no âmbito da reestruturação das instituições sociais. A estrutura econômica permanece inalterada e inalterável.

Com efeito, é o pensamento neoliberal que (re)introduz a discussão da igualdade de oportunidades de todos os indivíduos competirem no mercado capitalista, daí a extrapolação de que o mercado oferece oportunidades iguais a todos os "homens de boa vontade" que o procuram.[86] Deste mesmo discernimento pactua a instituição Serviço Social, ainda que, individualmente, seus agentes manifestem posições diferentes e até contrárias a esta assertiva.

O reconhecimento da assistência social como um direito[87] tem dado o tom dos discursos profissionais, em que pese o fato de que tanto a bibliografia que informa a prestação desses serviços quanto a intervenção profissional o contradigam.[88] A voga do direito ocupa o plano da retórica no nível da literatura sobre

---

86. Sabe-se que o modelo capitalista não comporta qualquer possibilidade de universalidade.

87. É certo que esta ótica de encarar a assistência representou um ganho significativo no seu tempo, porém, o que de fato se coloca como objeto de nossa reflexão é que ela não extrapola, (ao contrário, repõe) a perspectiva racionalista formal. E a vinculação do assistente social ao "paradigma" da racionalidade formal-abstrata que nos inquieta e nos instiga.

88. Ou, nas palavras de Lukács: "Do tecnicismo moderno, do neopositivismo, do comportamentismo e assim por diante, origina-se uma tendência prática que influência, em certo sentido, até mesmo homens que não participam daquelas orientações. Estes pensam, na realidade, que a atividade prática se esgota em certos aspectos táticos, aspectos que possuem *estas ou aquelas características,* por certas ou erradas que sejam" (Lukács in Kofler et alii, 1969, p. 149; grifos meus).

políticas sociais e, mais incisivamente, no nível da intervenção profissional.

Esta "nova" maneira de considerar a assistência social, que se viabiliza por meio da Constituição de 1988 como um direito dos indivíduos e, por isso, como forma de atribuir cidadania aos "excluídos", acaba constituindo-se no *objetivo final* da intervenção profissional. A cidadania, entendida como uma forma de igualdade no plano jurídico, encontra-se ancorada no direito burguês, já que a sua outra face compõe-se da desigualdade econômica. Neste sentido, a dicotomia na ação do assistente social que, num determinado momento, colocava-se entre ações assistenciais e promoção social, agora é substituída pela assistência *lato* e *stricto sensu*, esta refletindo ações residuais e aquela vista como "universalização do acesso aos benefícios e serviços sociais à população excluída" (cf. Sposati, 1991, p. 29). A assistência social aparece transformada em "fornecedor eficiente" de serviços sociais aos segmentos mais espoliados (cf. Sposati, 1989, p. 28), e estes como que "naturalmente" produzidos pelas leis inevitáveis e desconhecidas do capitalismo.

Nesta ótica, de *naturalização da pobreza* a assistência social coloca-se como *mediação necessária* ao desenvolvimento social[89] já que é entendida como instrumento redistributivista e a ela combinam-se propostas que privilegiam o aprimoramento das instâncias de representações formal e técnico-legal.

Aqui, as insuficiências localizadas no entendimento da categoria *mediação* engendram análises e interpretações que tendem a considerar a assistência social como necessidade abstrata, universal, independente das determinações históricas, das

---

[89]. "Ao se limitar a estudar as 'condições de possibilidades' da vitalidade da formas nas quais se manifesta o ser que é o fundamento, o pensamento burguês moderno fecha a si próprio a via que leva a uma maneira clara *de* pôr os problemas, as questões de gênese e desaparecimento da essência real e do substrato desta forma" (Lukács, 1989, p. 125-6).

leis e tendências do capitalismo, das particularidades da sociedade brasileira no estágio monopolista.

O que está em jogo não é uma maneira de compreender a mediação das políticas sociais como interpolação entre Estado e sociedade civil ou *instância de passagem* entre "reprodução da alienação do trabalhador" e "reforço à consolidação dos interesses populares" (cf. Sposati, 1985, p. 76).[90] Tampouco de apreender o caráter contraditório das políticas sociais, sobretudo da assistência, enquanto *expressão dos direitos da população* já que, a nosso ver, em ambos os casos comparece o que Lukács entende por "pseudodialética formalista" (Lukács, 1968a, p. 85). O que se pretende afirmar é que, pela extensividade atribuída à noção de assistência social, pela ausência da particularidade e singularidade no tratamento da questão, a compreensão da assistência vem separada do contexto que a produziu. A mediação, enquanto campo privilegiado das determinações concretas que se estabelecem no real e das articulações entre universalidade e particularidade, perde seu caráter de movimento dialético, ao ser interpretada de maneira autônoma e independente das *relações de antagonismo e alienação* que se colocam na *essência*[91] das relações capitalistas. Se é na "esfera do Estado que as contradições das classes sociais adquirem plena concreticidade" (Ianni, 1988, p. 42), as *políticas sociais* que vinculam Estado e classe trabalhadora, ou a particularidade, enquanto expressão lógica da mediação entre homens singulares e sociedade, cuja base localiza-se nas relações econômicas (cf. Lukács, 1968a, p. 92),

---

90. O que, no nosso entendimento, *limita* a compreensão da *mediação*, enquanto possibilidade de conversão tanto em universal como em singular que se realiza num movimento de conservação, superação e elevação a um nível superior, à *mera passagem de um estado a outro*.

91. Essência esta entendida como "momento de um complexo dinâmico no qual essência, fenômeno e aparência convertem-se ininterruptamente uns nos outros [...] mostrando possuir um *caráter primariamente ontológico*" (Lukács, 1979b, p. 88; grifos meus).

se constituem em expressões de alienação e antagonismo que envolvem as relações de força que se estabelecem entre as classes sociais no capitalismo. A análise das determinações e configurações postas na gênese e no desenvolvimento da assistência social no Brasil demonstram-nos que ela representa, concreta e simbolicamente, o poder burguês.

À medida que se especifica a função das políticas sociais na reprodução/valorização do capital, essa forma reificada de concebê-la vem à tona. De outro modo, as políticas sociais só podem aparecer sob uma "forma" nova, quando se abandona os elementos específicos do modo de produção capitalista — a coisificação das pessoas e a extração da mais-valia — e sua função precípua na redução dos obstáculos que se interpõem à valorização do capital.[92] Mais ainda, tendo em vista que a particularidade carrega no seu interior tanto o que determina quanto o que especifica, seu movimento no sentido de concretização "não pode ir do abstrato universal (regra) ao puro e — consequentemente — indeterminável singular [...], pelo contrário, nós devemos nos colocar como objetivo a constante concretização da particularidade, obtida com o máximo possível de mediações concretas" (Lukács, 1968a, p. 172).

A tendência de autonomizar o que se constitui num momento do processo produtivo,[93] de anular as particularidades

---

92. Compartilhamos da compreensão de Lukács de que: "Imediaticidade e mediação não são, pois, apenas atitudes correlatas, atitudes que se completam de uma forma recíproca relativamente aos objetos da realidade [...] toda mediação terá necessariamente como corolário um ponto de vista em que a objetividade por ela produzida reveste a forma de imediaticidade" (Lukács, 1989, p. 175).

93. Sobre a articulação entre os diferentes momentos do processo de produção, Marx assim se coloca: "As chamadas relações de distribuição correspondem, pois, às formas historicamente determinadas e especificamente sociais do processo de produção, das quais surgem, e às relações que os homens contraem entre si no processo de reprodução de sua vida humana. O caráter histórico dessas relações de distribuição é o caráter histórico das relações de produção, das quais aquelas só expressam um aspecto" (Marx, in Ianni, 1988, p. 80).

ou determinações fundamentais do modo de produção capitalista, como assinala Marx, tem suas origens no ponto de vista da economia burguesa, porém, aparece reposta no pensamento conservador moderno. Este, por sua vez, tem como substrato o racionalismo formal-abstrato e, num certo sentido, o fetichismo que inverte as relações pelas quais os fatos, fenômenos e processos reais são produzidos. No caso específico desta forma de entender as políticas sociais, que aparece expressa tanto na bibliografia especializada quanto nas representações dos profissionais, a *inversão* se realiza quando, ao tomá-las como mediação dos *direitos da população* (cf. Sposati et al., 1985, p. 74), na realidade, acaba por reproduzir o seu contrário: pela via do discurso do direito, o assistente social vem reforçando a aceitação passiva da população da sua condição de subordinação ao capitalismo, aos seus aparatos jurídico-políticos e, ainda, reproduzindo a falsa representação de que a prestação da assistência é uma via de minimização das desigualdades sociais.

No nosso entendimento, a concepção que toma a assistência social como direita — que deve ser devidamente datada e matizada —, se, num determinado momento da profissão, colocou-se como uma perspectiva *modernizante,* sustenta-se e é amparada pela noção parcial e reducionista de direitos (aqueles referidos ao âmbito da distribuição). Ao tomar a assistência social como direito, ela passa a se constituir num ideal a ser alcançado. Daí que a solução da exploração da grande maioria da população brasileira passa pela reforma, reorganização das estruturas jurídico-políticas e burocráticas do Estado burguês e não pela supressão da estrutura do Estado capitalista.

O que daí decorre é que o discurso de resgate da cidadania, pela via das políticas sociais, não faz mais do que sustentar a retórica do discurso burguês que, ao tratar a questão social apartada das contradições de classe, propõe solucionar o quadro de "anomia" da sociedade vigente por meio de procedimentos jurídico-formais. A concepção de direitos sociais, universais e extensivos a todos os cidadãos tende a esconder uma *cidadania* cuja vigência encontra-se apenas nos âmbitos *ideal e jurídico formal* da Constituição federal de 1988.[94]

A tendência de transformar uma estratégia da qual dispõem as classes e segmentos das classes sociais — neste caso, as políticas sociais —, em finalidade, é o modo típico do pensamento formalizador. Este concebe-se capaz de prevenir os antagonismos sociais pela ampliação dos direitos políticos, desde que não afetem monopólios oligárquicos de poder. Dito de outro modo: socializa-se a política e não o poder político.[95]

Entendemos que a compreensão das políticas sociais como uma determinação do capitalismo monopolista e da inserção do Estado como vetor decisivo na conciliação de interesses desiguais e contraditórios (cf. Ianni, 1988, p. 38), bem como da conjuntura sócio-histórica que permite a adoção da assistência social como direito, envolve o exame do grau de desenvolvimento das forças produtivas, das relações de produção a elas correspondentes e das forças políticas presentes na realidade brasileira.

A análise desses fatores demonstra que a assistência social, no capitalismo monopolista, contém determinações que extrapolam a *bipolaridade "exclusão e inclusão"*, já que, como mediação, a política de assistência só pode se expressar no campo da totalidade concreta. Ao pensar as mediações apartadas da

---

94. Nas palavras de Menezes: "Ao não se articular as políticas sociais de assistência à particularidade da questão do trabalho nas economias subordinadas, acaba-se admitindo que a inserção dos atores históricos no processo social pode se dar, exclusivamente, nas órbitas jurídicas ou no reconhecimento abstrato de sua existência (Menezes, 1993, p. 130).

95. Há que se perceber que a efetividade dos princípios declarados na Constituição de 1988, no que tange à assistência social, passa por uma questão de vontade política dos governantes e não apenas por um direito constitucional. Como afirmamos, a cidadania *de fato* exige a socialização, não apenas do poder político (descentralização, municipalização) mas, especialmente, no plano econômico.

perspectiva de totalidade, os assistentes sociais rendem-se à análise da relação de causa-efeito, que não supera a imediaticidade dos fenômenos. Dito de outro modo, a explicitação do conteúdo subjacente à concepção de assistência social como direito da população só é possível dentro da perspectiva analítica que a toma como um momento singular vivenciado pela sociedade brasileira, vinculado às leis ou tendências do capitalismo, dado que, somente neste campo (das mediações) as particularidades se determinam. Nesta linha de reflexão, concordamos com Lukács que:

> a forma científica é tão mais elevada quanto *mais* adequado for o reflexo da realidade objetiva que ela oferecer, quanto mais ela for universal e compreensiva, quanto *mais* ela superar, quanto *mais* ela voltar as costas para a imediata forma fenomênica sensivelmente humana da realidade, tal como se apresenta cotidianamente (Lukács, 1968a, p. 182).

Porém, há que se relevar o fato de que as referências teóricas e bibliográficas, que têm sua base material no processo de racionalização do mundo burguês, constituem-se apenas numa das determinações que envolvem a questão da instrumentalidade do Serviço Social.

O núcleo decisivo localiza-se tanto nas demandas que polarizam a intervenção profissional quanto nas condições objetivas para responder a elas. Neste âmbito de análise, a assistência social passa a ocupar uma posição singular enquanto mediação na relação entre assistente social e população usuária, mediação esta que *reproduz* a *forma fetichizada* pela qual a assistência social aparece na bibliografia especializada. Em outros termos: se a assistência social adquire peculiaridades no processo de intervenção profissional, as relações que se estabelecem entre assistente social e usuário reproduzem o perfil controlista e integrador que o Estado atribui às questões sociais, Já que não se trata de relações neutras e desinteressadas; ao contrário, expressam o caráter classista e de poder que permeia as relações sociais da sociedade capitalista.

Conforme vimos afirmando ao longo deste estudo, a tendência de naturalizar funções histórica e socialmente atribuídas à profissão, de tomá-las em si como que produzidas independentemente do conjunto das relações sociais capitalistas, constitui-se numa das determinações do fetichismo do mundo burguês, característico do pensamento racionalista burguês moderno. Este, por sua vez, expressa-se não apenas nas políticas sociais, como, ainda, nas estruturas jurídico-políticas nas quais o assistente social se movimenta, na forma pela qual se dá a sua inserção na divisão social e técnica do trabalho, na dinâmica que se estabelece no seu cotidiano, ou seja, nas mediações constitutivas, constituintes, constituídas e *articuladoras* da intervenção profissional, já que aparece como a mediação de maior amplitude na sociedade capitalista contemporânea. Neste sentido, há uma forma de intervenção profissional que *é* menos de ordem idiossincrática e de referência teórico-cultural da profissão, do que resultante das condições concretas sob as quais a ação do assistente social se plasma e, por sua vez, se expressa na consciência dos assistentes sociais, atribuindo um conteúdo determinado às representações que estes possuem da sua prática profissional.

5. Falso como falso e como não falso também contempla um momento de verdadeiro[96]

Como temos afirmado, a base de sustentação da ordem burguesa localiza-se nas abstrações que produz, no plano

---

96. Em Hegel temos que falso e verdadeiro não devem ser compreendidos como "carentes-de-movimento", como instâncias autônomas e isoladas. De outro modo: "Saber algo falsamente significa que o saber está em desigualdade com sua subs-

material, dando aos fenômenos uma falsa concretude. As determinações que comparecem no processo de trabalho, os vínculos que os homens estabelecem com outros homens, por intermédio do produto do seu trabalho, atribuem determinado conteúdo às representações que estes fazem da realidade.[97]

Nessa linha de reflexão, parece-nos correto afirmar que as mistificações ou o fetiche que envolvem as representações que os assistentes sociais possuem da sua prática, sobretudo no que concerne às mediações que historicamente se interpõem à intervenção profissional, fundam-se em bases materiais.

Se "as representações sobre o real são parte necessária do real; são sombras, reflexos, *formas invertidas* das relações, processos e estruturas do capitalismo" (Ianni, 1988, p. 10), tais representações, ao mesmo tempo em que são parte constitutiva da realidade, são mediações intelectivas necessárias à concretização da intervenção profissional, já que: "O ideal não é senão o material traduzido e transposto na mente do homem" (Marx in Ianni [org.], 1988, p. 11).

Porém há mais: as representações sobre o real constituem-se em mediações analíticas na compreensão da realidade social, do significado da prática profissional, do processo de intervenção. Visto de outro ângulo, a ausência de entendimento sobre as representações da consciência, sobretudo da base material

---

tância. Ora, esta desigualdade é precisamente o diferenciar em geral, é o momento essencial. E dessa diferenciação que provém sua igualdade; e essa igualdade que veio-a-ser é a verdade" (Hegel, 1992, p. 42).

97. Nosso entendimento acerca da relação entre estrutura e superestrutura em Marx encontra-se apoiado nas interpretações de Lukács. Para este autor não há, nas concepções teórico-metodológicas marxistas, qualquer determinismo econômico. Ao contrário, Marx entende a estrutura, ou a base material, como um momento de determinação predominante nas sociedades capitalistas. Ao tomá-la como ponto de partida (e de chegada) da análise, Marx pode perceber que é a totalidade do ser social, ou seja, as relações sociais que se estabelecem entre os indivíduos na produção e reprodução da sua vida material, que determina a consciência dos sujeitos (cf. Lukács, 1979a, p. 41).

que as produz e as mantém, encaminha o assistente social a tomar os fatos e fenômenos tal como eles aparecem à sua consciência, e a buscar em modelos teóricos explicativos da sociedade seu referencial operativo de atuação que, pela reincidência dos problemas enfrentados, tende a cristalizar-se em modelos de intervenção profissional. Ora, há que se questionar a filiação teórico-metodológica, epistemológica e ideológica das teorias de médio alcance das quais os assistentes sociais tentam extrair modelos de intervenção profissional; os pressupostos contidos na noção de modelo ou paradigma explicativo da sociedade e, ainda, o substrato do pensamento que apreende a realidade sob uma forma fixa, cristalizada, e se reproduz pela repetição e pelo costume, podendo, por isso, reivindicar modelos de intervenção.

Ao relegar as discussões sobre o significado social e político da profissão a segundo plano, em detrimento das formas de realizar a intervenção, ao conceber as relações sociais entre sujeitos envolvidos neste processo como neutras, ao não atribuir a devida importância às formas de representação que informam a profissão — a sua razão de conhecer —, os assistentes sociais suprimem o conteúdo social de suas ações e incorporam (acriticamente) o conteúdo funcional e tradicionalmente atribuído pela ordem burguesa.

O que daí decorre encontra-se expresso nas palavras de Marx e Engels:

> [...] a "imaginação", a "representação" que esses homens determinados [no nosso caso, os assistentes sociais] fazem da sua práxis real transforma-se na única força determinante e ativa que domina e determina a prática desses homens (1989, p. 37).

Se isto é verdade, o procedimento analítico que entendemos como o mais adequado para a compreensão dos elementos falsificadores da consciência ou das representações que os assistentes sociais possuem da realidade social, esta entendida como substrato material da sua prática profissional, deve apreender, nas expressões universais da sociedade burguesa madura, as particularidades que se colocam à intervenção profissional e sob as quais a profissão constitui, desenvolve e realiza a sua instrumentalidade. Utilizando as palavras de Ianni, podemos considerar que nosso empreendimento encontra-se

> [...] orientado pela convicção de que não se pode compreender a sociedade se não se examinam os encadeamentos, desdobramentos, determinações recíprocas das forças produtivas, relações de produção, estrutura política e modalidades de consciência (1988, p. 23).

Destacadas de sua base real, as representações da consciência não passam de abstrações formais.

Partindo das duas determinações fundamentais da sociedade capitalista madura, temos que *fetichismo* e *contradição*, instalam-se nos modos de ser e de pensar do capitalismo (cf. Ianni, 1985, p. 100). Dito de outro modo: as formas de existência do capitalismo — divisão social do trabalho, forças produtivas, estruturas econômica, jurídico-política e social, níveis de consciência — encontram-se mediadas por essas determinações. Daí a necessidade de se aquilatar adequadamente a relação dialética entre divisão do trabalho, desenvolvimento das forças produtivas, estruturas jurídico-políticas e níveis de consciência social, enquanto determinações universais do capitalismo e as particularidades que adquirem na gênese e desenvolvimento da profissão. No *elo* que se estabelece entre condições de *existência* e formas do *pensamento* localizam-se as possibilidades de apreensão da racionalidade constitutiva da ordem social capitalista, já que a consciência social ao mesmo tempo expressa e constitui as relações sociais.

Se a divisão social e técnica do trabalho na sociedade capitalista cria um espaço socioinstitucional para o assistente social, é no desenvolvimento das forças produtivas que a profissão altera suas funções, se modifica, se *moderniza*, se renova.

Deste modo, as condições objetivas de existência da profissão encontram-se vinculadas às necessidades históricas das formas de existência e sobrevivência do sistema capitalista. A vinculação entre forças produtivas, estado social e consciência são mediações necessárias tanto à maneira pela qual o Serviço Social realiza a sua instrumentalidade quanto às elaborações formal-abstratas que os profissionais constroem sobre as relações sociais próprias da sociedade capitalista e que se peculiarizam na intervenção profissional. Marx nos faz ver que desmistificar as relações, processos e estruturas, pela crítica das representações, ideias e conceitos, somente é possível a partir da descoberta do caráter místico com que as relações de troca de mercadorias se cristalizam nas relações que os homens estabelecem entre si (cf. Marx, 1985a, p. 70-8).

5.1 A racionalização do processo produtivo: inserção do assistente social na divisão social e técnica do trabalho

Temos afirmado, ao longo deste estudo, que o processo de institucionalização da profissão vem na esteira do processo de racionalização do Estado burguês, com o intuito de facilitar a atuação dos monopólios e, ainda, de manter suas bases de legitimação ante as classes sociais da sociedade brasileira, para o que intervém na criação de organizações prestadoras de serviços sociais e assistenciais.

Apontamos para as novas articulações que tais mediações estabelecem no desenvolvimento histórico da profissão e as modificações que engendram, tanto nas configurações quanto nas funções que a profissão desempenha na sociedade capitalista madura.

Entendemos que, neste momento, faz-se necessário resgatar a questão que se constitui o pano de fundo da nossa análise: as peculiaridades advindas da forma de inserção do Serviço Social na divisão social e técnica do trabalho, determinações estas que são, ao mesmo tempo, construídas e engendradas no/pelo processo de produção. A maneira pela qual o processo de divisão do trabalho cria, institucionaliza, define a funcionabilidade e sustenta ideologicamente a profissão, constitui-se na preocupação que mobiliza este momento da nossa reflexão.

Considerando que a problemática referente às leis e tendências universalistas da divisão do trabalho no desenvolvimento histórico das sociedades capitalistas (inclusa no item 1 deste capítulo) encontra-se suficientemente examinada nas obras de Marx e no bojo da tradição marxista, há que se avançar na compreensão das determinações e articulações da divisão nacional e internacional do trabalho nas formas de existência e consciência do assistente social, num momento histórico determinado, qual seja, a década de 1980, pelas razões anunciadas anteriormente.

Antes, porém, há que se refletir sobre a contradição que a própria razão de ser do Serviço Social porta, qual seja, o processo de institucionalização da profissão é uma decorrência necessária dos interesses e demandas das classes sociais que se antagonizam no processo produtivo capitalista. Aqui, a contradição se localiza no fato de que o Serviço Social, embora se constituindo em estratégia de enfrentamento do Estado no tratamento das questões sociais e instrumento de contenção das mobilizações populares dos segmentos explorados, tem a sua gênese vinculada à produção desse mesmo segmento populacional.[98] A mesma lei geral que produz a acumulação capitalista,

---

98. A este respeito cabe-nos ressaltar que o vínculo entre a profissão e os segmentos da população para os quais a intervenção profissional se dirige é fundamentalmente orgânico. Esta organicidade se estabelece na medida em que o mesmo processo que institucionaliza a profissão produz uma classe que demanda seus serviços. Neste sentido, entendemos que o compromisso do assistente social com esta população extrapola princípios e valores humanitaristas, morais, religiosos e partidários.

para o que, necessariamente, tem que produzir e manter uma classe da qual possa extrair um excedente econômico, cria os mecanismos de manutenção material e ideológica dessa classe, dentre eles o Serviço Social.

Pois bem, se o processo de organização do trabalho, na era dos monopólios, cria um espaço, legal e legítimo, para o assistente social (cf. Netto, 1989a), bem como determina as condições nas quais esse profissional possa vender "livremente"[99] a sua força no mercado de trabalho, este vínculo de assalariamento que aí se estabelece reflete determinações mais amplas do processo de organização do trabalho do mundo burguês: sua força produtiva só adquire funcionabilidade se articulada com outras forças produtivas sob o *domínio da classe* ou segmento de classe que o contrata. Este vínculo de assalariamento, que se coloca como a primeira característica do modo de produção capitalista, dado que as relações passam a ser estabelecidas a partir da posição que os indivíduos ocupam no processo produtivo, constitui-se, primacialmente, numa das determinações objetivas das condições de realização da intervenção profissional.

Como refletido anteriormente, se na sua primeira fase a divisão do trabalho privilegia as qualificações,[100] produzindo o "idiotismo do ofício" (cf. Marx, 1985b, p. 134), mais tarde, na indústria capitalista, essa mesma divisão libera os indivíduos dos ofícios. Na medida em que o trabalho torna-se homogêneo, geral, abstraído de todas as suas diferenças e propriedades

---

99. Conforme observa Marx, "sob o domínio da burguesia, os indivíduos são mais livres do que antes, em imaginação, já que para eles as condições de vida são casuais, na realidade, naturalmente, são menos livres porque estão subsumidos, ademais, a uma força objetiva" (in Lukács, 1968a, p. 90).

100. "A partir do momento em que começa a dividir-se o trabalho, cada um se move num círculo determinado e exclusivo de atividades, que lhe é imposto e do qual não pode sair; o homem *é* caçador, pescador, pastor, ou crítico crítico, e não há remédio senão continuar a sê-lo, se não quiser ver-se privado dos meios de vida" (Marx e Engels in Ianni, 1988, p. 15).

específicas, o trabalhador não mais se submete a uma única tarefa, mas à máquina e ao controle do capitalista ou de seus representantes. A divisão do trabalho na indústria põe a necessidade do trabalhador versátil, polivalente, capaz de operar com diferentes máquinas e, ao mesmo tempo, facilmente substituível.[101] Aqui, o domínio que o capitalista exerce sobre a totalidade do processo de trabalho *é* assegurado pela hierarquização, normalização, padronização. Este vínculo direto entre o capitalista individual e seu capital rompe-se à medida que *concentração e centralização* do capital, enquanto determinações fundamentais do capitalismo monopolista, passam a exercer preponderância sobre o processo de acumulação/valorização do capital. Tais determinações, decorrentes da revolução técnico-científica e da utilização dos princípios racionalizadores da gerência científica (cf. Braverman, 1987, p. 221 e ss.), ao mesmo tempo em que criam novas práticas profissionais, condicionam seus espaços e formas de atuação. Nesta linha de reflexão, conforme veremos posteriormente, as práticas profissionais especializadas podem ser entendidas como tecnologias, já que contribuem na subsunção real do trabalhador ao capital. Porém, também acabam sendo subsumidas por ele.

No que tange ao Serviço Social, enquanto "um tipo de especialização do trabalho coletivo", sua inserção no mercado de trabalho aparece intermediada por um contrato de compra e venda da sua força de trabalho, o qual vincula os profissionais às organizações sociais públicas ou privadas (cf. Iamamoto e Carvalho, 1986, p. 77-85). Ao converter sua força de trabalho em mercadoria, pela via da prestação de serviços[102] o trabalho

---

101. O que aqui se evidencia é o princípio de que o modo de produção capitalista cria, ao mesmo tempo, necessidades para o consumo de suas mercadorias e uma população trabalhadora que responda às suas necessidades.

102. "Na fase do capitalismo monopolista, o primeiro passo na criação do mercado universal é a conquista de toda a produção de bens sob a forma de mercadorias, o segundo passo é a conquista de uma gama crescente de serviços e sua conversão

concreto, específico, útil, do assistente social, transforma-se em trabalho em geral, torna-se parte do investimento capitalista e adquire a forma-valor. Se este veio analítico é correto, a prestação de serviços pode ser considerada como trabalho produtivo, já que o que interessa ao modo de produção capitalista é a forma social que o trabalho adquire ao ser abstraído dos seus elementos concretos.[103] Porém, há mais. Como parte constitutiva da sua força de trabalho, o assistente social vende um conjunto de procedimentos histórica e socialmente reconhecidos, que tanto determina as condições de existência da profissão quanto circunscreve previamente a intervenção profissional. Este é um dos traços que atribui particularidades à profissão.

Não obstante, o vínculo entre a força de trabalho do assistente social e o capital não se realiza de maneira direta. Como afirmamos, na maioria dos casos essa relação é mediatizada pelo Estado: a interpolação do Estado engendra uma representação fetichizada da posição que o assistente social ocupa no mercado de trabalho, já que a requisição pelo trabalho do profissional aparece como uma demanda do Estado e não do capital. Ao ter assegurado seu espaço de atuação na implantação e implementação dos serviços sociais e assistenciais, o profissional não percebe a posição que concretamente ocupa na divisão social e técnica do trabalho. Assim, há uma dupla determinação da noção de *serviço*, com consequências inequívocas,

---

em mercadorias; o terceiro é um 'ciclo de produtos', que inventa novos produtos e serviços, alguns dos quais tornam-se indispensáveis à medida que as condições da vida moderna mudam para destruir alternativas" (Braverman, 1987, p. 239).

103. Braverman tenta demonstrar que uma das peculiaridades do capitalismo monopolista está em transformar toda e qualquer atividade humana em mercadoria, implementando, assim, o setor de prestação de serviços. Segundo este autor, a partir do momento em que uma atividade é colocada no mercado capitalista e este extrai dela a mais-valia, não importa a forma — mercadoria ou serviço — pela qual foi produzida (cf. Braverman, 1987, p. 303-5). Embora ciente da polêmica que esta forma de conceber "trabalho produtivo" suscita entre os intelectuais da profissão, a nosso ver, ainda, é a que melhor caracteriza o trabalho produtivo no capitalismo avançado.

para a construção da autorrepresentação dos assistentes sociais. De uma parte, esta concepção obscurece as condições concretas que determinam a intervenção profissional, quais sejam, seu vínculo de assalariamento. Este vínculo de assalariamento, ao mesmo tempo que é resultante das funções sociais atribuídas ao profissional, interdita suas ações às funções para as quais sua força de trabalho foi adquirida. Ao não se perceber como trabalhador assalariado, desprovido dos meios de produção, o assistente social pode acreditar na sua autonomia, que somente se explicita no plano jurídico-formal.[104] Ao desconhecer tais determinações, gestadas pelas suas condições materiais de trabalho e que incidem sobre suas representações, os assistentes sociais têm limitadas as possibilidades de se perceberem como classe trabalhadora. E como nos dizem Marx e Engels: "Os indivíduos isolados só formam uma classe na medida em que devem travar uma luta comum contra uma outra classe" (1989, p. 58-9).[105] De outra parte, a intervenção profissional enquanto prestação de serviços, ao ser retirada do confronto direto entre capital-trabalho, tem obscurecida sua função política no interior dos antagonismos entre as duas classes fundamentais da sociedade capitalista. A consequência é o acobertamento da dimensão política, parte constitutiva da intervenção profissional, e, o que é mais significativo ainda, a inversão do real significado dos serviços contribui para a construção da autorrepresentação dos profissionais como "agentes mediadores

---

[104]. Remetemos o leitor à Portaria n. 35 do Ministério do Trabalho, Indústria e Comércio, segundo a qual o Serviço Social participa do conjunto das profissões liberais.

[105]. É importante observar que nesse processo há uma preponderância da classe, enquanto uma totalidade mais desenvolvida, sobre os indivíduos. As classes sociais condicionam tanto as condições materiais de vida dos indivíduos quanto as representações que eles possuem da realidade social (cf. Marx e Engels, 1989, p. 58-9). Entendemos que a ausência de percepção dos vínculos que mantêm com as classes fundamentais da sociedade capitalista alimenta a convicção dos assistentes sociais numa pretensa neutralidade profissional.

da justiça,[106] já que os serviços passam a significar a possibilidade de reposição de parte da mais-valia expropriada do trabalho pelo capital".

Entretanto, há que se avançar na análise em busca das demais vinculações entre estrutura econômica capitalista e as representações (ou autorrepresentações) dos assistentes sociais.

Se é correto que o valor do trabalho do assistente social reside na sua utilidade social, que é medida em termos das respostas concretas que venham produzir uma alteração *imediata* na realidade empírica (cf. Netto, 1989a, p. 110), ao se converter num trabalho em geral, cujo valor reside na forma social que adquire, o seu *resultado final*, o produto do seu trabalho passa a ser o fator determinante da *forma* de realizá-lo. Mais especificamente: se o produto final do trabalho do assistente social consiste em provocar alterações no cotidiano dos segmentos que o procuram, os instrumentos e técnicas a serem utilizados podem variar, porém devem estar adequados para proporcionar os resultados concretos esperados. Para tanto, as ações instrumentais — mobilização de meios para o alcance de objetivos imediatos — são, não apenas suficientes como necessárias. Contudo, não pode prescindir de um conjunto de informações, conhecimentos e habilidades que o instrumentalize.

Considerando que a matéria-prima da intervenção profissional é composta por múltiplas determinações, heterogêneas e contraditórias, que se movimentam, se alteram e se convertem em outras, a *ausência de especificidade,* que é tida como *causa* da versatilidade que as ações profissionais adquirem nos diversos contextos, setores e espaços sociais, constitui-se numa *necessidade* inerente à razão de ser da profissão. Esta determinação de natureza peculiar à forma de inserção da profissão na divisão

---

106. A visão robinwoodiana do Serviço Social tem sido objeto de contundentes críticas por parte dos autores que se filiam à vertente mais avançada da profissão. Dentre eles: Iamamoto, 1982; Martinelli, 1989; Netto, 1989a e 1991a; Motta, 1987.

social e técnica do trabalho combina-se com determinações mais gerais do modo de produção capitalista: as fragmentações que a divisão do trabalho opera nos processos de trabalho, recolocadas na sociedade como um todo, colidem com a exigência do profissional em encontrar a sua especificidade. Essa ausência, por sua vez, expressa-se nas indefinições sobre *o que é* e o *que faz* o Serviço Social.

Ocupando historicamente funções terminais, a intervenção profissional realiza-se à margem das instâncias de formulação de diretrizes e da tomada de decisões acerca das políticas sociais. Aqui, a cisão entre trabalho manual e intelectual cumpre sua função histórica: limita a compreensão da *totalidade* dos interesses, intenções e estratégias contidas no projeto da classe ou segmentos da classe que elabora e controla a execução das políticas sociais. A isto acresce-se o fato de que a ação do assistente social se realiza no âmbito das estruturas técnicas, legais, burocráticas, formais e, portanto, da *lógica* em que se inscrevem as políticas sociais.[107] Ao ser colocada no âmbito restrito da execução de planos, programas ou projetos, a intervenção profissional pode ser tanto melhor controlada quanto rebaixada a um nível inferior, sendo-lhe atribuídos um estatuto e uma funcionalidade subalternos (cf. Netto, 1989a, p. 112 e ss.). Na ausência de compreensão de que "há uma diferença entre a vida de cada indivíduo, na medida em que ela é pessoal, e a sua vida, na medida em que é subsumida por um ramo qualquer do trabalho e às condições inerentes a esse ramo" (Marx e Engels, 1989, p. 89), as ações profissionais "aparecem" como que produzidas por duas determinações que se excluem mutuamente. De um lado, produto de procedimentos, critérios, normas e regulamentos previamente definidos pelas organizações sociais, sob os quais

---

107. Haja vista que os objetivos profissionais acabam sendo subsumidos aos objetivos das instituições, estas, responsáveis por reestabelecer a "eunomia" no quadro da sociedade capitalista.

o profissional não exerce controle algum; de outro, vinculadas ao arbítrio, ao bom senso, à experiência, ou à visão de homem e mundo de sujeitos individuais. Em ambos os casos comparece um viés racionalista.

O que se pretende demonstrar é que essa forma mistificada de compreender a intervenção profissional, essa inversão, encontra-se favorecida pela dinâmica da realidade, já que o que predomina no modo capitalista de apreender os processos sociais é a forma material pela qual as coisas se expressam. Neste sentido, o que não se determina à consciência do assistente social é a vinculação entre as condições objetivas sob as quais a intervenção profissional se plasma e a "forma" que adquire. Em outras palavras, as dificuldades postas à intervenção profissional, embora adquirindo feições específicas, obedece à lógica de constituição da sociedade capitalista, na qual a inversão da aparência fenomênica em essência, a substituição do conteúdo pela forma, a transformação do essencial em acessório, são condições necessárias à sobrevivência dessa ordem social.

A divisão — social, técnica e intelectual — do trabalho, enquanto formas pelas quais o antagonismo e a alienação se realizam, ao imprimir ao Serviço Social a instrumentalidade subjacente à ordem social capitalista assegura-lhe sua razão de ser. A dimensão instrumental da profissão, que se constitui na legalidade que ocupa maior âmbito de abrangência face a outras totalidades parciais, põe as particularidades e singularidades da profissão. A *instrumentalidade do Serviço Social,* dada pela forma na qual a profissão se insere na divisão social e técnica do trabalho e reposta pela dinâmica da realidade social, tanto vincula a profissão a outros ramos de atividade profissional quanto atribui à profissão um *status* peculiar, já que contempla as ações pelas quais o profissional é reconhecido e requisitado socialmente. Porém, pela sua natureza contraditória, a instrumentalidade da profissão tanto conserva e reproduz aspectos do modo de ser capitalista quanto os nega e os supera. Esta dimensão expressa uma racionalidade, produzida pelas regularidades presentes tanto nas ações quanto nas representações dos assistentes sociais.

É nesse movimento — no qual se confrontam tendências universais do modo de produção capitalista,[108] particularidades da sociedade brasileira em diferentes momentos históricos e as singularidades que a profissão adquire no seu processo de consolidação, em face tanto da sua posição na divisão social e técnica do trabalho quanto da posição teleológica dos seus agentes — que uma determinada racionalidade vai se determinando e se especificando. Esta, por sua vez, é tanto mais evidente aos sujeitos quanto for adequadamente compreendida. Nisto se constitui a razão de conhecer o Serviço Social.

5.2 O desenvolvimento das forças produtivas: o processo de racionalização dos meios e instrumentos de trabalho

Numa breve incursão na literatura clássica encontramos na concepção hegeliana de "astúcia da razão" uma maneira de compreensão dos meios e instrumentos de trabalho que, se fonte inspiradora da teoria marxiana do valor-trabalho, não alcança a concretude das formulações posteriormente elaboradas pelo seu legatário, já que, para Hegel, o trabalho consiste numa atividade intelectual (ou do espírito).

Hegel concebe a criação de instrumentos como a primeira forma de manifestação da vontade humana (cf. Vázquez, 1990, p. 69), condicionada à sua natureza racional.

---

108. Entendemos que universalização da categoria "instrumentalidade", dado o grau de desenvolvimento, concretude e complexidade que alcança no capitalismo monopolista, coloca-nos a possibilidade de ser pensada e compreendida, também, no âmbito particular do Serviço Social.

Pelo processo de trabalho o homem transmuda a forma inicialmente dada pelo objeto. Para tanto, há que conhecer as leis imanentes ao objeto, adequar-se à sua natureza, organizar os elementos necessários e dispô-los adequadamente, no sentido de que realizem o processo de transformação. A razão encarna os meios e instrumentos e os governa com sua astúcia, de modo que, ao final desse processo, o objeto apareça sob uma forma superior, embora mantenha sua essência ou substância. O ardil da razão reside na sua possibilidade de direcionar as necessidades, interesses e paixões particulares — ou as contingências do processo histórico que, em Hegel, se constituem nos instrumentos de trabalho do espírito — à sua negação. A partir daí, as necessidades universais incorporam os interesses particulares e os transcendem. Em outras palavras, as possibilidades de liberdade da razão humana (ou do trabalho do espírito) está em determinar e mobilizar as condições objetivas mais propícias à sua realização. Aqui, os interesses particulares, enquanto meios de realização, ou melhor, instância de passagem do particular ao universal, constituem-se nos instrumentos potencializadores das finalidades da razão.

É por meio da divisão do trabalho, consequência necessária da satisfação das carências dos indivíduos particulares, que os desejos individuais transformam-se em relações de socialidade:

> [...] o que há de universal e de objetivo no trabalho liga-se à abstração que é produzida pela *especificidade dos meios e das carências* e de que resulta também a especificação da produção e a divisão dos trabalhos (Hegel, in Lukács, 1968a, p. 54; grifos meus).

Porém as evidências históricas negam a tendência conciliatória entre necessidades individuais e interesses coletivos que Hegel atribui à razão humana. A ascensão da burguesia na França, considerada por Hegel como a classe representante dos interesses universais da sociedade, a constituição da burocracia, o surgimento das teorias da evolução das espécies — que fundam a Idade Moderna — demonstram, de um lado, as conversões e passagens entre particular e universal; de outro, a negação das possibilidades de previsão e controle dos processos sócio-históricos.

A concepção hegeliana do processo de trabalho e, sobretudo, dos meios e das condições para sua realização, ao ser colocada "de cabeça para baixo"[109] permite a Marx apreender as especificidades históricas que o trabalho nas sociedades capitalistas adquire. É certo que a divisão do trabalho pauta-se numa forma de cooperação, porém, no modo de produção capitalista, os antagonismos de interesses não se dissolvem nas abstrações universais. Ao contrário, explicitam-se na relação de troca, onde as singularidades transformam-se em meios para o alcance das finalidades individuais.

De maneira similar, os instrumentos de trabalho, até então fabricados pelo trabalhador, somente adquirem um caráter social quando remetidos ao processo de produção coletiva que a divisão do trabalho na manufatura impõe.

Na teoria social de Marx, toda forma de objetivação humana carece de meios, instrumentos e modos específicos para se concretizar. O primeiro ato histórico reside na atividade dos homens direcionada à construção dos meios capazes de propiciar o atendimento da necessidade que os mobiliza, já que "cada novo estágio da divisão do trabalho determina, ao mesmo tempo, relações dos homens entre si, no tocante à matéria, aos instrumentos e aos produtos do trabalho" (Marx e Engels, 1989, p. 15).

Se o processo de hominização realiza-se pela mediação de instrumentos[110] e estes determinam tanto o modo de operar

---

109. A inflexão que Marx realiza sobre o sistema filosófico hegeliano reside em transformar uma atividade, que era realizada pelo "espírito", em trabalho, realizado por homens concretos e reais.

110. A produção dos meios de existência faz do homem não apenas um ser que produz, mas um ser que se autoproduz e, por consequência, "a maneira como os

quanto novas modalidades de ação dos homens, à medida que a relação entre homens e natureza se complexifica e se estende às relações sociais, a troca, ou o intercâmbio, passa a mediatizar essas relações. Com o desenvolvimento da sociedade burguesa as relações de troca entre produtores passam a se configurar como uma relação entre coisas; a *instrumentalidade,* enquanto categoria constitutiva do ser social, incorpora o modo de existência e consciência dos homens na sociedade capitalista.

A divisão do trabalho, ao mesmo tempo em que provoca o desenvolvimento das forças produtivas, distanciando cada vez mais os homens da natureza e introduzindo novas mediações nessa relação, constitui-se na mediação necessária à passagem de um estágio de sociedade a outro.

> De início a divisão do trabalho inclui também a divisão das condições de trabalho, instrumentos e materiais e, com essa divisão, o fracionamento entre capital e trabalho, bem como as diversas formas de propriedade. Quanto mais a divisão do trabalho se aperfeiçoa, mais a acumulação aumenta e mais esse fracionamento se acentua também de maneira marcante. O próprio trabalho só pode subsistir sob condição desse fracionamento (Marx e Engels, 1989, p. 76).

Com essas reflexões pretendemos demonstrar a diferença entre instrumentos de trabalho, enquanto extensão do braço humano (cf. Marx, 1985a, p. 150-1) e aqueles provenientes do trabalho humano acumulado, ou, ainda, os instrumentos construídos pelos homens para a satisfação de suas necessidades e aqueles cuja produção se realiza sob a divisão entre trabalho manual e intelectual. Nesse estágio, o trabalho humano, embora objetivado nos meios e instrumentos, aparece como trabalho morto; as necessidades da produção como forças exteriores aos sujeitos; as relações de socialidade como

---

indivíduos manifestam sua vida reflete exatamente o que eles são" (Marx e Engels, 1989, p. 13).

relações entre coisas.[111] A contradição que o desenvolvimento das forças produtivas encerra demonstra que, de um lado, a utilização de instrumentos criados pelos homens supõe a interdependência entre eles;[112] de outro, a posse dos instrumentos (ou o seu alheamento) impõe que se estabeleçam determinadas relações de dominação entre os homens, já que a apropriação econômica das forças produtivas engendra determinadas relações sociais. Na sociedade capitalista instrumentos e técnicas não são apenas *mediações virtuais* à objetivação do ser social, mas transformam-se em *mediações reificadas*.

Considerando que a cada estágio da divisão social do trabalho corresponde tanto um grau de desenvolvimento das forças produtivas quanto uma forma de propriedade e de apropriação do produto social, o processo de desenvolvimento que as submete altera as bases materiais do trabalho, criando novas forças produtivas. Aqui, ciência e técnica, gestadas no processo de racionalização do mundo, passam a substituir o *saber e o fazer* do trabalhador sobre sua atividade e engendram novas formas de consciência e existência entre os indivíduos. O saber do trabalhador transforma-se em ciência, seu modo de operar em tecnologia e o seu poder é deslocado para a maquinaria.

Se, desde os seus primórdios, a ciência é conhecimento racional do mundo, tendo como paradigma a matemática, o suposto que sustenta esta concepção é de que cabe ao cientista buscar as relações lógicas de causa e efeito que se colocam na

---

111. "Nos períodos anteriores, a manifestação de si e a produção da vida material eram separadas pelo simples fato de que cabiam a pessoas diferentes e pelo fato de que a produção da vida material era tida ainda por uma manifestação de si de ordem inferior por causa do caráter limitado dos próprios indivíduos; hoje, manifestação de si e produção da vida material são de tal modo separadas que a vida material aparece como a finalidade, e a produção da vida material, isto é, o trabalho, como sendo o meio, sendo agora esse trabalho a única forma possível, mas, como vemos, negativa de manifestação de si" (Marx e Engels, 1989, p. 77).

112. "O nascimento do gênero humano em sentido social é o produto necessário, involuntário, do desenvolvimento das forças produtivas" (Lukács, 1979a, p. 148).

estrutura material da sociedade. Há que se observar as regras do conhecimento, a fim de determinar o modo adequado pelo qual a razão pode apreender as propriedades dos objetos e as regularidades que se estabelecem entre eles. A razão, ao apanhar a estrutura do objeto e atribuir-lhe uma legalidade, pode construir um sistema de conceitos expressos graficamente ou por símbolos matemáticos. À medida que a ordem social se complexifica, a causalidade e previsibilidade contempladas no modelo matemático e negadas pelas contradições da realidade já não são suficientes para explicar os novos fenômenos, processos e relações sociais que aí compareçam. As novas determinações, engendradas pelas relações de produção, colocam à ciência um campo até então desconhecido. Se, ao se converterem em objeto da ciência, o homem e suas relações sociais acabam sendo considerados como parte da natureza e, por isso, abordados nas suas singularidades, a investigação científica continua a exigir a adoção de procedimentos generalizantes, objetivos, isentos de valores e preconceitos tais como nas ciências exatas ou, nas palavras de Granger:

> A razão exige doravante, de todo conhecimento que tem por objeto uma parte da natureza, condições de controle experimental e de eficácia comparáveis às que caracterizam as ciências físicas (1962, p. 78).

Aos procedimentos de dedução, próprios das ciências matemáticas, acrescem-se os do método indutivo das ciências naturais. A eficiência dos resultados científicos passa a depender do rigor empregado na observação e controle dos dados, do nível de objetividade, da neutralidade axiológica do pesquisador, enfim, dos procedimentos adotados, já que destes depende a possibilidade de virem a se constituir modelos analíticos. De um lado, tem-se a utilização de procedimentos homogêneos aplicados a objetos de naturezas distintas, cujo substrato localiza-se no princípio capitalista da homogeneização do trabalho humano; de outro, a cisão da ciência, que agora se coloca como ciência pura (ou fundamental) e aplicada, pautada na divisão do trabalho intelectual e manual.

O mesmo processo pelo qual a divisão social do trabalho põe a necessidade das especializações e, com ela, as ciências e/ou disciplinas particulares, o desenvolvimento das forças produtivas determina a institucionalização de práticas profissionais que exerçam funções de apoio à administração científica do trabalho, na "contenção dos conflitos" que se agudizam ou na "promoção da integração" do trabalhador às inovações tecnológicas provenientes da aplicação da ciência e da técnica que, no capitalismo monopolista, convertem-se em forças produtivas. Deste modo, às diversas formas adotadas pela gerência científica do processo de trabalho correspondem as tecnologias historicamente utilizadas no capitalismo.

Não obstante a constatação de que as atividades humanas sempre foram mediadas pela tecnologia, que ciência e técnica são construções coletivas, determinações do trabalho humano, entendemos que não se trata de considerar a ciência e a técnica em geral, mas a vinculação entre elas, o processo de acumulação/ valorização do capital e seus rebatimentos nos modos de vida do capitalismo monopolista.

A análise da revolução técnico-científica realizada no processo de trabalho e transposta para a vida social como um todo, evidencia a conformação de um modo peculiar de relação entre pensamento e existência que, ao produzir uma racionalidade historicamente determinada, pelo grau de desenvolvimento das forças produtivas, sanciona-a como o único modo possível de relação entre os homens. O pensamento tecnológico, que tem na sua base as transformações materiais do processo de produção, "não *é* apenas um instrumento, mas antes de tudo uma forma concreta de existência, uma atitude diante da realidade, o que significa que a realidade se manifesta a essa consciência de um modo determinado" (Oliveira, 1989, p. 80). Ao generalizar-se na sociedade capitalista, ao transformar-se no "paradigma" de relação entre os homens na sociedade contemporânea, a racionalidade técnica reduz a razão substantiva a apenas uma das dimensões que a constituem: a dimensão instrumental.

Se, como temos argumentado, a racionalidade é construída na prática social e histórica dos homens, à racionalidade tecnológica podem ser tributadas as alterações do processo de trabalho no capitalismo monopolista, mas ela também invade as relações políticas, institucionais e sociais.[113] Ao colocar diferentes disciplinas profissionais a serviço da acumulação/valorização do capital, visando a aplicação de um conjunto de conhecimentos ou princípios ao processo produtivo, a classe hegemônica transforma-as em tecnologias. Contudo, tais práticas profissionais devem conservar a condição fundamental da sua existência sob o capitalismo: que o seu trabalho apareça homogeneizado, abstrato, geral para que produza valor. Este, por sua vez, "nunca poderia existir de outro modo, senão como relação unilateral-abstrata de um todo concreto e vivo já determinado" (Marx in Ianni, 1988, p. 63). O que daí deriva é a requisição por profissionais com formação, não apenas tecnicista, mas sobretudo politécnica, e por um embasamento teórico comum capaz de promover a unidade operacional às diferentes profissões técnicas.[114]

Mas o grau de desenvolvimento das forças produtivas também expressa seu conteúdo revolucionário, já que uma das características ontológicas do trabalho é o aperfeiçoamento (cf. Lukács, 1978, p. 8). Os meios de produção incorporam não

---

113. "Foi na racionalidade tecnológica, que adquiriu preeminência no capitalismo monopolista, que a alienação do pensamento adquire suas formas mais avançadas" (Ianni, 1976, p. 61).

114. "No âmbito do social, preconiza-se a fusão das especializações em uma disciplina politécnica cujo conhecimento fosse dado pelas diversas disciplinas sociais, onde o Serviço Social ocuparia um *status* privilegiado atribuído pela sua "versatilidade quase politécnica" (Barros, s/d., p. 23).

apenas os instrumentos e as condições objetivas[115] como, ainda, a força de trabalho — ou energia humana direcionada a uma finalidade — e, por isso, podem atuar em duas frentes: alteram as bases sob as quais as relações sociais assentam; constituem-se no meio para a concretização de uma nova forma social.[116] Ciência e técnica, ao serem compreendidas enquanto determinações do processo de trabalho e, sobretudo, como forma de objetivação humana, perdem a aparência reificadora que as reveste, uma vez que "as forças produtivas são o resultado da energia posta em prática pelos homens" (Marx in Ianni, 1988, p. 85), e somente tendo por base material o desenvolvimento das forças produtivas "é possível estabelecer um intercâmbio universal entre os homens" (Marx e Engels, 1989, p. 32).

As determinações do desenvolvimento das forças produtivas até aqui alcançadas permitem-nos tratar, ainda que em caráter aproximativo, das particularidades que esse desenvolvimento concede ao Serviço Social. O desenvolvimento das forças produtivas acoplado à agudização das lutas de classes e à modernização das instituições jurídico-políticas, ao tensionar a profissão, tanto provoca inflexões na forma de realizar a intervenção profissional quanto repõe práticas historicamente consagradas. Dito de outro modo: se as demandas resultantes do aperfeiçoamento do processo de trabalho, ao exigir "novas" respostas do profissional, impõem-lhe a atualização das formas, métodos, técnicas e instrumentos de atuação, a preservação da

---

115. "Além das coisas que medeiam a atuação do trabalho sobre seu objeto e, por isso, servem, de um modo ou de outro de *condutor da atividade*, o processo de trabalho conta, em sentido lato, entre seus meios, com todas as condições objetivas que são exigidas para que o processo se realize" (Marx, 1985a, p. 151; grifos meus).

116. "[...] os elementos materiais de subversão total são, por um lado, as forças produtivas existentes e, por outro lado, a formação de uma massa revolucionária que faça a revolução não só contra as *condições particulares* da sociedade existente até então, mas também contra a própria produção da vida anterior, contra o conjunto dá atividade que constitui sua base" (Marx e Engels, 1989, p. 37; grifos meus).

funcionalidade da profissão exige-lhe a manutenção do conteúdo controlista e integrador. Não obstante, o grau de desenvolvimento das forças produtivas convoca, sobretudo na década de 1980, as estruturas jurídico-políticas do Estado brasileiro a incorporarem as conquistas efetivas adquiridas pela classe trabalhadora no campo das políticas sociais.

Como veremos, a ênfase na dimensão técnica da profissão, que subjaz na concepção de Serviço Social como instrumento da política desenvolvimentista, adquirindo expressão na década de 1970, não é casual; tampouco o é a transversalidade da visão cientificista na profissão e a constante requisição da categoria pela *homogeneidade* nos métodos, nas teorias e nas ações profissionais.

No primeiro caso — enquanto remanescentes do período da ditadura militar —, o clima de repressão e autoritarismo, as resistências da classe trabalhadora, a alternância nos modos de enfrentamento da questão social pelo Estado, a política desenvolvimentista, reivindicam à profissão redefinições operacionais que sejam funcionais ao projeto modernizador. Certo é que a concepção de Serviço Social como tecnologia,[117] ou melhor, como um conjunto de técnicas fundamentadas nas ciências sociais e humanas, utilizadas na coordenação e ordenamento das políticas

---

117. Ao fundamentar sua proposta de Serviço Social como Engenharia Social, Barros toma por substrato os trabalhos de Znanieck e Myrdal cujas premissas podem ser agrupadas: 1) quanto à sua base de sustentação: as ciências sociais encontram-se amplamente atrasadas com relação às ciências naturais, o que significa falta de amadurecimento das ciências sociais com relação às ciências naturais; 2) quanto à programática: às ciências sociais compete exercer funções análogas às ciências naturais, portanto, há que se desenvolver uma tecnologia social que sirva de suporte à engenharia social; 3) quanto à natureza das profissões sociais: os cientistas sociais são os engenheiros das políticas sociais; 4) quanto à metodologia de ação: *investigação* da situação concreta, *planejamento* de medidas terapêuticas, acompanhamento da aplicação eficiente de tais medidas. (cf. Barros, s/d., p. 15-8). Qualquer semelhança com as "etapas metodológicas" do Serviço Social tradicional, não é mera coincidência (grifos meus).

sociais (cf. Barros, s/d., p. 23), enlaça-se ao processo de modernização da sociedade brasileira e justapõe-se à estratégia de crescimento econômico acelerado. Tal concepção não teria exercido alto grau de ponderação na profissão se não estivesse vinculada tanto a um modo de pensar amplamente difundido na sociedade, externo, mas não estranho ao Serviço Social, quanto à necessidade de romper com o caráter assistencialista e filantrópico constitutivo das protoformas da profissão.

No segundo, esse cenário coloca-se como o mais fecundo à difusão de uma política cultural de vigorosa influência dos países capitalistas centrais, intermediada por organismos internacionais (*vide* a influência da Cepal), e à proliferação das correntes neopositivistas que se fortalecem, sobretudo, no âmbito acadêmico-universitário (cf. Netto, 1989a e 1991a). Na confluência desses vetores, conformam-se modelos de intervenção profissional cuja unidade, no âmbito metodológico, reside no predomínio dos instrumentos e técnicas, e, no campo ideológico, efetiva-se pelo cariz reformista que as nutre. Face a isso, a busca incessante do profissional pela sua identidade e especificidade objetiva-se na recorrência que uma significativa parcela dos profissionais faz aos modelos interpretativos e interventivos convencionais.

As resultantes das bases materiais e ideoculturais, sob as quais a profissão se movimenta, podem ser percebidas nas representações dos agentes profissionais à medida que se expressam nas ações e reivindicações desses agentes. Dentre elas, o fetiche que permeia o instrumental técnico e a deificação das metodologias de ação, o mito da dicotomia na relação teoria e prática e a tendência a requisitar modelos teóricos e interventivos, enquanto facetas de um mesmo processo, no nosso entendimento, colocam-se como determinações e especificações tanto da instrumentalidade do Serviço Social quanto da insuficiência na compreensão do profissional sobre o significado social e político da sua prática.

5.2.1 O fetiche dos instrumentos e técnicas ou a deificação das metodologias de ação

Ao perseguir nosso objeto de análise, qual seja, instrumentalidade do Serviço Social, defrontamo-nos com a tendência, presente nas requisições profissionais, de atribuir aos instrumentos e técnicas, municiadores da intervenção, um *status* superior àquele que *é* dado aos demais componentes da prática profissional. Se essa tendência encontra seu ponto de sustentação no fetichismo que envolve as relações sociais do mundo burguês e que, em última instância, são representações falsas sobre a realidade, ela não é uma construção arbitrária. Como tentamos demonstrar, é no processo de constituição da profissão e, mais ainda, no seu confronto com os interesses antagônicos demandados pelas classes sociais, que tal tendência se conforma, cristaliza-se e se reproduz.

Imantados pelo movimento histórico que determina as particularidades que a instituição Serviço Social vai adquirindo nesse processo, o significado sociopolítico, a direção social da intervenção, o projeto profissional, as metodologias, instrumentos e técnicas de intervenção não são elementos imanentes ao modo de ser e de se constituir do Serviço Social. Antes, são determinações sócio-históricas externas à sua constituição, engendradas pela dinâmica do processo histórico que, em última instância, independem da opção teórico-ideológica do assistente social, mas somente em última instância, já que as metodologias e o instrumental técnico-político, enquanto elementos fundamentalmente necessários à objetivação das ações profissionais, compõem o *projeto* profissional. Este coloca-se, inicialmente, a partir de necessidades a serem satisfeitas para as quais os agentes estabelecem finalidades, definem os meios mais adequados, determinam o modo de operar. A energia dos agentes potencializada no instrumental permite a operacionalização do projeto. Deste modo, os agentes profissionais, enquanto desenvolvem uma atividade, não são apenas técnicos como também críticos, já que o domínio do instrumental requisita-lhe um conhecimento das finalidades e das formas de alcançá-las, e estas não se encerram na razão de ser do Serviço Social. Antes, incorporam a razão de conhecer a profissão, suas condições e possibilidades. Ao atribuir autonomia às metodologias de ação e ao instrumental técnico, ao separá-los e torná-los independentes do projeto profissional, o assistente social acaba por transformar o que é acessório em essencial. O fetiche, enquanto "escopo do mundo moderno", também penetra as representações e autorrepresentações dos assistentes sociais sobre os elementos que mediatizam a sua intervenção.

O pensamento que reduz as múltiplas determinações que compareçam nos fatos, fenômenos e processos à sua dimensão técnica, prático-concreta, é o positivista, que, pautado em formulações ideais abstratas só pode derivar na racionalidade formal. A atividade humana, o trabalho, bem como as práticas profissionais, enquanto uma das maneiras de objetivação do ser social, uma forma de sociabilidade entre os homens, portam, sobretudo, dimensões políticas e éticas que, ao serem limitadas à dimensão instrumental, postergam a natureza ontológica das relações sociais.

5.2.2 Na prática a teoria é outra

O pensamento racionalista formal, predominante no capitalismo monopolista, mantém-se irredutível em aceitar a unidade teoria/prática. Esta recusa, de cunho conservador, tem como pano de fundo as falsas representações produzidas pelas classes ou facções da classe dominante. Ao serem repassados para as teorias os parâmetros das formas de pensar da burguesia, a realidade aparece deformada (cf. Ianni, 1976, p. 63). A consequência é que entre as formulações teóricas, apreendidas sob a lente da ideologia burguesa, e a prática social e histórica dos homens reais estabelece-se uma defasagem que põe em risco a unidade entre ambas.

A ponderação que a ideologia burguesa exerce sobre as concepções teóricas e formas de pensar o/no Serviço Social encontra na divisão entre trabalho manual e intelectual seu substrato. Porém amplia-se a partir do modo específico pelo qual se dá a inserção do assistente social na divisão social e técnica do trabalho.[118] Ao ser "enquadrado" como profissão de caráter eminentemente técnico, ao exercer funções executivas, o assistente social pensa poder eximir-se da reflexão teórica *in totum* e fixar seu foco de preocupações no seu cotidiano profissional, para o que os modelos analíticos e interventivos, testados e cristalizados pelas suas experiências e de outrem, são suficientes. A isto combina-se o elenco de disciplinas que se dedicam aos fatos da realidade empírica, que lhe fornecem um quadro referencial teórico eclético, segregado em informações parciais, fragmentadas, generalizantes.

Dispostas as bases materiais, parece-nos que a relação teoria/prática no Serviço Social reflete o seguinte movimento: ao apreender os dados, sobre os quais atua como formas fixas,[119] o profissional tende a identificá-los ao seu conteúdo e a estabelecer entre eles uma relação causal, cuja tendência é a de *aceitar* os fatores econômicos como determinantes.[120] Tal condicionamento

---

118. "[...] uma compreensão do processo do trabalho, por isso, *é* ao mesmo tempo uma compreensão da origem da separação entre teoria e prática, e do elemento que estabelece sua interconexão" (Marcuse, 1988, p. 291).

119. "[...] no seu contato com a realidade, o primeiro passo do indivíduo pensante é sempre, e necessariamente, determinar e fixar, de cada vez, o objeto do seu pensamento, a feição particular da realidade com que se defronta e de que se vai ocupar" (Prado Júnior, 1971, p. 49).

120. Se não se considera que os fatores econômicos são decorrências dos antagonismos dos interesses das classes sociais que se confrontam na sociedade capitalista,

unidimensional dos aspectos econômicos da realidade capitalista, extraído da análise de causa-efeito, leva o profissional a desconsiderar os demais aspectos constitutivos das questões sociais e a conceber os fatores econômicos como autoexplicativos, abstraídos das demais determinações que conformam os processos sociais.[121] A veracidade dos fatos encontra-se na experiência que autoriza a formulação de conceitos,[122] transformados em modelos generalizantes. O esforço de objetividade operado na intervenção profissional limita a análise às evidências empíricas ou, nas palavras de Löwy, "a legitimidade da ordem estabelecida lhe parece decorrer da constatação estritamente objetiva de certas *verdades elementares*" (1987, p. 31).[123] A resultante é a eliminação das particularidades que medeiam os fenômenos, fatos e processos sociais. O conhecimento passa a ser um conjunto de conceitos discriminados que representem coisas, apartadas e individualizadas entre si, a partir das quais os indivíduos concebem a realidade e cristalizam-se, tanto pelo hábito quanto pela reincidência dos problemas com os quais o profissional se defronta, até que sejam contrariados ou relativizados pela apreensão de níveis mais altos do conhecimento (cf. Prado Júnior, 1971,

---

corre-se o risco de tomá-los na sua positividade, como algo *exterior, anterior e superior*. Em Marx temos que "quando o pensamento não tem condições de superar o imediatismo e o espontaneísmo, não se pode superar a descrição da forma aparente e alcançar a reprodução da essência. Converte-se então essa forma aparente em fetiche, ao conceder-lhe uma autonomia e universalidade que não possui" (in Coutinho, 1972, p. 25).

121. De outro modo, quando o assistente social prioriza categorias ontologicamente secundárias da realidade, em detrimento das suas determinações materiais e concretas, corre o risco de encaminhar ações que preconizem "reformas morais" da conduta da população por ele assistida.

122. A este respeito Lukács se pronuncia: "É no apreender dos 'factos' que se exprime, ainda muito mais claramente que no apreender das 'leis' que ordenam os 'factos', a tendência fixista e estática do pensamento reificado" (Lukács, 1989, p. 205).

123. Ao aceitar o aspecto econômico como determinante, ao incidir diretamente no atendimento restrito e imediato das carências, o assistente social não percebe o quanto a miséria lesa, traumatiza e compromete física e mentalmente.

p. 49-50).[124] A teoria, reduzida a um método de intervenção e caucionada pela experiência, ao extrapolar o âmbito do pensamento, objetiva-se numa prática burocratizada.[125] O método, por sua vez, constitui-se num conjunto de procedimentos a serem adotados nas diferentes etapas tradicionalmente consagradas pela profissão como estudo, diagnóstico, intervenção e avaliação. Agora, a repetibilidade das ações, sancionada pela experiência e ancorada na teoria, permite a instituição de modelos de atuação profissional. O que aí aparece, e se coloca tanto como um entrave à intervenção quanto como uma derivação e exigência de uma determinada concepção acerca da relação teoria/prática, é a aplicação indiscriminada de modelos na análise e diagnóstico da realidade; a utilização de técnicas e instrumentos retirados de manuais; o estabelecimento de princípios, normas e regulamentos das ações e aceitação acrítica dos já instituídos, prevalecendo uma relação de exterioridade entre sujeito e objeto e de neutralidade entre os sujeitos envolvidos nesse processo.

Esse nível de apreensão do real, o qual engendra representações caóticas, fragmentadas e incompletas, não se constitui numa limitação exclusiva do assistente social. Antes, "a trama de relações em que a realidade se acha disposta é tal que desafia até mesmo qualquer conjetura [...] acerca da representação integral daquela trama que entrelaça, sem solução de continuidade, a totalidade deste *continuum* espaço-tempo que nos condiciona" (Prado Júnior, 1971, p. 55). Daí que às diferentes formas de apreender a realidade — vinculadas a projetos políticos/profissionais, e referências teóricas diversas —, às concepções de Serviço Social adotadas pelos profissionais, correspondem

---

124. Níveis de compreensão do real que vão do empirismo ao positivismo, abrangendo o idealismo, incorpora o materialismo vulgar e estruturalismo. Porém encontra seu mais alto grau de elaboração no materialismo histórico.

125. "A burocratização, assim, aparece como um momento da alienação, na medida em que fetichiza determinados elementos da ação humana, transformando-os em regras formais pseudo-objetivas" (Coutinho, 1972, p. 27).

ações profissionais diversificadas e expressam as racionalidades que historicamente tensionam-se na profissão.

Dentre as formas de pensar e agir no Serviço Social, duas são consideradas emblemáticas pela ponderação que até nossos dias vêm exercendo na profissão. A primeira, tangenciada no item anterior, determinada pela concepção de Serviço Social como técnica ou tecnologia social; a segunda, sustentada pela noção de Serviço Social como ciência ou campo específico do saber. Ambas, por portarem equívocos sobre a natureza do Serviço Social ou sobre o estatuto de legitimidade da profissão, redundam numa "visão messiânica" (cf. Iamamoto, 1991 e 1992), endogênica e a-histórica das possibilidades do Serviço Social.

Nessas duas maneiras de compreender a profissão, que não se manifestam de forma pura, o viés teoricista é evidente, já que o complexo de determinações que envolve a intervenção profissional é subsumido por explicações que priorizam a ausência (ou excesso) de teoria ou a tão propalada (e pouco equacionada) dicotomia entre teoria e prática no Serviço Social.

A recorrência à bibliografia que marca o Serviço Social no final da década de 1970 demonstra, claramente, a centralidade que a teoria ocupa nas explicações referentes aos constrangimentos postos à prática profissional.

Dentre elas, as formulações de Boris Alex Lima são exemplares:

> Destarte, a práxis tornou-se repetitiva, dada a ausência da teoria, ao simples acúmulo de informações, sem transformar os dados em conceitos, inexoravelmente caminhando para o empirismo mecanicista sem criatividade (1978, p. 29).

Subsidiada por uma leitura cientificista da realidade, essas concepções sugerem uma relação causal imediata entre o referencial ideal-abstrato, preponderante na profissão, e as restrições colocadas ao exercício profissional do assistente social como agente executor de atividades terminais.

> Por ser o Serviço Social produto da concepção positivista do conhecimento e da ciência [...] consentiu e estruturou essa posição subordinada em virtude do próprio marco teórico aprovado em termos de consentimento dos atores ou suportes da disciplina (Lima, 1978, p. 26-7).

A essa forma maniqueísta de encarar a influência da tradição positivista nas construções teóricas que inspiram o Serviço Social e à posição hierarquicamente superior que a teoria ocupa nas suas análises, o autor acresce considerações de que: "O costume de pensar em termos de 'sensibilidade social', 'experiência', 'habilidade' e 'destreza' etc., não lhe permitiu [ao assistente social] considerar os problemas e sua realidade de trabalho interagindo com todas as totalidades estruturadas" (Lima, 1978, p. 26).

A teoria concebida colmo objeto de escolha pessoal permite ao autor responsabilizar os profissionais "pelas cristalização e dogmatismo de seu trabalho epistemológico: uns por abertura e consciente adesão ideológica à corrente positivista, outros por *inércia mental* e muitos por se identificarem com os mecanismos de dominação" (Lima, 1978, p. 27) e, ao fazê-lo, coloca as questões de ordem estrutural, superestrutural e contextual, que condicionam a intervenção profissional, *secundariamente* frente às opções teórico-ideológicas do assistente social. Assim procedendo, atribui à intencionalidade dos agentes profissionais, à sua filiação teórica engendrada por uma visão de homem e mundo, as possibilidades de transformação da realidade social.

> A teleologia do Serviço Social se encaminha para libertar as massas, situando sua meta na transformação das relações sociais — mundo objetivo — e no próprio homem, objeto de sua ação (Lima, 1978, p. 37).

A nosso ver, problemática e programática colocadas nessas formulações são tanto insuficientes quanto equivocadas e, o que é mais grave, *impõem constrangimentos ao processo de ruptura* da profissão com seu conteúdo reformador e conservador.

Em primeiro lugar, porque o cientificismo que atravessa a profissão não pode ser tributado apenas à recorrência que historicamente o Serviço Social faz às correntes positivistas. Antes, esse viés encontra-se medularmente vinculado ao modo de ser do capitalismo, à ideologia burguesa.[126] Não obstante, a aproximação entre Serviço Social e as diversas vertentes do Positivismo e neopositivismo produz novas determinações à profissão, que tanto se combinam às determinações gerais do capitalismo quanto se especificam no Serviço Social, também atribuindo-lhe particularidades. Contudo, as determinações engendradas pela adoção de determinado quadro de referência pela profissão constitui-se numa determinação secundária que não se limita ao caráter cientificista da profissão. Se é verdade que "O positivismo impregnou a própria estrutura do Serviço Social" (Lima, 1978, p. 25), este fato é determinado por um processo mais amplo, vinculado ao próprio modo de existência da sociedade capitalista e das condições históricas sob as quais a profissão se institucionaliza. Mas a determinação fundamental do modo de ser do Serviço Social não reside no seu estatuto teórico e sim nas respostas que a profissão engendra em face dos projetos sociopolíticos que a ela se interpõe. Por outro lado, há que se considerar que o paradigma da racionalidade formal-abstrata possibilita ao assistente social responder às necessidades instrumentais da ação profissional, ao nível do conhecimento empírico. Fornece reflexões e explicações demandadas por intervenções de caráter

---

126. "Os pensamentos da classe dominante são também, em todas as épocas, os pensamentos dominantes; em outras palavras, a classe que é o poder material dominante numa determinada sociedade é também o poder espiritual dominante" (Marx e Engels, 1989, p. 47).

manipulatório, possibilita homogeneizar procedimentos, definir, separar e controlar variáveis significativas e determinar as *funções* supostamente cabíveis ao Serviço Social. Ao se limitar a fornecer a razão de ser das coisas, a racionalidade subjacente às vertentes positivistas subsume a intervenção profissional do assistente social a operações lógico-formais.

Em segundo lugar, porque a dicotomia entre teoria e prática, ou "ausência de teoria" no Serviço Social, não *é* causa da limitação ou restrição dos profissionais à execução de atividades técnicas, mas decorrência, tanto da forma peculiar pela qual a sua inserção na divisão social e técnica do trabalho se realiza, quanto da cisão entre *trabalho* manual e *trabalho* intelectual[127] e da constante necessidade de *modernização* profissional imposta pelos processos econômicos e políticos (partidários, sindicais, institucionais) que engendram as inovações tecnológicas, enfim de elementos exógenos ao Serviço Social. Aqui também o modelo heurístico e interpretativo do racionalismo formal-abstrato exerce ponderação, já que ele acaba imputando na realidade uma lógica externa aos processos sociais reais e com ela pensa resolver a contradição que movimenta a realidade. A dinâmica da realidade, ao negar a prepotência positivista de enquadrar fatos, fenômenos e processos, de integrá-los funcionalmente aos sistemas, põe à luz a ineficácia desse modo de interpretação da realidade, o que acaba produzindo uma falsa ilusão de que "para o Serviço Social a teoria, na prática, *é* outra".

---

127. "A divisão do trabalho só se torna efetivamente divisão do trabalho a partir do momento em que se opera uma divisão entre o trabalho material e o trabalho intelectual. A partir deste momento, a consciência pode de fato imaginar que é algo mais do que a consciência da prática existente, que ela representa realmente algo sem representar algo real. A partir deste momento, a consciência está em condições de se emancipar do mundo e de passar à formação da teoria 'pura', teologia, filosofia, moral etc." (Marx e Engels, 1989, p. 27). Posteriormente, Lukács vai atribuir ao nascimento da Sociologia a efetivação da dicotomia que o pensamento burguês estabelece entre economia e história, que, somente se realiza pela "exclusão das reais mediações econômicas e sociais" (Lukács, 1968a, p. 94).

Em terceiro, porque a tendência de atribuir a uma categoria profissional a virtualidade de transformar as conexões causais e racionais que se expressam na realidade objetiva, finalidade esta que extrapola os desejos, anseios, atributos pessoais e profissionais de sujeitos individuais, de um lado, provoca a inércia e a angústia do assistente social, de outro, acentua a tendência voluntarista presente na profissão. Se atribuir a uma categoria profissional a responsabilidade de promover transformações na sociedade é um equívoco, também o é a pretensão de que a intervenção profissional independa de direção política e de um ponto de vista vinculado a uma das duas classes fundamentais do capitalismo. A vinculação do assistente social aos projetos políticos das classes trabalhadoras é uma *mediação necessária à* passagem para as formas de intervenção que efetivamente rompam com as perspectivas modernizadoras e conservadoras na profissão.

E, finalmente, porque a propensão a atuar a partir de modelos teóricos, enquanto legado das protoformas da profissão, e reposta pelo paradigma positivista em diferentes momentos do processo de desenvolvimento da instituição Serviço Social, obedece a uma dinâmica de *modernização* que, embora externa à profissão, nela se refrata: ao conceber a necessidade de modelos de intervenção, ao se utilizar de padrões e fórmulas tradicionalmente consagradas na análise e intervenção na realidade, o assistente social neutraliza as possibilidades de *renovação* da profissão.

Entendemos que, na falsa interpretação que jaz no meio profissional, de que a *teoria na prática é outra,* compareçam duas determinações que se vinculam a um mesmo processo: o modelo analítico-interpretativo da realidade que orienta o assistente social dificulta-lhe a apreensão da racionalidade que constitui e movimenta os processos sociais, das leis, tendências, articulações e possibilidades, ao que se combina a racionalidade subjetiva dos sujeitos individuais que, de modo singular, incorporam esse determinado modelo de racionalidade com o qual apreendem os fatos e fenômenos sociais e constroem suas representações e autorrepresentações.

A esse respeito duas considerações se fazem necessárias. A primeira, quanto às concepções teóricas e metodológicas que inspiram a intervenção profissional. Aqui há que se matizar campo de visibilidade alcançável e possibilidades sócio-históricas, já que a ausência de mediações concretas ou ainda não desenvolvidas plenamente na realidade, interdita a análise dos fatos, fenômenos e processos sociais, numa perspectiva de totalidade. A segunda, quanto ao protagonismo dos agentes profissionais nesse processo que, pelo nível de complexidade que conforma essa questão merece, a nosso ver, um tratamento verticalizado.

6. Causalidade e teleologia: o protagonismo dos sujeitos na direção teórica da sua *práxis*

Se é pelo processo do pensamento que os indivíduos apreendem a realidade, suas feições, características, propriedades, este processo não pode ser outra coisa senão a atividade de um indivíduo pensante (cf. Prado Júnior, 1971, p. 102). Ainda que realizada de maneira espontânea, esta atividade conduz ao primeiro nível do conhecimento, produzido pelos órgãos do sentido humano,[128] condutos pelos quais os sujeitos colocam-se em contato e comunicam-se com a realidade: "A consciência é, portanto, de início, um produto social e o será enquanto existirem homens" (Marx e Engels, 1989, p. 26).

---

128. "Assim, a consciência *é*, antes de mais nada, apenas a consciência do meio sensível mais próximo e de uma interdependência limitada com outras pessoas e outras coisas situadas fora do indivíduo que toma consciência" (Marx e Engels, 1989, p. 26).

Ao apreenderem os traços, feições e configurações da realidade pela sua sensibilidade, os sujeitos elaboram sistemas conceituais passíveis de serem expressos verbalmente por meio da linguagem, esta, "manifestação vital do pensamento" (Marx, 1975, p. 202). Pensamento e linguagem, enquanto formas de objetivação e sociabilidade dos homens, incorporam o quadro categorial representativo da realidade.[129]

Neste nível preliminar, o processo cognitivo consiste em discriminar e distinguir as coisas tais como se apresentam, identificar as propriedades e características dos objetos por meio de analogias e categorizá-las formalmente (cf. Prado Júnior, 1971, p. 49), do que resulta um determinado tipo de saber.

Mas o processo do conhecimento supõe que, determinadas as feições da realidade, conhecidas as "coisas" que a compõem, há que se compreender como essas coisas se relacionam entre si, seus nexos, vínculos, articulações e conversões.[130] Este processo relacional, que se realiza por aproximações sucessivas, permite aos sujeitos apreenderem não apenas a lógica interna dos fenômenos que se expressam na realidade, como as conexões que aí se estabelecem. Dito de outro modo: o movimento dialético da realidade conduz o pensamento dos sujeitos, de modo processual, aproximativo e reflexivo, à compreensão da relação dialética entre universalidade e singularidade e suas conversões em particularidades.

Enquanto produto histórico-social, o conhecimento contempla tanto a experiência empírica dos sujeitos quanto os

---

129. "Os conceitos sobre as coisas surgem pela primeira vez, de modo necessário, no curso do processo de trabalho para que nasça um 'conceito' é preciso que as percepções importantes para a vida se tornem autônomas em relação à causa delas [...]. Este momento de compreensão, que está em estreita relação com o trabalho, se desenvolve cada vez mais fortemente no curso da socialização dos homens" (Lukács, 1969, p. 25-6).

130. "Os caminhos do pensamento para o conhecimento são reflexos do processo de desenvolvimento objetivo" (Lukács, 1968a, p. 98).

conceitos pré-formados pelo entendimento e, "precisamente do impacto produzido por novos dados empíricos colhidos na experiência, sobre o conhecimento anterior, que resultam a nova elaboração e o progresso do conhecimento" (Prado Júnior, 1971, p. 103). Porém, há mais. Se o processo do pensamento se realiza espontaneamente, pelo estabelecimento de relações entre os fatos, o conhecimento se constitui a partir de necessidades e finalidades dos sujeitos reais, na medida em que colocam perguntas às suas necessidades (cf. Lukács, 1978, p. 5), perguntas essas direcionadas por um método e que condicionam a análise. *Ao se colocarem determinadas questões, os sujeitos estão definindo as teorias que possibilitam o alcance e o campo de visibilidade das explicações e interpretações de suas inquietações.*[131]

Neste âmbito, a prática pode ser entendida como uma ação racional de sujeitos reais, e o conhecimento que dela se engendra como o confronto entre experiências socialmente comunicadas e o conhecimento historicamente elaborado. O que resulta desse confronto incorpora o conteúdo do pensamento, que direciona as ações dos sujeitos. Nesse processo de autoimplicação entre conhecimento e prática, as elaborações teóricas constituem-se em uma das formas de Objetivação humana que tem como conduto de passagem as particularidades. O caráter progressivo e cumulativo do conhecimento "transforma ininterruptamente leis que até aquele momento valiam como as mais altas universalidades em particulares modos de apresentação de uma universalidade superior, cuja concretização conduz muito frequentemente, ao mesmo tempo, à descoberta de novas formas de particularidade como mais próximas determinações, limitações e especificações

---

131. "[...] o homem torna-se um ser que dá respostas precisamente na medida em que — paralelamente ao desenvolvimento social e em proporção crescente — ele generaliza, transformando em perguntas seus próprios carecimentos e suas possibilidades de satisfazê-los; e quando, em sua resposta ao carecimento que a provoca, funda e enriquece a própria atividade com tais mediações, frequentemente bastante articuladas" (Lukács, 1978, p. 5).

da nova universalidade tornada concreta" (Lukács, 1968a, p. 103). Assim, há que se matizar os diferentes níveis ou graus alcançados pelo conhecimento teórico que, contudo, não ultrapassa as expressões do movimento do processo histórico que caminha do universal ao singular e vice-versa, pela via do particular e nele se manifesta, ou, como concebe Marx:

> Ali onde começa a história deve começar toda a cadeia do pensamento, e o desenvolvimento ulterior desta não será mais do que a imagem reflexa, em forma abstrata e *teoricamente consequente*, da trajetória histórica (*in* Lukács, 1968a, p. 100; grifos meus).

O que se pretende afirmar *é* que a posição dos sujeitos, ou o fator subjetivo, no processo do conhecimento, na escolha de referências teóricas capazes de proporcionar explicações o mais aproximadas possível da realidade não é de importância secundária. Tampouco o são os seus resultados, já que ao apreender a racionalidade objetiva dos processos sociais, os sujeitos a expressam nas suas ações, comportamentos, relações sociais. É o processo de *objetificação* dos sujeitos.

Se "na vida cotidiana, é compreensível que existam operações mentais ligadas largamente com a prática, que a preparam ou que dela tiram conclusões, nas quais o particular tem uma função de resultado conclusivo" (Lukács, 1968a, p. 110); nas práticas profissionais comparecem mediações cada vez mais complexas que não se resolvem por silogismos ou "avaliações probabilísticas" (Heller, 1989, p. 30-1), tampouco com a lente da lógica formal.[132] Em outras palavras, da heterogeneidade que comparece na vida cotidiana, da fenomenalidade que lhe é

---

132. O que se pretende afirmar é que nem o empiricismo, voltado para os aspectos singulares das questões, nem o racionalismo, que se atém aos aspectos universalizantes dos processos sociais, proporcionam ao assistente social a apreensão das mediações constitutivas, constituintes, constituídas e articuladoras da prática profissional.

imanente resulta um tipo de saber que responde, ao nível imediato, às necessidades práticas ou ao conjunto de atividades operadas por sujeitos na produção da sua vida material e na reprodução das relações sociais constitutivas da sociedade na qual inserem-se, saber este que permite a manipulação de variáveis que estão ao seu alcance, mas não o conhecimento da lógica que movimenta uma dada situação, daí ser possível uma *unidade* entre pensamento e ação *na cotidianidade* (cf. Heller, 1989, p. 31). Este saber, dadas as suas características — superficialidade extensiva, ultrageneralização, espontaneísmo —, não alcança a totalidade das relações sociais.[133] Aqui, a instrumentalidade comparece tanto como necessidade histórica da vida cotidiana quanto decorrência necessária de um modo específico de relação social numa sociedade historicamente determinada: a ordem burguesa consolidada.

Por essas razões temos que o conhecimento não provém diretamente da vida cotidiana, mas de uma modalidade específica de objetivação humana que rompe, temporariamente, com esses aspectos singulares da cotidianidade. Tampouco as atividades práticas realizadas na vida cotidiana se confundem com a práxis.[134] A produção teórica e a práxis pressupõem que se suspenda com os aspectos fundamentais da vida cotidiana, que se desenvolva uma atividade *consciente e finalística,* para a qual os sujeitos canalizam toda sua atenção e ainda que, por meio de mediações particulares, os sujeitos vinculem seus interesses singulares aos interesses e necessidades do gênero humano (cf. Heller, 1989, p. 31-2).

---

133. A respeito da estrutura da vida cotidiana ver: HELLER, A. *O cotidiano e a história,* Paz e Terra, 1989 e LUKÁCS, G. *Introdução a uma estética marxista,* Civilização Brasileira, 1968a.

134. E, "mesmo quando ciência e espontaneidade parecem coincidir, não se trata de um aprofundamento meramente quantitativo: a possibilidade de descobrir com exatidão todas as determinações de uma situação, mesmo as mais remotas, é um salto qualitativo com relação ao comportamento da espontaneidade ou da falsa consciência" (Lukács, 1968b, p. 111-2).

Mais ainda, os agentes profissionais necessitam compreender uma modalidade específica de ser — do ser social que se move na sociedade burguesa — e, dado o nível de complexidade dos processos que o compõe, os saberes gestados na vida cotidiana são insuficientes. Assim, a recorrência que os profissionais fazem às elaborações teóricas engendram-se, fundamentalmente, de duas determinações: da busca por saberes que tenham pertinência com a sua prática, melhor ainda, da oportunidade que as teorias portam de responder às situações com as quais os agentes se defrontam no seu cotidiano profissional e que sejam compatíveis com a visão de homem e mundo do profissional; da possibilidade de retornarem esse conhecimento à vida cotidiana, agora enriquecida pela apreensão das múltiplas determinações que a constituem, no sentido de objetivá-lo em ações, reunidas num conjunto de habilidades específicas, reconhecidas socialmente.

Esse processo se realiza por meio de contradições que envolvem teoria e prática e encontra seu substrato na história: se as elaborações teóricas só se efetivam quando os sujeitos suspendem, temporariamente, as atividades da vida cotidiana, estas têm na vida cotidiana a sua matéria-prima; se no cotidiano imperam a repetição, o mimetismo, a padronização, as analogias, são nessas regularidades e continuidades — na substância da história — que residem as possibilidades da teoria, se no seu cotidiano as práticas profissionais reproduzem modos de vida da ordem social capitalista, a instrumentalidade e as relações sociais de dominação da sociedade burguesa, *o cotidiano dos profissionais não recobre a totalidade das atividades pelas quais os sujeitos reproduzem suas relações sociais*; se é no cotidiano profissional do assistente social que a sua instrumentalidade se materializa, desse mesmo cotidiano emergem mediações que lhe requisitam níveis de racionalidade mais elevados. A negatividade, enquanto um modo de ser da realidade, explicita-se na relação teoria/prática. O movimento teoria/prática, mediado pelo método, realiza-se pela conversão recíproca do universal ao singular, da forma ao conteúdo: universalidade e singularidade são superadas pela particularidade (cf. Lukács, 1968a, p. 255). A compreensão mais esclarecedora dessa dialética encontra-se na seguinte formulação lukacsiana:

> Do ponto de vista do conteúdo, isto significa que a singularidade perde seu caráter fugidio, meramente superficial, casual, mas que toda singularidade não só conserva, como intensifica, sua forma fenomênica isolada, que sua imediaticidade sensível transforma-se numa sensibilidade imediatamente significativa [...]. A universalidade, por sua vez, perde sua imediaticidade conceitual. Ela aparece como potência, que se expressa em homens singulares como *concepção do mundo que determina suas ações em suas relações,* que refletem suas conexões sociais, como força objetiva das condições histórico-sociais (Lukács, 1968a, p. 255; grifos meus).

Se, no processo do conhecimento, objetividade e subjetividade encontram-se em relação, teoria e prática só podem aparecer dicotomizadas se se esquece o substrato material que sustenta as elaborações teóricas. De outro modo, quando a ciência refletir o desenvolvimento ontológico da realidade de maneira histórica e sistemática e "elevar a conceito o movimento concreto" (Lukács, 1968a, p. 88), pode-se explicar as ideias, os conceitos, segundo a prática material dos homens (cf. Marx e Engels, 1989, p. 36). A consciência dos sujeitos, ao forjar-se na história, permite que o conhecimento, por aproximações sucessivas, se determine (cf. Prado Júnior, 1971, p. 68).[135] A historicidade e sistematicidade dadas pelo método constitui-se na

---

135. "[...] conhecimento, que *é* consciência e se forja naquela história, ou que capacita cada vez mais para dirigir intencionalmente a sua ação, organizar a sua vida social, modelar seu pensamento (ideias, ideologias, convicções) não, de acordo com velhos padrões que repete porque não sabe inovar, e sim conforme suas necessidades, seus desejos, suas aspirações" (Prado Júnior, 1971, p. 68).

unidade entre teoria e prática, enquanto momentos diferenciados de um mesmo processo e expressa-se na práxis. Assim:

> A questão de atribuir ao pensamento uma verdade objetiva não é uma questão teórica, mas sim uma questão prática. É na práxis que o homem precisa provar a verdade, isto é, a realidade e a força, a *terrenalidade do pensamento* (Marx e Engels 1989, p. 94; grifos meus).

Entendidas desse ponto de vista, a relação dialética entre momentos teóricos e políticos, razão e história, ser e consciência, teleologia e causalidade, necessidade e contingência provêm das contradições, conversões e passagens das categorias — ou estados da realidade —, singularidade/particularidade e universalidade, dinâmica esta que, insistimos, não vai além do movimento da realidade mesma, apreendido pelo pensamento dos sujeitos. As categorias teóricas extraídas da história e a ela remetidas, projetam a *racionalidade* dos homens reais e seus condicionamentos sócio-históricos. É na práxis que a razão, vinculada aos pressupostos da realidade, se constrói, expressa-se e se realiza, já que a práxis contém as possibilidades de escolha dos sujeitos individuais. A teleologia, enquanto possibilidade ontológica do ser social, um "modo de pôr" dos sujeitos por meio do trabalho (Lukács, 1978, p. 6) é a expressão cabal, tanto da margem de liberdade de decisão dos sujeitos quanto das suas possibilidades de *intervenção consciente* nas séries causais produzidas pelo desenvolvimento econômico, este determinado por posições teleológicas. O conhecimento das conexões causais-universais, por seu turno, permite aos sujeitos tanto mobilizarem-nas quanto delas extraírem as tendências do movimento do real que, somente numa etapa posterior, serão corroboradas ou refutadas pelo processo sócio-histórico, já que o conhecimento é sempre *post-festum* (Lukács, 1978, p. 12). Dito de outro modo: a atividade da consciência contempla, ao mesmo tempo, dois momentos diferenciados que mantêm-se articulados entre si: a produção de conhecimentos e o estabelecimento de finalidades. O movimento da consciência em direção ao conhecimento busca apanhar as conexões racionais que se colocam na realidade presente. Mas este momento, por si só, não ultrapassa a realidade dada, daí a necessidade de ser mediado pelo conhecimento das finalidades, o qual faculta aos sujeitos realizar projeções, antecipar-se. A capacidade teleológica dos sujeitos permite-lhes a apreensão não apenas dos processos vigentes, como das possibilidades que a realidade porta. A consciência torna-se ciente dos meios e das finalidades que a mobilizam, porém não ultrapassa seu âmbito de ação. O momento de culminação do processo do conhecimento localiza-se na práxis — atividade prática transformadora da realidade natural e/ou social.

Mais ainda, na medida em que o conhecimento supera os fatos dados pelo intelecto na sua aparência fenomênica e estabelece as conexões racionais, mediante o princípio da causalidade, as relações antitéticas e a correspondência entre categorias intelectivas e ontológicas da realidade, a razão põe-se em funcionamento.[136]

> Todo ato de razão é, pois, ao mesmo tempo uma confirmação e uma superação que o intelecto possui da realidade (Lukács, in Henriques, 1978, p. 30).

Daí que as ideias, as representações, os conceitos, enquanto expressões ideais-abstratas das relações sociais, são históricos, transitórios, necessários, mas não suficientes para operar transformações materiais (cf. Marx, "Carta a Annenkov", 1985b, p. 210-11).

Ao considerar sua prática profissional e histórica chancelada pelo inexorável, ao atribuir às teorias uma autonomia

---

[136]. Assim é que em Lukács: "Toda a atitude frente a razão vai da realidade à filosofia. Negar a razão é negar a realidade" (Lukács, 1968b, p. 613).

absoluta ante a prática, os agentes profissionais perdem de vista a sua particularidade enquanto ser social, particularidade esta localizada nas faculdades subjetivas de que dispõem para a superação da facticidade fenomênica posta nas/pelas suas relações sociais. A sua intervenção na realidade aparece cerceada por fatores internos e externos que, por serem alheios à vontade dos profissionais, acreditam que não lhes cabe responsabilidade alguma. De outro modo, ao se descurar da causalidade, das determinações universais do movimento histórico, da autonomia relativa da teoria perante a prática, as ações profissionais adquirem um caráter volitivo. Se a adoção de posições que privilegiam os extremos, que anulam as particularidades, que dissolvem as mediações, não é uma forma de pensar e agir exclusiva do Serviço Social, mas resultado das bases materiais sob as quais a ordem burguesa se produz e se reproduz, somente a concepção da práxis enquanto materialização da razão e esta constituída, constituinte e constitutiva do processo histórico, pode balizar adequadamente a relação materialidade/idealidade, teoria/prática e a racionalidade que daí deriva.

Epílogo

Rumo ao caminho de volta

> A qualidade fundamental da unidade viva: separar-se, unificar-se, fundir-se no universal, persistir no particular, transformar-se, especificar-se e — do mesmo modo como o que é vivo pode mostrar-se em mil condições — aparecer e desaparecer, solidificar-se e fundir-se, enrijecer-se e liquefazer-se, ampliar-se e contrair-se [...] (Goethe, in Lukács, 1968a, p. 150).

A análise isenta de mediações acerca da fragmentação entre teoria e prática poderia apresentá-la como uma decorrência restrita à divisão — social, técnica e intelectual — do trabalho nas sociedades capitalistas. Se assim aceitássemos, estaríamos incorrendo ou numa redução histórica ou numa generalização abstrata.

A história das sociedades gregas revela-nos que a cisão que comparece na relação teoria/prática tem a sua gênese nos traços constitutivos daquelas sociedades. São as condições de vida material, vigentes naquele momento do desenvolvimento histórico da humanidade ou, o modo como essas sociedades ganhavam a vida (cf. Marx, 1985a), que facultam aos filósofos conceberem a teoria como atividade de indivíduos superiores, já que o valor do trabalho humano (servil e escravo) repousa no seu valor de uso para outrem, o que faz do produtor "duplamente escravo: da matéria que transforma e das necessidades alheias" (Vázquez, 1990, p. 22). A divisão das classes sociais e a posição ocupada pelos indivíduos efetua-se sob o critério do tipo de atividade a que se dedicam, que se polariza entre ação e contemplação. A noção de liberdade remete-se à realização de atividades livres do contato com objetos materiais: os indivíduos são livres à medida que detêm o privilégio de se dedicarem a trabalhos intelectuais e, até mesmo, a prática política ocupa posição secundária diante da teoria. Assim, Aristóteles pode considerar a atividade humana cindida em três tipos de conhecimento: prático, produtivo e teórico, este último contemplado pela busca da verdade. Esta dicotomia, que comparece em toda filosofia escolástica medieval, é recolocada por Kant na sua célebre distinção entre razão teórica e razão prática. Mas em Kant, conforme assinalamos anteriormente, o conhecimento prático é imperativo, de modo que se recupera o primado da razão prática, ou "do uso prático da razão". Como bem observa Lukács, a sociedade grega, embora tenha conhecido os fenômenos da reificação, vivencia-os de maneira radicalmente diferente das sociedades burguesas, dado que esses fenômenos não se haviam tomado "formas universais do conjunto do ser" (Lukács, 1989, p. 126).

Não obstante o aspecto genético dessa problemática, a análise que vimos desenvolvendo norteia-se pelo suposto marxiano de que "a sociedade burguesa é a organização histórica. da produção mais desenvolvida e mais variada que existe" (Marx, 1983, p. 25) e, considerando que repõe problemáticas de maneira mais complexa e concreta, porta todas as possibilidades de propiciar o conhecimento da totalidade dos processos sociais. Nesse tipo de sociedade, o hiato presente na relação teoria/prática adquire expressões, feições e significações diversas,[1]

---

1. Como declaramos anteriormente, importa-nos apreender as categorias ontológicas da realidade, não na ordem em que aparecem no tempo, mas hierarqui-

embora permaneça determinado pelo mesmo processo que o funda: as necessidades materiais da produção.

A diversidade de concepções que a categoria práxis recebe na história do desenvolvimento econômico-social dos diferentes tipos de sociedade, encontra o seu eixo de articulação nas formas de qualificar o trabalho humano, daí entendermos com Vázquez que a práxis é sempre uma atividade humana produtiva, embora nem toda atividade possa ser compreendida como práxis (cf. Vázquez, 1990, p. 185). Em outras palavras, *toda práxis tem uma instrumentalidade,* indica uma ação, *porém a práxis não se reduz à dimensão instrumental necessária à reprodução material do ser social.* Aqui, há que se balizar em que condições de realização uma atividade pode ser considerada práxis ou que se recuperar a questão posta por Hegel: em que medida um particular ou universal torna-se positivo (cf. Lukács, 1968, p. 42); sob que condições histórico-materiais concretas as objetivações do ser social são subvertidas na expressão da propriedade privada; em que circunstâncias a práxis se reduz a ações instrumentais? Mais especialmente falando: em que condições historicamente necessárias o trabalho, enquanto fundamento ontológico do ser social, se constitui em trabalho alienado, e sobretudo, "em que medida e em que direção as transformações históricas modificam esta dialética" (Lukács, 1968a, p. 91-2). Considerando que o primeiro vetor da questão encontra-se, preliminarmente, analisado no bojo deste estudo, supomos a necessidade de uma reflexão que incorpore o seu sentido inverso, sem que com isso tenhamos a pretensão de exaurir a complexidade que a problemática comporta.

Amparados pela compreensão de que as determinações postas na categoria práxis não obedecem a uma relação de causa-efeito, mas, ao contrário, constituem-se num conjunto de articulações hierarquicamente dispostas, que se convertem

---

camente, ou seja, pela ponderação que exercem na compreensão da temática que estudamos.

tanto no universal concreto quanto no singular, temos que a apreensão das particularidades da práxis sócio-humana não pode ser realizada fora do âmbito da totalidade, já que a práxis congrega e articula todas as determinações do ser social. A totalidade, por sua vez, enquanto categoria ontológica, incorpora as condições e possibilidades de conversão conteúdo-forma, as quais inscrevem-se no próprio processo dialético, cuja relativização permite tanto a especificação do universal em particular como a dilatação do particular em universal (cf. Lukács, 1968a, p. 92), a depender da articulação das determinações históricas dos processos, fenômenos e fatos sociais. Nessa perspectiva, tampouco o singular pode ser tomado como individualidade em si mesmo, mas num processo relacional com o universal e com o particular.

Ao adotarmos essa orientação no estudo da práxis, vemos que é no conjunto das obras legadas por Marx que esta encontra sua formulação mais desenvolvida. Neste acervo, a práxis é situada como a categoria teórico-metodológica medular mas, mais ainda, como a categoria ontológica fundante da história. A esta concepção agrega-se uma visão de homem como ser ontocriativo e crítico, capaz de transformar-se a si mesmo e a realidade na qual se insere. Ao tomar a práxis tanto como categoria ontológica quanto como um instrumento conceitual, Marx pode conceber que *a racionalidade substantiva é constitutiva e constituinte e constituída na práxis*.

Se a realidade social é composta por matéria e movimento, ato e potência, só pode expressar-se pela negatividade, por contradições, conversões e superações. Do mesmo modo, se o fundamento ontológico da realidade encontra-se no movimento, nas contradições, não foi por mero acaso que Marx apreendeu no trabalho humano — atividade que implica postura teleológica do homem no enfrentamento das legalidades postas na realidade — a forma mais elevada de práxis e, nesta, a síntese das múltiplas determinações do real.

Por se constituir na objetivação fundamental do ser social, o trabalho incorpora atividades que possibilitam ao homem produzir-se e reproduzir-se como ser prático-social. Porém, há mais: o princípio da atividade, subjacente ao trabalho humano, porta a capacidade de projetar, escolher, antecipar, modificar, donde se irradiam as possibilidades de os sujeitos exercerem sua liberdade e ascenderem à racionalidade.

O que está sendo dito é que, pela práxis, os homens tanto se reproduzem materialmente quanto desenvolvem a totalidade das suas faculdades e direcionam-se para a realização da sua essência, esta entendida como "a realização gradual e contínua das *possibilidades* imanentes à humanidade, ao gênero humano" (Heller, 1989, p. 4; grifos meus). E neste confronto, entre razão objetiva da realidade e razão subjetiva dos sujeitos, que a aproximação intelectual com a realidade, a *constituição ou dissolução* de representações caóticas — alienantes e alienadas — sobre o real se processa.

O enriquecimento que a adoção da categoria práxis nos proporcionou no decorrer do processo de reflexão sobre o nosso objeto, permite-nos afirmar que a práxis se coloca como campo no qual as articulações, nexos e relações entre *racionalidade* — objetiva e subjetiva — e *instrumentalidade* se estabelecem. Enquanto campo de mediações, a práxis tem na atividade seu traço vital, já que a instrumentalidade coloca-se à práxis como conduto de passagem. Mas não é só isso: *a práxis porta, constrói e expressa uma racionalidade,* que por sua vez encontra na ação "sua orientação e o seu caminho" (Lukács, 1989, p. 35).

No item 3.2.4 tratamos de demonstrar a maneira pela qual os fatos que engendraram a ascensão da burguesia francesa ao poder, no século XIX, balizam a concepção de um paradigma de relações entre os homens que têm a atividade como princípio e vetor decisivos, e que ao repor a centralidade na prática humana transformadora da realidade, secundariza as atividades teóricas. Não obstante, a tendência de encontrar explicações racionais para os fenômenos e processos reais caminha no encalço das realizações práticas dos sujeitos. Ao ver ameaçada a sua hegemonia pelas perspectivas revolucionárias contidas no princípio heurístico adotado, ao se nortear por um materialismo mecânico, o pensamento burguês moderno produz um dilema insolúvel entre voluntarismo e fatalismo. Ambos mantêm-se sustentados por uma visão fragmentada do objeto, por análises focalistas que tendem a se desviarem daquelas que privilegiam as condições empírico-materiais da sociedade e, mais ainda, pela refutação da "unidade na diversidade" que constitui, é constituinte e constitutiva da realidade social e somente resistem porque deslocam o eixo central da análise: a Economia Política, enquanto chave heurística de compreensão desta realidade, metamorfoseada numa ciência técnica especializada. Ao segmentar e autonomizar os aspectos totalizadores da vida humana, põe a necessidade das ciências sociais particulares, daí o surgimento de diversas teorias que buscam compreender um "setor" da existência humana, privilegiando ora análises microscópicas ora generalizações abstratas.[2] Conforme ressalta Lukács,

> [...] é dado ao pensamento burguês ver a história como tarefa, mas como tarefa insolúvel. Porque, ou tem que suprimir completamente o processo histórico, apreender nas formas de organização presentes, leis eternas da natureza que no passado — por razões *misteriosas* e duma forma que, precisamente, é incompatível com os princípios da ciência racional à procura das leis — só se realizaram imperfeitamente ou não se realizaram sequer [...] ou então tem que eliminar do processo da história tudo o que tem um *sentido*, que visa um fim; tem

---

2. Não é casual que com o fim da filosofia alemã do período clássico (hegelianismo), também desapareçam as análises que dão conta das particularidades. Aliás, Lukács, em inúmeras obras, aponta a tendência da burguesia de eliminar a particularidade, já que ela se constitui, é constitutiva e constituinte das contradições sociais. A esse respeito, Lukács, 1967, 1968a e 1968b; Coutinho, 1972.

que limitar à pura *individualidade* das épocas históricas e dos seus agentes humanos ou sociais (Lukács, 1989, p. 61).

Se é no processo histórico que a cisão entre teoria e prática, trabalho alienado e práxis, instrumentalidade e racionalidade se materializam, a "retotalização", a reconstituição dessa unidade só pode se realizar na história "profana" dos homens reais e concretos, pela práxis. Esta, enquanto conjunto das objetivações humanas, como vimos, tem no trabalho a sua expressão mais completa. Entendida sob esse ponto de vista, a práxis tanto articula a relação teoria/prática quanto se constitui na síntese desses momentos. Em outros termos: as articulações, o movimento que engendra as passagens entre teoria e prática, ao elevá-las a um estágio superior que contempla suas múltiplas determinações, convertem-nas em práxis. Esta conversão, que se realiza por um sistema de mediações, a nosso ver encontra na *racionalidade* uma mediação privilegiada.

Esta afirmação apoia-se no entendimento de que o movimento da razão, na sua busca da concreticidade dos fatos, fenômenos e processos, na apreensão das mediações "para cima e para baixo" que articulam conteúdo e forma, fenômeno e essência, universal e particular, e dá-lhes uma unidade, faz-se mediatizado pelo método. Não se trata de qualquer método, mas daquele que pelo movimento "do abstrato ao concreto" permite a "reprodução do concreto pela via do pensamento" (Marx, 1983, p. 219).[3] Como direção heurística o método incorpora *intencionalidade e movimento*.

Porém, há mais. Enquanto categoria mais ampla e geral, as racionalidades incorporam os métodos, ao mesmo tempo

---

3. Alertamos ao leitor que não se pretende diluir as diferenças entre os métodos das ciências sociais, equiparando suas possibilidades e limites; tampouco aquilatar suas diferenças. Trata-se de ressaltar a relação de excludência que, no nosso entendimento, há entre os diferentes métodos das ciências sociais e o método histórico-sistemático de Marx.

em que são informadas por concepções de mundo e edificadas pela base material sob a qual as relações sociais se constituem. A história fornece o material à razão dos sujeitos individuais que a apreendem pela via da racionalidade; esta, por sua vez, tanto expressa-se na práxis dos homens quanto por ela é constituída.

Se, conforme nos mostra Lukács, o movimento ontológico da realidade realiza-se pelo impulso do singular para o universal por meio do particular (cf. Lukács, 1968b, p. 101), parece-nos correto afirmar que as *ações* dos sujeitos singulares sobre a realidade produzem racionalidades que, ao serem apreendidas pelo pensamento, colocam-se como a via de acesso à práxis, já que a racionalidade enquanto particularidade aparece como a "expressão lógica das categorias de mediação entre os homens singulares e a sociedade" (Lukács, 1968a, p. 93). Se o movimento do singular para o universal encontra-se mediatizado pela racionalidade, tanto na realidade objetiva quanto no pensamento, a racionalidade substantiva da realidade social pode ser compreendida como "o resultado no reflexo científico da realidade" (Lukács, 1968b, p. 110), tendo em vista que nela comparecem tanto determinações lógicas quanto ontológicas.

E a *racionalidade de que a práxis é portadora*, construída movimento histórico, prenhe de continuidades e rupturas, que permite aos sujeitos conhecerem as conexões racionais da realidade e as mobilizarem para o alcance das suas finalidades. E na *racionalidade dos sujeitos* que se localiza a margem de liberdade de que dispõem no estabelecimento de metas e meios de realizar essas finalidades. A racionalidade da práxis, enquanto *consciência das possibilidades objetivas e subjetivas da ação humana*, coloca-se tanto como um conduto de passagem e eixo articulador entre teoria e prática quanto como uma particularidade da práxis, porque expressa-se, determina-se, como "concretização crítica" (Lukács, 1968b, p. 117), tendo em vista que permite aos sujeitos adquirirem "uma consciência da limitação e do objetivo do desenvolvimento histórico, *e uma consciência que vá além dele"* (Marx, 1975, p. 215; grifos meus).

Considerando que a superação da imediaticidade do ser só se realiza na relação universalidade, particularidade e singularidade, ou seja, nos momentos totalizadores da realidade, podemos inferir que a mediação não se constitui *apenas* em *vínculos ou elos* que relacionam processos que se expressam em níveis de compreensão diferenciados, tampouco em condições específicas que, dada a sua irrepetibilidade, aparecem desprovidas de articulações, nexos, dependências. Ao contrário, o movimento ontológico do real demonstra um movimento de *conversão* entre os extremos, que na realidade não se vê limitada pela tríade tão propalada pela lógica formal, mas encerra a possibilidade de transformar-se em algo novo, resguardando a sua substância. E o "vir-a-ser" tornado possível pelo movimento de "negação da negação" — cujo legado é tributado a Hegel — que realiza a mediação entre passado e futuro: nega o velho, incorpora-o conservando suas especificidades e o eleva a uma forma superior.[4]

Se não se leva em conta que as determinações são produzidas pelo movimento da realidade, que as mediações encerram a negatividade ou restrição de possibilidades e, por isso, contêm a dimensão do vir-a-ser e que este, por sua vez, ao mesmo tempo em que conserva aspectos das relações anteriores, produz novas relações que engendram fenômenos qualitativamente diferentes, corre-se o risco de tomar a racionalidade da ordem burguesa como a racionalidade substantiva da realidade,[5] as

---

4. É, exatamente, nesse movimento de destruição, conservação e elevação a um nível superior (cf. Lukács, 1968a, p. 220) que se localizam as possibilidades de que os interesses da classe trabalhadora venham a se constituir em interesses das classes sociais, bem como de que as construções teóricas representem, de maneira cada vez mais próxima, a realidade social.

5. Considerando que esta forma de inteligir toma a particularidade, ao mesmo tempo, como ponto de partida e de chegada.

categorias ontológicas como formas lógicas e imutáveis e a práxis social e histórica dos homens, subsumidas ora às causalidades ora aos acasos.

Com isso se pretende afirmar que a práxis humana, se não compreendida à luz dessa relação dialética acaba por se submeter a leis causais-naturais ou, no seu extremo, a causas irracionais. Em ambos os casos comparece um falso dilema que gravita do voluntarismo do livre-arbítrio irrestrito ao fatalismo das necessidades mecânicas, nos quais *a ação do sujeito* passa a ser simbolizada pela figura do "pássaro que se movimenta numa gaiola de ferro". Para o pensamento conservador, "houve história mas não há mais" (Marx, 1985, p. 115).

A análise que se abstrai das mediações entre singular e universal, causalidade e teleologia, necessidade e liberdade, comete reduções e anacronismos próprios do pensamento formalizador que ao estabelecer a identidade entre singularidade e universalidade parte "do abstrato, para o abstrato, sem sair do abstrato" (Menezes, 1993, p. 52) uma vez que, "na análise das formas econômicas não podem servir nem o microscópio nem reagentes químicos" (Marx, in Prefácio da primeira edição de *O capital*, 1985a, p. 12).

Mas as contradições que se enfrentam e mobilizam a práxis, enquanto abstrações gerais, portam a tendência de se determinarem e se converterem em modos específicos de relações em sociedades historicamente constituídas: a racionalidade substantiva da práxis é transformada numa racionalidade reificada, ao mesmo tempo em que a racionalidade subjetiva, utilizada na investigação dos fenômenos, se especifica a ponto de imputar-lhes uma lógica que explique suas regularidades e se transforme em leis universais, a despeito de apreender a lógica imanente ao objeto. Por estar assentada em (falsas) representações que tomam a realidade como um todo harmônico, passível de ser controlado por procedimentos científicos, o resultado do processo do conhecimento é validado pelo seu caráter operativo, funcional à manutenção da ordem e equilíbrio do sistema.

As reflexões precedentes trataram de demonstrar as metamorfoses que as condições de vida postas no mundo burguês realizam sobre as mediações e formas universais de sociabilidade humana, que resultam em determinações etéreas, naturais e eternas entre os homens.

Contrariamente, ao considerarmos que as particularidades presentes nos diferentes projetos de sociedade encerram as possibilidades de se desenvolverem até que coloquem constrangimentos, limites e, enfim, anulem o universal, pode-se conceber que projetos sociais renovadores venham ensejar o rompimento com as tendências conservadoras da sociedade brasileira. Diante da perspectiva de que a hegemonia do capital possa sucumbir frente aos projetos da classe trabalhadora, reforçamos a necessidade de adotarmos um referencial teórico-metodológico que nos permita apreender os "ardis" do movimento histórico, enquanto subsídios à ação política. Nesta perspectiva, e somente nela, pode se dar o reencontro dos homens com a totalidade da vida social (cf. Lukács, 1967, p. 251).

Enquanto as condições que engendram a passagem de um estado de sociedade a outro não estiverem amadurecidas, cabe-nos militar no sentido de compreendermos as determinações postas à intervenção profissional, os diferentes projetos de classe ou segmentos de classe que permeiam a ação do assistente social na afirmação da sua instrumentalidade e as racionalidades que daí engendram-se, entendendo que a militância política não apenas extrapola partidarismo e prática profissional, como também os incorpora e os unifica no encaminhamento de propostas coletivas. Aqueles que pactuam com essa perspectiva não se descuidam do fato de que as concepções marxianas se constituem nos subsídios teóricos indispensáveis para a ação política, posto que permitem matizar adequadamente a relação entre ação e pensamento.

O processo de (re)totalização

> O botão desaparece no desabrochar da flor, e poderia dizer-se que a flor o refuta; do mesmo modo que o fruto faz a flor parecer um falso ser-aí da planta, pondo-se como sua verdade em lugar da flor: essas formas não só se distinguem, mas também se repelem como incompatíveis entre si. Porém, ao mesmo tempo *sua natureza fluida* faz delas momentos de unidade orgânica [...]. É essa igual necessidade que constitui unicamente a vida do todo (Hegel, 1992, p. 22; grifos meus).

O movimento dialético da realidade, que se realiza por meio de luta e tensão, de contradições engendradas pela relação entre universal e particular, coloca ao pensamento possibilidades de realizar sínteses apenas provisórias, totalizações parciais que expressam momentos determinados do processo, já que o pensamento conserva as abstrações gerais que comparecem inicialmente nos fenômenos ou, como considera Hegel, mantêm o momento do indeterminado (cf. Hegel, 1992). O "indeterminado" que se coloca ao pensamento, ao se alienar e se confrontar com a realidade, pode a ela se unificar, mantendo e conservando suas propriedades específicas, ao mesmo tempo em que as diversas "figuras" do conhecimento transformam-se, ao converterem-se reciprocamente. É nesse processo de conversão que se localizam as possibilidades de os diferentes momentos serem compreendidos quando referidos à totalidade, e somente a ela. Aqui, há que se considerar que tanto a imediaticidade quanto a relatividade que comparecem no processo do conhecimento, embora incompletos, são momentos absolutamente necessários na apreensão da *verdade objetiva* que se expressa na realidade. Dito de outro modo e sob um ponto de vista que se referencia na realidade social, na medida em que o desenvolvimento econômico — engendrado pelas contradições — determina, *gradualmente,* as mediações, nexos e articulações, o conhecimento desse processo só pode se realizar por aproximações sucessivas, porém cada um de seus momentos permanece inscrito na totalidade dialética do processo e a ela devem ser remetidos. O movimento dos fenômenos, no intuito de transformarem-se em seu contrário, atribui forma e conteúdo à realidade objetiva.

Se essa maneira de conceber a relação entre o movimento da realidade e o processo do conhecimento é correta, este último também deve ser dialético e acompanhar as diferentes gradações do movimento do ser. Neste âmbito é possível conceber que há diferentes níveis e graus de apreensão do real, ou diversas racionalidades, que se conformam na realidade e se confrontam entre si, derivando daí as possibilidades de os sujeitos apreenderem as determinações mais concretas e complexas que comparecem nos fatos, fenômenos e processos sociais.

Partindo das abstrações mais gerais que se configuram na existência e consciência dos homens, e tendo em vista a base material que as engendra, podemos, agora, investir em algumas totalizações que, embora parciais e limitadas pelas condições possíveis, permitem que nos aproximemos da compreensão da nossa indagação fundamental: *a relação entre instrumentalidade do Serviço Social e o paradigma da racionalidade formal-abstrata.* Acreditamos que a compreensão desta questão por si só seria suficiente se no horizonte teórico, prático e político no qual nos inserimos não estivessem, necessariamente, inscritas as perspectivas do "devir" e as possibilidades de vislumbrarmos, na "astúcia" da história, história esta feita por homens reais e concretos, novas luzes para a intervenção profissional do assistente social.

A orientação que vimos perseguindo assenta-se no suposto de que a compreensão das racionalidades da profissão, enquanto expressão das formas de ser e pensar, produzidas pelas regularidades das ações desencadeadas pelo conjunto dos profissionais, tanto ao nível da intervenção quanto das elaborações teóricas que as inspiram, exige referências teórico-metodológicas, procedimentos analíticos, construções de categorias intelectivas, que extrapolam o âmbito restrito da profissão. Dado que as formas de existência e consciência, historicamente expressas no/pelo Serviço Social, possuem existência na realidade social da ordem capitalista madura, o caminho empreendido pela reflexão acerca dessa relação deve, ao mesmo tempo, transcender o horizonte teórico-cultural e ideopolítico do Serviço Social e arrancar das bases sobre as quais as formas de ser e pensar da profissão assentam-se.

A nosso ver, foi essa direção adotada no presente estudo que nos permitiu o alcance na compreensão de que *reificação e contradição*, enquanto fenômenos que se manifestam nas relações de produção, desenvolvem-se a ponto de abarcarem a totalidade das relações sociais e incorporam o modo de ser e de pensar no capitalismo. O "racionalismo burguês moderno", enquanto mecanismo de produção e reprodução ideológica dessa ordem, infiltra-se nas relações sociais entre indivíduos, classes, Estado, formas de conhecimento, instituições e organizações sociais, de modo que essas relações acabam por contemplar o padrão de eficácia e eficiência para responder ao nível das necessidades materiais; o atendimento das carências imediatas aparece como fim em si mesmo, e o que extrapola esse âmbito, como mera contingência. Esse modo de existência entre os homens, sancionado pela repetição, cristaliza-se em formas de pensar, em (falsas) representações subjetivas sobre a realidade. Ambas — formas de existência e de consciência sob o capitalismo — constituem, são constituintes e constitutivas de racionalidade.

As determinações que compareçem na ordem burguesa passam a ser objeto de diferentes teorias sociais que, ao buscarem explicações para os complexos processos que aí se colocam, distinguem-se pela programática adotada: manutenção ou superação da sociedade capitalista. Neste âmbito, *o positivismo e suas derivações* fundamentados na identidade entre natureza e sociedade, sancionados pela razão analítica e sustentados por ações instrumentais, *colocam-se como os modelos abstrato-ideais da ordem burguesa*.

No momento em que a racionalidade formal-abstrata na sociedade burguesa adquire determinado grau de abrangência, e é adotada como o paradigma "oficial" — porque, no limite, é o único capaz de garantir-lhe a sobrevivência —, apresenta-se como universalidade abstrata e remete ao conjunto das relações sociais os fundamentos teóricos e práticos dos quais se sustenta. De um lado, os critérios de validação das ações, os padrões de eficácia e eficiência necessários à reprodução continuada do capital. De outro, os saberes, os procedimentos analíticos, que possibilitam o domínio do mundo objetivo, de distinguir, decompor e classificar os fenômenos, estabelecer e testar hipóteses e transformá-las em normas válidas para as situações similares, operações estas que resultam em *sínteses integradoras* que se contundem com a *perspectiva superadora* da síntese dialética. Em outras palavras, este paradigma influência o conjunto da sociedade no nível de respostas manipulatórias produzidas pelo raciocínio do tipo "se — então".

Com este giro pretendemos reafirmar a vinculação entre um padrão de eficácia típico de um modo de produção, que tem na instrumentação o princípio diretor e o objetivo último das ações, e um modelo de existência e consciência entre os homens, construído a partir das condições objetivas vigentes.

Entre racionalidade e instrumentalidade estabelece-se uma unidade, já que ambas contemplam, ao mesmo tempo, as particularidades do modo de ser e pensar do capitalismo. Ao serem tomadas como particularidades, as quais "contém em unidade imediata do singular, o momento da determinação, e, do universal, o momento da reflexão dentro de si mesma" (Lukács, 1968a, p. 63), possibilitam-nos estabelecer relações ontológicas e epistemológicas com o universal e com o singular.

A instrumentalidade, enquanto ato e potência, condição necessária à reprodução da vida material e social dos homens, se vê limitada a um padrão que contempla, apenas, as ações racionais que produzam fins imediatos.

A racionalidade do capitalismo, balizada na produção e reprodução das relações sociais — estas concebidas como categorias ontológicas autorreferenciadas —, dado que incorpora não apenas a objetividade do real, mas, fundamentalmente, sua processualidade, requisita mecanismos de regulação que a sustentem. Convoca as instituições sociais, jurídicas e políticas no sentido de implantarem e implementarem mecanismos de controle e manutenção da ordem social burguesa. Por ser objetiva, essa racionalidade não se abstém de modernizar-se, de acompanhar o desenvolvimento das forças produtivas e, consequentemente, alterar suas formas de manipulação e controle da classe trabalhadora, absorvendo suas demandas ou "capitalizando-as", sem, contudo, perder a direção do processo.[6] Nessa esteira, as políticas sociais, sobretudo a assistência social, adquirem existência e efetividade nos países capitalistas dependentes.

A racionalidade formal-abstrata subjacente à lógica de constituição da sociedade burguesa moderna, ao atribuir peculiaridades às profissões, conduzem-nas a buscar nas ciências sociais particulares os modelos analíticos e interventivos que lhes sejam funcionais.

O mesmo ocorre com o Serviço Social: tendo a sua profissionalização vinculada às formas repressivas e controlistas de intervenção estatal nas "questões sociais", à manipulação de variáveis do contexto social, à administração do cotidiano das classes pauperizadas etc., tais atribuições passam a se constituir nos critérios de validação da profissão. Se o Serviço Social é reconhecido pelos resultados que possa alcançar, tendo em

---

6. Daí por que a década de 1980 é permeada por processos diferenciadores no âmbito das relações de trabalho, tais como a proposta de "terceirização" dos serviços, o estabelecimento de "parcerias" e outros, que tanto desafiam as propostas da administração científica clássica quanto se transformam na incógnita, até mesmo para os analistas menos incautos.

vista dar suporte às funções do Estado, a necessidade fundamental que mobiliza sua institucionalização restringe sua intervenção à execução de ações instrumentais. Na funcionalidade do Serviço Social, a nosso ver, localizam-se as particularidades da profissão, advindas de atribuições externas, objetivas, historicamente determinadas, que transcendem o "livre-arbítrio" dos seus agentes, mas, não obstante, são construídas pelos sujeitos no seu processo de intervenção profissional.

Nessa linha de reflexão, enquanto a dimensão mais desenvolvida da profissão, a instrumentalidade do Serviço Social expressa a legalidade de maior âmbito de validez, já que a necessidade social da profissão localiza-se nas funções de controle e integração que desempenha, realizadas pela mediação das políticas sociais estatais e privadas. A medida que a centralidade da análise se direciona para a forma de inserção da profissão na divisão social e técnica do trabalho, vemos que a *instrumentalidade*, pela qual o Serviço Social consolida a sua natureza e explicita-se enquanto um ramo de especialização, ao mesmo tempo em que articula as dimensões instrumental, técnica, ético-política, pedagógica, intelectual da profissão, possibilita não apenas que as teorias macroestruturais sejam remetidas à análise dos fenômenos, processos e práticas sociais mas, sobretudo, *objetivar* essa compreensão por meio de ações competentes técnica, intelectual e politicamente. Os diversos níveis de constituição da realidade, as mediações que se estabelecem no real, presentes nas condições sob as quais o Serviço Social afirma sua instrumentalidade, são os determinantes do seu grau de apreensão desse real.

Há uma dinâmica interna à profissão, resultante das regularidades engendradas pelas ações singulares dos sujeitos individuais e produzidas na intersecção de um sistema de mediações complexas que abarcam o acervo de conhecimentos teóricos e práticos, instrumentos e técnicas, habilidades e ações profissionais propriamente ditas. Assim entendido, o conteúdo da intervenção não se referência, apenas, nas condições externas à profissão, embora esta seja a determinação hierarquicamente primária do modo de ser e de se constituir do Serviço Social. Ainda, consideramos que a construção desse conteúdo, no qual o assistente social se defronta com circunstâncias histórico-sociais que extrapolam a sua vontade, encontra-se mediatamente referido à vivência do assistente social, às experiências pessoais, cívicas e profissionais, que incorporam o *seu fazer e sua perspectiva de classe*. O que está sendo dito é que, se por um lado, a instrumentalidade ou o significado funcional do Serviço Social lhe é atribuído, como vimos, pela ordem monopólica, pelas refrações da questão social, pelos projetos das classes e/ou segmentos de classes sociais, suas racionalidades são construídas na intervenção profissional — na qual compareçam outros sujeitos, referenciais teóricos e metodológicos, ações racionais — e reproduzidas pelo conjunto da categoria, a partir de bases materiais concretas.

O movimento de construção do conteúdo da prática parece ser o seguinte: as demandas das classes sociais põem e repõem *objetos* para o Serviço Social. Estes encontram-se *inscritos nas condições sociais* das classes trabalhadoras e por isso são, de um lado, históricos, transitórios, encerram continuidades e rupturas e, de outro, ou não extrapolam o limite material ou mantêm-se no nível das necessidades imediatas. Tais demandas convertem-se em *requisições profissionais,* cujo atendimento requer a mobilização de um determinado nível de racionalidade, de uma parte; limitam e determinam as funções profissionais, de outra. Ao encontrar o seu âmbito de ação delimitado, tanto pelas condições acima apontadas quanto por outras determinações peculiares aos setores nos quais atua, o assistente social acaba por reduzir sua intervenção ao atendimento imediato da demanda, para o que aciona níveis de racionalidade os mais elementares possíveis, mas que lhe permitem responder às necessidades prático-materiais do cotidiano profissional, limitadas no nível do empírico.[7] Sob essas condições, as demandas das classes trabalhadoras tornam-se reincidentes e são repostas em níveis cada vez mais complexos. São essas as condições objetivas, imediatamente dadas ao assistente social no seu processo de intervenção, que medeiam a construção de representações e autorrepresentações dos profissionais, levando-os a acreditar que efetivamente atendem às demandas e que detêm o conhecimento sobre as necessidades, inclusive aquelas que sequer foram verbalizadas pela população demandante.

A modalidade específica de operacionalização da razão que essas ações necessitam, por limitar-se à apreensão da fenomenalidade, ou da objetividade com que os fenômenos aparecem, alcança a compreensão do dado, pode chegar à compreensão da situação presente, mas não avança na apreensão das tendências e possibilidades a médio e longo prazos, porque a razão analítica aí acionada, encontra-se limitada no nível do entendimento, com o qual as ações manipulatórias e instrumentais afinizam-se.

Isto posto, há que se distinguir as intervenções profissionais voltadas às situações *imediatas,* daquelas que se encontram abertas aos fenômenos *emergentes.* No primeiro caso, ao atuar no nível do *imediato,* a ação profissional pode limitar-se à manipulação de variáveis do contexto empírico, já que os resultados esperados não extrapolam a perspectiva de recuperar o índice de "normalidade" necessário ao (re)estabelecimento da "ordem" social vigente. Neste nível (da empiria) a análise não ultrapassa a aparência dos fenômenos, ou como afirma Lukács, "no empirismo está contido um ontologismo ingênuo [...] uma

---

7. "Já se fez notar que esse procedimento termina numa pintura absolutamente incolor porque, ao envergonhar-se das diferenças do esquema, os submerge como se pertencessem à reflexão, na vacuidade do absoluto, de modo que se estabeleça a pura identidade, o branco-sem-forma. Essa monocromia do esquema e de suas determinações sem vida, essa identidade absoluta e o passar de uma coisa para outra, tudo isso é igualmente *entendimento morto,* e igualmente *conhecimento exterior*" (Hegel, 1992, p. 49-50; grifos meus).

valorização instintiva da realidade imediatamente dada, das coisas singulares e das relações de fácil percepção" (1979, p. 28). No segundo, para atender aos fenômenos emergentes, a intuição, a sensibilidade, a repetição de experiências, a utilização de modelos não bastam. O significado semântico da palavra aponta-nos que *"emergente"* contempla a necessidade de (re)conhecer os processos que se insinuam, que se encontram latentes aos fenômenos, ou "aquilo que salta, que manifesta, que sai do estado em que estava" (*Novo Dicionário Aurélio da Língua Portuguesa*, 1986, p. 1012), para o que o assistente social tem que deter um conjunto de saberes que extrapola a realidade imediata e lhe proporcione apreender a dinâmica conjuntural e a correlação de forças manifesta ou oculta. Aqui, as ações profissionais tendem não apenas a realizar o atendimento da necessidade imediata, como ainda a se vincular aos projetos sociais das classes que mediatiza. Porém, há que se ressaltar que tanto o método positivista quanto o materialismo mecanicista, devido à rigidez, anacronismos e dogmatismos de que se nutrem, são incapazes de *apreender* o emergente. Como afirmamos anteriormente, ambos estão "atolados" na lógica formal (cf. Lukács, 1967, p. 224).

Assim, a instrumentalidade do Serviço Social não se limita ao desencadeamento de ações instrumentais, ao exercício de atividades imediatas, uma vez que porta possibilidades de validação vinculadas ao emergente, para o que necessita ser informada por teorias que se referenciem nos princípios ontológicos de constituição do ser social, às quais subjaz um determinado grau de racionalidade que lhe permite apreender a totalidade dos processos sociais e atuar sobre eles.

O que podemos extrair dessas reflexões é que há várias racionalidades se confrontando na profissão e expressam-se em diferentes formas de agir e pensar dos profissionais frente à realidade; fundam e expressam, ainda, o referencial teórico--metodológico que informa a ação profissional. Por esta razão, insistimos, *a análise da instrumentalidade,* enquanto categoria constitutiva do Serviço Social, a partir da qual a profissão é requisitada e reconhecida socialmente e pela qual se materializa, adquire existência concreta, remetida às leis causais-universais das sociedades capitalistas e às particularidades dos diferentes estágios e determinações do capitalismo monopolista brasileiro, dos projetos que se confrontam em momentos históricos determinados, do nível em que se encontram as forças internas à profissão, *possibilita-nos uma compreensão mais aproximada do significado, conteúdo e direção da prática profissional do assistente social,* compreensão esta de caráter preliminar, relativo, porém inclusivo.

As reflexões anteriores autorizam-nos a inferir que, se de um lado, a instituição Serviço Social possui uma certa legalidade, obedece a uma lógica de constituição, que se converte na sua razão de ser — o que nos possibilita considerar que o reconhecimento social da profissão decorre da sua natureza instrumental —, de outro, suas possibilidades teóricas, as quais subjazem a sua razão de conhecer — a dimensão instrumental da profissão, os projetos das classes sociais que a polarizam, os fenômenos e processos sociais sobre os quais suas ações incidem — extrapola o âmbito restrito da profissão e, ao fazê-lo, destrói a aparência reificada, imutável, a-histórica, contida na razão de ser do Serviço Social.

Com base nessa linha de reflexão, entendemos que razão de ser e razão de conhecer a/da profissão constituem-se em dois momentos de um mesmo movimento que se materializa na intervenção profissional do assistente social. A primeira, estreitamente vinculada às condições que marcaram a institucionalização da profissão e àquelas sob as quais a intervenção vem se processando; a segunda, entendida como uma postura sistemática e coerente de compreensão da profissão, dos processos sociais, das demandas e requisições que lhe são postas historicamente, das políticas sociais, das racionalidades que, ao mesmo tempo, derivam e expressam as formas de existência e consciência aos profissionais que a constroem.

A análise da relação entre a instrumentalidade do Serviço Social e as racionalidades que dela derivam, ao ser remetida à relação dialética entre *contingência e necessidade*, permite-nos dissolver o caráter absoluto da causalidade posta na *razão de ser* do Serviço Social e inscrevê-la no horizonte das possibilidades. Em outras palavras: a necessidade da institucionalização da profissão, ao ser compreendida enquanto possibilidades realizadas por determinadas causas, persiste *apenas e enquanto* suas causas forem mantidas. Na compreensão das causas, ao trazê-las à luz, ao *"descobrir o cerne racional dentro do invólucro místico"* (Marx, 1985a, p. 21), as necessidades se explicitam. Há, por isso, uma *margem de liberdade relativa* posta no conhecimento do real. Porém, o conhecimento não altera a realidade, daí que, em Marx, o reino da liberdade situa-se na práxis. A liberdade, enquanto conhecimento das alternativas possíveis e possibilidade de ação dos homens sobre as condições objetivas, se realiza na práxis. É condição fundamental do movimento dialético que estes dois momentos — instrumentalidade e racionalidade — enfrentem-se na realidade, conservem suas propriedades essenciais e elevem-se a um nível superior realizando-se na práxis. Na sua *instrumentalidade* o homem realiza-se enquanto *ser* objetivo, *prático*, mas é na mediação da *racionalidade* que se expressam suas possibilidades enquanto *ser crítico*.

Ao considerarmos que as práticas profissionais constituem-se numa modalidade específica de intervenção na realidade e, por isso, desenvolvem modos singulares de se relacionarem com essa mesma realidade, incorporam teorias explicativas — ainda que se trate de teorias experimentalistas — vinculadas aos procedimentos de ação que os profissionais adotam e que, em última instância, pautam-se em interpretações do mundo com as quais o profissional partilha, vemos que o conhecimento para o Serviço Social encontra-se imediatamente vinculado ao estabelecimento de pautas orientadoras para a intervenção, ou ainda, as práticas profissionais necessitam de um conjunto de saberes informados por teorias e colaboram na reprodução de modos de vida, histórica e culturalmente aceitos. Não obstante, possuem modos de ser e de atuar específicos, instrumentos técnico-operativos peculiares, os quais, em última instância, encontram-se referidos às funções sociais que lhe são atribuídas.

Mas apenas em última instância, já que a determinação fundamental do ser social em relação ao ser natural localiza-se na capacidade humana de *criar e recriar instrumentos de trabalho* potencializadores das ações que se direcionam ao alcance das suas finalidades. O desenvolvimento das forças produtivas atualiza as formas de objetivação humana impulsionando novas formas de consciência, socialidade, liberdade, universalidade. Em cada uma delas comparece o ato de *"pôr-se"* dos sujeitos.

Na afirmação da sua instrumentalidade, o assistente social acaba por utilizar-se de um repertório técnico operativo comum a outras profissões sociais, porém a intencionalidade posta na utilização do instrumental técnico porta a *tendência* de propiciar resultados condizentes com a perspectiva para a qual sua ação se direcionou. A maneira como o profissional utiliza os instrumentos e técnicas historicamente reconhecidos na profissão encontra-se referenciada pelas expectativas que sustentam suas ações. *Em outras palavras: o Serviço Social possui modos particulares de plasmar suas racionalidades que conforma um "modo de operar", o qual não se realiza sem instrumentos técnicos, políticos e teóricos, tampouco sem uma direção finalística e pressupostos éticos, que incorporam o projeto profissional.*

Essas reflexões vão no sentido de não nos descurarmos de que, no confronto entre as legalidades tendenciais e objetivas que se afirmam na realidade e a posição teleológica dos sujeitos, há um *amplo campo de mediações* dispostas no sentido de reforçar tanto os acontecimentos causais quanto as perspectivas postas nas ações dos sujeitos.

No nosso entendimento, uma concepção inclusiva da prática profissional do assistente social, que encontra seu substrato na estrutura inclusiva da razão moderna, não pode negligenciar os aspectos objetivos da realidade e teleológicos dos sujeitos e, sobretudo, eximir-se de tornar racional, no sentido lukacsiano,[8] o fato de que as experiências pessoais e profissionais dos assistentes sociais reproduzem, ainda que indiretamente, o conjunto das relações sociais, pois é como seres humano-genéricos que os agentes profissionais realizam suas atividades, e estas, ao mesmo tempo em que mantêm seus vínculos com o universal, expressam as particularidades da profissão e as singularidades de seus agentes.

Neste âmbito, a instrumentalidade do Serviço Social, constituída no campo das contradições, encerra a *negatividade*, já que se movimenta na relação entre causalidade e teleologia, necessidade e liberdade e pode colocar em questão a hegemonia do paradigma da racionalidade formal-abstrata na ordem burguesa, a absorção acrítica dessa racionalidade pelo Serviço Social, a noção paradigmática que as teorias assumem para o Serviço Social, o desencadeamento de ações que se limitam ao atendimento das carências imediatas.

Ao compreender a posição da negatividade no movimento da realidade como

> [...] o diferenciar e o pôr do ser-aí [...], o *conteúdo* mostra que sua determinidade não é recebida de um outro e pregada nele; antes, é o conteúdo que se outorga a determinidade e se situa, de *per si*, em um momento e em um lugar do todo (Hegel, 1992, p. 50).

Se este conteúdo não é dado pelas categorias lógicas do pensamento, conforme concebe Hegel, mas pela ação humana

---

8. Em Lukács, racional é "aquilo que deriva do nosso trabalho e do nosso confronto com a realidade" (Kofler et al., 1969, p. 195).

no seu confronto com a realidade objetiva, podemos assegurar a *negatividade* como "força motriz do progresso" (cf. Lukács, 1967, p. 227), no nosso caso, do avanço da profissão.

Compreendemos que esse avanço vincula-se à processualidade histórica, enquanto categoria constitutiva da própria realidade, capaz de provocar as condições de amadurecimento das contradições sociais pela via das novas articulações entre os fatos e fenômenos. A razão moderna, ante a hegemonia da razão instrumental, não perde a sua estrutura inclusiva; antes, se consolida pelo nível de concreção e complexidade que os processos sociais adquirem na ordem capitalista na era dos monopólios.

Nesses termos, o amadurecimento das contradições sociais coloca problemas e dificuldades à profissão, num tal nível de complexidade que, para apreendê-los, teremos que recorrer às teorias que portem modalidades mais abrangentes de racionalidade. Discutir níveis superiores da razão é tanto compreender a lógica de constituição da racionalidade formal-abstrata quanto infirmar a sua naturalização; mas, mais do que isso, é reconhecer as possibilidades de outras racionalidades para o Serviço Social, com as quais os profissionais possam estabelecer formas exequíveis de intervenção na realidade, que nem eliminem as relações antitéticas, nem se descuidem da ponderação de um dos polos da relação. Aqui, o conhecimento do movimento da ordem burguesa, pelo domínio do referencial teórico-metodológico marxiano, porta as potencialidades de realização da vontade política.

Neste momento do processo de reflexão, no qual nosso pensamento encontra-se apto a perceber parte das conexões que se estabelecem entre razão e realidade, podemos inferir que a *instrumentalidade*, é a categoria ontológica pela qual a *produção e reprodução da existência humana se realiza.*

À medida que os homens desenvolvem e enfrentam novos modos e condições de produção da sua vida material, que se afastam da natureza e a hominizam, que rompem com formas anteriores de ser e de pensar, a reprodução de determinadas relações de produção passam a expressar outra racionalidade, posto que se encontra balizada em novas relações de produção. Esta racionalidade, ao mesmo tempo em que requisita sua universalidade na existência e consciência dos homens, coloca-se como a antítese tanto dos modos de vida anteriores à ordem social burguesa quanto das possibilidades de realização da essência humana sob essa ordem. Suas consequências na sociedade capitalista consolidada foram tratadas ao longo deste livro. O que nos importa agora ressaltar é que a contradição que esta modalidade de racionalidade porta, e o confronto que estabelece com a instrumentalidade, põe as condições de superação, o que, contudo, só pode se realizar na práxis, entendida como a síntese superadora tanto da universalidade *in totum* da instrumentalidade quanto da racionalidade formal-abstrata própria da ordem burguesa constituída.

Considerando a contradição como o fundamento ontológico da realidade, a racionalidade capaz de compreendê-la tem que partir dessa base.

Se a razão se realiza na história, e esta é o substrato material da razão, a mediação que propicia esta passagem e conversão entre história e razão é a racionalidade: *a racionalidade é histórica e necessária,* mas não sob a forma racionalista adotada pelo pensamento burguês. O racionalismo formal-abstrato não é a expressão da realidade, mas uma categoria constitutiva de uma forma particular e histórica de sociedade. O processo de racionalização, assim entendido, adquire uma conotação absolutamente diferente e se antagoniza com as concepções do racionalismo burguês, posto que a racionalidade substantiva encontra na história os seus fundamentos. As conversões entre instrumentalidade e racionalidade mobilizam a própria história dos homens.

Desse ponto de vista, acreditamos que a história síntese da ação dos homens há que portar as mediações necessárias para desencadear, no conjunto da profissão, a necessidade de alçar novas formas de compreendê-la. Porém se aguardarmos pacientemente, sem interferir no processo, sem nos qualificarmos teórica e praticamente para este momento, sem nos inserirmos nas lutas sociais, corremos o risco de "perder o trem da história" (Beto Guedes).

A história do Serviço Social, enquanto particularidade que não se separa da história dos homens reais que a fizeram, das atividades que os assistentes sociais realizaram, não se constitui num simulacro da realidade, mas numa das formas de manifestação da realidade.

Daí nossa expectativa de que um posicionamento "em tempo" nos conduza a não "perdermos a hora" quando a "velha toupeira" colocar a cabeça para fora.

Bibliografia

ABBAGNANO, N. *História da filosofia*. Lisboa: Presença, 1970. p. xiv.

ANDRADE, Regis de C. *América Latina*: novas estratégias de dominação. Rio de Janeiro: Vozes, 1980.

ANTONACCI, Maria Antonieta M. *A vitória da razão*: o Idort e a sociedade paulista. São Paulo: Marco Zero, 1993.

BARBIER, René. *A pesquisa-ação na instituição educativa*. Rio de Janeiro: Zahar, 1985.

BARROCO, Maria Lúcia. Os fundamentos sócio-históricos da ética. Programa de capacitação continuada para assistentes sociais. *Módulo II: Reprodução Social, Trabalho e Serviço Social*. Brasília: CFESS/ABEPSS-UnB/CEAD, 1999.

BARROS, Décio Silva. *Elementos de engenharia social*: ensaio sobre uma perspectiva do Serviço Social. São Paulo: Editora do Escritor, s/d.

BATTINI, I.; VERAS, M. (Orgs.). *A prática profissional do assistente social*: teoria, ação, construção do conhecimento. São Paulo: Veras Editora, 2009. v. 1.

BERMAN, Marshall. *Tudo que é sólido desmancha no ar*: a aventura da modernidade. Trad. de Carlos Felipe Moisés e Ana Maria L. Ioriatti. São Paulo: Companhia das Letras, 1986.

BLOCH, Ernest. *Mudança do mundo ou as 11 teses sobre Feuerbach*. Trad. de Cássia Coríntha Pinto. In: *Filosofia e práxis revolucionária*. São Paulo: Brasil Debates, 1988. (Cadernos de Formação Marxista, v. 2.)

BORGIANNI, E.; GUERRA, Y.; MONTAÑO, C. (Orgs.). *Servicio Social crítico*. Hacia la construcción del nuevo proyecto ético-político profesional. São Paulo: Cortez, 2003.

BRAVERMAN, Harry. *Trabalho e capital monopolista*: a degradação do trabalho no século XX. 3. ed. Trad. de Nathanael C. Caixeiro. Rio de Janeiro: Guanabara, 1987.

CADERNOS PRAXIS. *A prática do Serviço Social*. São Paulo: Cortez, 1985.

CAMPAGNOLLI, Sandra R. A. P. *Desvendando uma relação complexa*: o serviço social e seu instrumental técnico. Dissertação (Mestrado) — Pontifícia Universidade Católica, São Paulo, 1993 [original inédito].

CARRILHO, Manuel Maria. *Elogio da modernidade*. Lisboa: Presença, 1989.

CARVALHO, Ruy de Quadros. *Tecnologia e trabalho industrial na indústria automobilística*: as implicações sociais da automação microeletrônica na indústria automobilística. Porto Alegre: L&PM, 1987.

CENTRO DE ESTUDOS RURAIS E URBANOS. Reflexões sobre a pesquisa sociológica. *Cadernos do Ceru*, São Paulo, USP, n. 3, 2ª série, 1992.

CERQUEIRA FILHO, Gisálio. A questão social no *Brasil*: crítica do discurso político. Rio de Janeiro: Civilização Brasileira, 1982.

CHAUI, Marilena. *Convite à filosofia*. São Paulo: Ática, 1994.

CHIZZOTTI, Antonio. *Pesquisa em ciências humanas e sociais*. São Paulo: Cortez, 1991.

COELHO, M. *Imediaticidade na prática profissional do assistente social*. Rio de Janeiro: Lumen Juris, 2013.

COUTINHO, Carlos Nelson. *O estruturalismo e a miséria da razão*. Rio de Janeiro: Paz e Terra, 1972.

_____. *O estruturalismo e a miséria da razão*. 2. ed. São Paulo: Expressão Popular, 2010.

DOCUMENTO DE ARAXÁ. Revista *Debates Sociais*. Rio de Janeiro, CBCISS, ano III, n. 4, maio 1987.

DOCUMENTO DE TERESÓPOLIS. Metodologia do Serviço Social. 4. ed. Revista *Debates Sociais*, Rio de Janeiro, CBCISS, n. 4, jul. 1976. (Supl.)

DOCUMENTO DO SUMARÉ. Revista *Debates Sociais*. 2. ed. Rio de Janeiro, CBCISS, n. 8, 1982. (Supl.)

DURKHEIM, Émile. *Da divisão do trabalho social e outros*. 2. ed. Trad. de Carlos Alberto Ribeiro de Moura. São Paulo: Abril Cultural, 1983. (Col. Os Pensadores.)

_____. *As regras do método sociológico*. 11. ed. Trad. de Isaura P. de Queiróz. São Paulo: Nacional, 1984.

EPSTEIN, Isaac. Thomas S. Kuhn: a cientificidade entendida como vigência de um paradigma. In: *Epistemologia*: a cientificidade em questão. Campinas: Papirus, 1990.

EVANGELISTA, João Emanuel. *Crise do marxismo e irracionalismo pós-moderno*. São Paulo: Cortez, 1992.

FAZENDA, Ivani (Org.). *Metodologia da pesquisa educacional*. São Paulo: Cortez, 1989.

FERNANDES, F. As mudanças sociais no Brasil. In: *Sociologia*. São Paulo: Ática, 1986. (Col. Grandes Cientistas Sociais.)

FORTI, V.; GUERRA, Y. Na prática a teoria é outra? In: _____ (Org.) *Serviço Social*: Temas, Textos e Contextos. Rio de Janeiro: Lumen Juris, 2009.

GOULDNER, Alvin W. *La crisis de la sociologia occidental*. Trad. de Néstor Míguez. Primeira Parte. Buenos Aires: Amorrortu, 1970.

GRANGER, Giles G. *A razão*. Trad. de Lucia Seixas Prado e Bento Prado Júnior. São Paulo: Difel, 1962.

GUERRA, Yolanda A. Demetrio. Razão em Weber. In: *Serviço Social & Sociedade*. São Paulo: Cortez, ano XIV, n. 42, 1993.

_____. *A racionalidade hegemônica do capitalismo no Brasil contemporâneo*: uma análise de suas principais determinações. Tese (Doutorado) — Pontifícia Universidade Católica, São Paulo, 1998.

GUERRA, Yolanda. Instrumentalidade do processo de trabalho e Serviço Social. *Serviço Social & Sociedade*, São Paulo, n. 62, 2000a.

_____. Ensino da prática profissional no Serviço Social: subsídios para uma reflexão. *Temporalis*, revista da Associação Brasileira de Ensino e Pesquisa em Serviço Social, Brasília, ABEPSS, Valci, v. 1, n. 2, 2000b.

_____. As dimensões da prática profissional e a possibilidade de reconstrução crítica das demandas contemporâneas. *Revista Libertas*, v. 2, n. 2, 2002/2003.

_____. O Projeto Profissional Crítico: estratégia de enfrentamento das condições contemporâneas da prática profissional. *Serviço Social & Sociedade*, São Paulo, n. 91, 2007.

_____. A dimensão investigativa no exercício profissional. In: *Serviço Social: Direitos sociais e competências profissionais*, CFESS/ABEPSS, 2009.

_____. A dimensão técnico-operativa do exercício profissional. In: SANTOS, C. M.; BACX, S.; GUERRA, Y. *A dimensão técnico-operativa no Serviço Social*: desafios contemporâneos. Juiz de Fora: Ed. da UFJF, 2012.

HABERMAS, Jurgen. *Teoria de la acción comunicativa*. Madrid: Taurus, 1987. v. I-II.

_____. *Para a reconstrução do materialismo histórico*. 2. ed. Trad. de Carlos Nelson Coutinho. São Paulo: Brasiliense, 1990.

HAGUETTE, Tereza Maria Frota. *Metodologias qualitativas na sociologia*. Petrópolis: Vozes, 1987.

HEGEL, G. *A razão na história*. Trad. de Beatriz Sidou. São Paulo: Moraes, 1991.

_____. *Fenomenologia do espírito*. Parte I e II. Trad. de Paulo Menezes. Petrópolis: Vozes, 1992.

HELLER, Agnes. *O cotidiano e a história*. 3. ed. Trad. de Carlos Nelson Coutinho e Leandro Konder. São Paulo: Paz e Terra, 1989.

HENRIQUES, Luiz Sergio N. Notas sobre a relação entre ciência e ontologia. In: *Temas de Ciências Humanas*, n. 4. São Paulo: Ciências Humanas, 1978.

IAMAMOTO, Marilda V. Legitimidade e crise no Serviço Social: um ensaio de interpretação sociológica da profissão. Dissertação (Mestrado) — Universidade de São Paulo-Piracicaba, 1982 [original inédito].

_____. Serviço Social na contradição capital/trabalho: concepção da dimensão política na prática profissional. In: *Serviço Social*: as respostas da categoria aos desafios conjunturais (Congresso Chico Mendes). São Paulo: Cortez, 1991.

_____. *Renovação e conservadorismo no Serviço Social*: ensaios críticos. São Paulo: Cortez, 1992.

_____; CARVALHO, Raul de. *Relações sociais e Serviço Social no Brasil*: esboço de uma interpretação histórico metodológica. 2. ed. São Paulo: Cortez, 1986.

IANNI, Octavio. *Imperialismo e cultura*. 2. ed. Petrópolis: Vozes, 1976.

_____. Dialética e ciências sociais. In: *Epistemologia das Ciências Sociais*. Cadernos da PUC, São Paulo, EDUC, n. 19, 1985.

_____. A produção da sociedade. In: *Marx — Sociologia*. São Paulo: Ática, 1988. (Col. Grandes Cientistas Sociais.)

_____. A crise dos paradigmas na sociologia. *Cadernos do Instituto de Filosofia e Ciências Humanas*. Campinas, Unicamp, n. 20, 1990.

JAPIASSU, Hilton; MARCONDES, Danilo. *Dicionário básico de filosofia*. 2. ed. Rio de Janeiro: Jorge Zahar, 1991.

KANT, Emmanuel. Resposta à pergunta: Que é esclarecimento? (Aufklärung). In: *Textos seletos*. Trad. de Raimundo Vier e Soriano de S. Fernandes. Petrópolis: Vozes, 1974.

_____. *Crítica da razão pura.* Trad. de Valério Rohden e Udo Boldur Moosburger. São Paulo: Nova Cultural, 1987. v. 1. (Col. Os Pensadores.)

_____. *Crítica da razão prática*. Trad. de Afonso Bertagnoli. São Paulo: Brasil, s/d.

_____. *Crítica da Faculdade do Juízo*. 2. ed. Trad. Valerio Rohden e Antonio Marques. Rio de Janeiro: Forense Universitária, 2008.

KARSH, Úrsula S. *O serviço social na era dos serviços*. São Paulo: Cortez, 1987.

KHUN, T. *A estrutura das revoluções científicas*. São Paulo: Perspectiva, 1975.

KOFLER, L.; ABENDROTH W.; HOLZ, H. *Conversando com Lukács*. Trad. de Giseh Vianna Konder. Rio de Janeiro: Paz e Terra, 1969.

LESSA, Sergio. O processo de produção/reprodução social: trabalho e sociabilidade. Programa de capacitação continuada para assistentes sociais. *Módulo II: Reprodução Social, Trabalho e Serviço Social*. Brasília: CFESS/ABEPSS-UnB/CEAD, 1999.

LIFSHITZ, Myail. *La filosofia del arte de Karl Marx*. México: Era, 1981.

LIMA, Boris Alex. *Contribuição à metodologia do Serviço Social*. 3. ed. Trad. de Idel Yonne Grossi. Belo Horizonte: Inter-Livros, 1978.

LÖWY, Michael. *As aventuras de Karl Marx contra o Barão de Münchhausen*: marxismo e positivismo na sociologia do conhecimento. Trad. de Juarez Guimarães e Suzanne Felicie Léwy. São Paulo: Busca Vida, 1987. (5. ed. rev. Cortez, 1994.)

LUDKE, Menga; ANDRÉ, Marli E. D. A. *Temas básicos de educação e ensino*. São Paulo: EPU, 1986.

LUKÁCS, Georg. *Existencialismo ou marxismo?* Trad. de José Carlos Bruni. São Paulo: Senzala, 1967.

_____. *Introdução a uma estética marxista*: sobre a particularidade como categoria da estética. Trad. de Carlos Nelson Coutinho e Leandro Konder. Rio de Janeiro: Civilização Brasileira, 1968a.

_____. *El asalto a la razón*: la trayectoria del irracionalismo desde Schelling hasta Hitler. 2. ed. Trad. de Wenceslao Roce. Barcelona: Grijalbo, 1968b.

_____. As bases ontológicas do pensamento e da atividade do homem. In: Revista *Temas de Ciências Humanas*. São Paulo, Ciências Humanas, n. 4, 1978.

_____. *Ontologia do ser social*: os princípios ontológicos fundamentais de Marx. Trad. de Carlos Nelson Coutinho. São Paulo: Ciências Humanas, 1979a.

LUKÁCS, Georg. *Ontologia do ser social*: a falsa e a verdadeira ontologia de Hegel. Trad. de Carlos Nelson Coutinho. São Paulo: Ciências Humanas, 1979b.

_____. *História e consciência de classe*: estudos de dialéctica marxista. 2. ed. Trad. de Telma Costa. Rio de Janeiro: Elfos, 1989.

MANDEL, Ernest. *A formação do pensamento econômico de Karl Marx*: de 1843 até a redação final de *O capital*. 2. ed. Trad. de Carlos Henrique de Escobar. Rio de Janeiro: Zahar, 1980.

MARCUSE, Herbert. *A ideologia da sociedade industrial*: o homem unidimensional. 5. ed. Trad. de Giasone Rebuá. Rio de Janeiro: Zahar, 1978.

_____. *Razão e revolução*. 4. ed. Trad. de Manha Barroso. Rio de Janeiro: Paz e Terra, 1988.

MARIÁTEGUI, J. C. Advertencia. In: *7 Ensayos de Interpretación de la Realidad Peruana*, 1928. Disponível em: <http://creandopueblo.files.wordpress.com/2011/09/mariateguisieteensayosdeinterpretaciondelarealidadperuana.pdf>. Acesso em: dez. 2013.

MARTINELLI, Maria Lucia. Alianças e consenso no Serviço Social: algumas reflexões à luz da perspectiva gramsciana. In: *Serviço Social & Sociedade*, São Paulo, n. 22, 1986.

_____. *Serviço social*: identidade e alienação. São Paulo: Cortez, 1989.

_____. O ensino teórico-prático do Serviço Social: demandas e alternativas. In: *Serviço Social & Sociedade*, São Paulo, n. 44, 1994.

MARTINS, José de S. *Sobre o modo capitalista de pensar*. 48. ed. São Paulo: Hucitec, 1986.

MARX, Karl. *Crítica à filosofia do direito de Hegel*. Trad. de Conceição Jardim e Eduardo Ludo Nogueira. Lisboa: Editorial Presença, s/d.

_____. Capítulo VI inédito de *O capital*: resultados do processo de produção imediata. São Paulo: Moraes, 1969.

_____. *Para a crítica da economia política*. São Paulo: Abril Cultural, 1974. (Col. Os Pensadores.)

MARX, Karl. *Manuscritos econômico-filosóficos*. Trad. de Artur Mourão. Lisboa: Edições 70, 1975.

_____. Contribuição à crítica da economia política. 2. ed. Trad. de Maria Helena Barreiro Alves. São Paulo: Martins Fontes, 1983.

_____. *O capital*: crítica da economia política (Livro I, v. 1 e 2). 2. ed. Trad. de Regis Barbosa e Flavio R. Kothe. São Paulo: Nova Cultural, 1985a. (Col. Os Economistas.)

_____. *A miséria da filosofia*. Trad. de José Paulo Netto. São Paulo: Global, 1985b.

_____; ENGELS, Friedrich. *Manifesto do Partido Comunista*. 2. ed. Trad. de Alvaro Pina. Lisboa: Avante, 1984.

_____. *A ideologia alemã*. Trad. de Jacob Gorender. São Paulo: Martins Fontes, 1989.

MATOS, Olgária C. F. *O Iluminismo visionário*: Benjamim, leitor de Descartes e Kant. São Paulo: Brasiliense, 1993.

MENEZES, Maria Thereza C. G. *Em busca da teoria*: políticas de assistência pública. São Paulo: Cortez, 1993.

MÉSZÀROS, I. Marx filósofo. In: *História do marxismo*. Trad. de Carlos Nelson Coutinho e Nemésio Sales. Rio de Janeiro: Paz e Terra, n. 1, 1987.

MONTAÑO, C. *Terceiro Setor e a questão social:* crítica ao padrão emergente de intervenção social. São Paulo: Cortez, 2002.

_____; BASTOS, R. (Org.). *Conhecimento e Sociedade*: ensaios marxistas. São Paulo: Outras expressões, 2013.

MORAES, Regis de. *Filosofia da ciência e da tecnologia*: introdução metodológica e crítica. Campinas: Papirus, 1988.

MOTA, Ana E. *O feitiço da ajuda*. São Paulo: Cortez, 1987.

_____. Serviço Social brasileiro: profissão e área do conhecimento. Revista *Katálysis* (Impresso), v. 1, 2013.

NETTO, José P. *Capitalismo e reificação*. São Paulo: Ciências Humanas, 1981.

NETTO, José P. *Autocracia burguesa e serviço social*. Tese (Doutorado) — Pontifícia Universidade Católica, São Paulo, 1989a. v. I.

_____. Notas para a discussão da sistematização da prática e teoria em Serviço Social. In: *Cadernos Abess*, São Paulo, Cortez, n. 3, 1989b.

_____. *Ditadura e serviço social*: uma análise do serviço social no Brasil pós-64. São Paulo: Cortez, 1991a.

_____. Crise do socialismo, teoria marxiana e alternativa comunista. In: *Serviço Social & Sociedade*, São Paulo, ano XII, n. 37, 1991b.

_____. A controvérsia paradigmática nas ciências sociais. In: *Cadernos Abess*, São Paulo, Cortez, n. 5, 1992.

OFFE, C. *Capitalismo desorganizado*. São Paulo: Brasiliense, 1990.

OLIVA, Alberto (Org.). *Epistemologia*: a cientificidade em questão. Campinas: Papirus, 1990.

_____; MALLARDI, M. (Coords.). *Aportes tácticos-operativos a los procesos de intervención del trabajo social*. Tandil-Argentina: Universidade Nacional del Centro de la Província de Buenos Aires/Tandil, 2011. (Col. Textos para la enseñanza.)

OLIVEIRA, Manfredo A. *A filosofia na crise da modernidade*. São Paulo: Loyola, 1989.

ORTIZ, F. da S. G. *O Serviço Social no Brasil*: os fundamentos de sua imagem social e da autoimagem de seus agentes. Rio de Janeiro: Epapers, 2010.

PARO, Vitor H. *Administração escolar*: introdução crítica. São Paulo: Cortez, 1991.

PEREIRA DE QUEIRÓZ, Maria I. *Variações sobre a técnica do gravador no registro da informação viva*. São Paulo: Ceru/FFLCH/USO, 1983. (Col. Textos.)

PONTES, Reinaldo. *Mediação e Serviço Social*. São Paulo: Cortez, 1995.

PRADO JÚNIOR, Caio. *O estruturalismo de Lévi-Strauss*: o marxismo de Louis Althusser. São Paulo: Brasiliense, 1971.

PRÉDES, R. L. T. *Desvendando o significado do instrumental técnico-operativo na prática profissional do Serviço Social*. Tese (Doutorado) — Programa de Pós-Graduação em Serviço Social da Universidade Federal do Rio de Janeiro, 1999.

QUIROGA, Consuelo. *Invasão positivista no marxismo*: manifestações no ensino da metodologia no Serviço Social. São Paulo: Cortez, 1991.

RIBEIRO, Renato J. *A última razão dos reis*: ensaios sobre filosofia e política. São Paulo: Companhia das Letras, 1993.

ROUANET, Sérgio P. *As razões do Iluminismo*. São Paulo: Companhia das Letras, 1987.

RUBIN, Isaak I. *A teoria marxista do valor*. Trad. de José Bonifácio de S. Amaral Filho. São Paulo: Polis, 1987.

SADER, Eder. O estado no capitalismo monopolista. In: *O Serviço Social nas relações sociais*. São Paulo: Cortez, 1987.

SANTOS, Boaventura S. *Introdução a uma ciência pós-moderna*. Rio de Janeiro: Graal, 1989.

SANTOS, C. M. *Na prática a teoria é outra?* Mitos e dilemas na relação entre teoria, prática, instrumentos e técnicas no Serviço Social. Rio de Janeiro: Lúmen Juris, 2010.

_____; BACX, S.; GUERRA, Y. *A dimensão técnico-operativa no Serviço Social:* desafios contemporâneos. Juiz de Fora: Ed. da UFJF, 2012.

SANTOS, J. *Neoconservadorismo pós-moderno e Serviço Social brasileiro*. São Paulo: Cortez, 2007.

SEVE, Lucien. *As análises marxistas da alienação*. Trad. de Madalena Cunha Matos. São Paulo: Mandacaru, 1990.

SILVA, Augusto S. *Entre a razão e o sentido*: Durkheim, Weber e a teoria das ciências sociais. Porto: Afrontamento, 1988.

SILVA, J. F. S. Serviço Social; razão ontológica ou instrumental? Revista *Katálysis*, v. 16, n. 1, 2013.

SIMIONATTO, Ivete. As expressões ideoculturais da crise capitalista na atualidade e sua influência no serviço social. In: *Serviço Social:*

Direitos sociais e competências profissionais. Brasília: CFESS/ABEPSS, 2009.

SOUSA, C. T. A prática do Assistente Social: conhecimento, instrumentalidade e intervenção profissional. In: *Revista Emancipação*, v. 8, n. 1. Ponta Grossa: UEPG, 2008.

SPOSATI, Aldaíza O. (Org.). *Assistência na trajetória das políticas sociais brasileiras*: uma questão em análise. São Paulo: Cortez, 1985.

_____. *O direito (dos desassistidos) sociais*. São Paulo: Cortez, 1989.

_____ (Org.). *Carta-tema*: a assistência social no Brasil, 1983-1990. São Paulo: Cortez, 1991.

THIOLLENT, Michel. *Metodologia da pesquisa-ação*. São Paulo: Cortez, 1988.

VÁRIOS AUTORES. *O Serviço Social nas relações sociais*: movimentos populares e alternativas de políticas sociais. São Paulo: Cortez, 1987.

_____. A metodologia no Serviço Social. *Cadernos Abess*, São Paulo, Cortez, n. 3, 1990.

_____. A produção do conhecimento no Serviço Social. *Cadernos Abess*, São Paulo: Cortez, n. 5, 1992.

_____. Produção científica e formação profissional. *Cadernos Abess*. São Paulo: Cortez, n. 6, 1993.

VÁZQUEZ, Adolfo S. *Filosofia da práxis*. 4. ed. Trad. de Luiz Fernando Cardoso. Rio de Janeiro: Paz e Terra, 1990.

VIEIRA, Evaldo. *Democracia e política social*. São Paulo: Cortez, 1992.

ZAIDAN FILHO, Michel. *A crise da razão histórica*. Campinas: Papirus, 1989.

GRÁFICA PAYM
Tel. [11] 4392-3344
paym@graficapaym.com.br